다산 정약용의 편지글

—마음은 엄한 스승이다

다산 정약용의 편지글 ― 마음은 엄한 스승이다
Dasan Jeong Yak-yong's Letters

지은이   이용형
펴낸이   오정혜
펴낸곳   예문서원

편 집   유미희
인 쇄   주) 상지사 P&B
제 책   주) 상지사 P&B

초판 1쇄 2009년 4월 20일
초판 3쇄 2010년 10월 15일

주   소 서울시 동대문구 용두 2동 764-1 송현빌딩 302호
출판등록 1993. 1. 7 제6-0130호
전화번호 925-5913~4 · 929-2284 / 팩시밀리 929-2285
Homepage http://www.yemoon.com
E-mail   yemoonsw@empas.com

ISBN 978-89-7646-247-3 03150

ⓒ 李龍炯 2009 Printed in Seoul, Korea

YEMOONSEOWON 764-1 Yongdu 2-Dong, Dongdaemun-Gu Seoul KOREA 130-824
Tel) 02-925-5914, 02-929-2284 Fax) 02-929-2285

값 20,000원

다산 정약용의 편지글
― 마음은 엄한 스승이다

이용형 지음

예문서원

茶山 丁若鏞 像

▲다산 정약용 선생

서찰을 통한 만남

내가 다산茶山 정약용丁若鏞(1762~1836)에 대하여 관심을 갖기 시작한 것은 대학원에 다닐 때 우연히 서점에서 '다산학 어디까지 왔나'라는 표어성 글귀를 대하고부터였다. 그즈음 나는 교직에 종사하는 한 사람으로서, 현대사회의 인성교육에 대하여 많은 고민을 하고 있을 때였다. 그러한 인연으로 나는 다산 정약용을 서점에서 처음 만났다. 이러한 만남은 당연히 그의 저술에 대한 독서로 이어졌으며, 독서를 통하여 나에게 다가온 그의 모습은 온통 나의 머릿속에 가득하였고, 감동으로 휘젓기 시작했다.

제아무리 시대적 상황이 다르다고 할지라도 우리들이 선택해야 할 궁극적인 선善은 옛날이나 지금이나 도덕의 최고 원리인 '인간다움'이다. 그런데 오늘날 우리는 수단과 방법을 가리지 않고 오로지 자기 자신의 행복만을 추구하려는 이기적인 결과주의적 노예화의 경향만을 보일 뿐, 공동체적인 인간다움의 인격적 가치는 뒷전이다. 그래서 그에 대한 감동이 더했을 것이다.

현대사회는 문명의 소용돌이 속에서 어제 오늘이 다르고, 자고 나면 아침의 모습이 다를 정도로 아주 쉽게 변하는 세상이다.

인간의 편리함을 빙자한 빛 좋은 개살구식 외형적 발전만을 능사로 여기는 현대사회. 그 속에서 살아가는 무수한 사람들은 빠른 속도만을 최고로 추구하는 즉, 속도 지상주의至上主義에 갇혀 점검하거나 따져 보는 자기 성찰적 삶의 지혜를 찾지 못한 채, 오로지 없음(無)을 철저하게 부정하며 있음(有)에만 매달리고 물질 만능에 휘말리어 자기 파괴를 멈추지 못하고 발버둥친다. 빛 좋은 개살구는 진짜 살구가 아니다.

문명은 인간의 편리함 때문에 발전할지 모르지만, 그 이면에 끊임없이 나타나는 인간성의 타락까지 해결해 줄 것이라는 믿음에는 한계가 있다. 특히 과학기술로 포장된 물질문명은 인간을 편리하게는 하지만 인간의 마음을 편안하게 해 주지는 못한다. 다시 말해서, 육체의 편리함을 제공할 뿐 마음은 항상 불안하다.

이러한 끊임없는 각종 인간성 상실과 그에 따른 불안의 원인은 어디에 있을까? 그것은 사람들이 있는 그대로의 모습 즉 '자연지도自然之道'를 저버리고, 인간의 생존을 영원히 담보해 줄 것이라고 맹신하며 과학기술 발전만을 추구하는 것에 있다. 또한 인간을 기계화, 노예화, 부품화, 상품화하여 그들의 순박한 본성을 상실하게 하고, 거기에 온갖 교만과 오만 그리고 겉치레만을 일삼는 데 있다.

이 혼란스런 사회에서 윤리적·도덕적 원칙에 부합된 인간다운 삶을 영위하기 위해 무엇보다 필요한 것은 선인들이 남기고 간 가르침의 지혜가 아닐까 한다.

21세기의 인간다운 삶의 지혜는 자연과 인간의 조화로운 질서(윤리)에 대한 올바른 앎이 선행되는 것이며, 또한 자연은 인간의 착취의 대상이 아님을 분명하게 아는 데 있다. 말하자면 자연(환경), 인간(생명), 윤리(도덕)의 삼위일체적인 조화롭고 생태학적인 인간 중심의 삶을 말한다. 이러한 조화로운 삶의 지혜는 온갖 것에 집착함이 없는 진솔한 그 마음의 활용으로부터 나온다.

흔히 현대사회를 지식정보의 사회라고들 한다. 그 사회는 인간의 지나친 물욕에다가 자만과 불손함을 곁들인 경박한 자기중심적인 세상이다. 이렇게 혼란스러운 사회일수록 무욕無慾이 아니라 욕심慾心을 줄여야(寡慾)하는 것이다. 그러니까 자연지도自然之道에 따라 있는 그대로 마음을 쓸 것이며, 있는 그대로 행동할 것이며, 잘난 체하며 폼 잡지도 말 것이며, 옳다고 굳이 드러내어 뽐내지도 말 것이며, 그르다고 숨길 것도 없고 온갖 수작을 다 부려 욕심을 채우려고 발버둥 칠 것도 없다고 본다.

나는 어렸을 때 객지에 나간 형님들로부터 편지가 오면 어머님께 읽어드린 적이 있다. 그때만 해도 문맹자가 많았는데, 나의 어머님도 그분들 중 한 분이셨다. 내가 편지를 읽으면 어머님 눈가에는 어느새 눈물이 고이고는 했었다. 혹시 형님들로부터 편지가 뜸하다 싶으면, 나는 얼른 전에 읽어 드렸던 편지를 다시 읽어 드리곤 하였다. 그런데도 어머님께서는 막 받아 본 편지처럼 즐거워하셨다. 그 감흥의 반응은 처음과 다름이 없었다. 나의 어머님의 이러한 정서는 호미 한 자루로 100년을 살아오신 순수한 삶의 모습에 있지 않을까 생각한다. 나의 어머님처럼 살아오신 다른 많은 분의 삶도 한 번쯤 되새겨 볼만한 일일 것이다.

요즈음 손으로 종이 위에 하고 싶은 말을 쓰고 우표를 붙여 우체통에 넣는 편지 대신 그런 수고가 필요 없는 편리한 전자우편을 많이 사용한다. 이런 전자우편이라고 해서 어찌 감동이 없겠느냐마는 손쉽게 주고받는 전자우편에는 그다지 감흥이 일어나지 않는다. 왜일까? 그것은 글을 쓸 때의 긴장감이나 글을 다듬는 정성이 부족하기 때문일 것이다.

이러한 까닭으로 해서, 선인들이 남긴 많은 서찰에 담긴 인품과 학문, 우정과 충정 등에서 드러난 그들의 마음과 덕으로 이루어진 참된 소통의 전통을 오늘에 되살리고자, 감히 무식의 부끄러움을 무릅쓰고 이 작업을 착수하게 된 것이다. 즉, 다산 정약용이 유배지에서 보낸 글을 위주로 한 서찰 22편과 그가 곡산부사로 있을 때 그 지역 향교 유생들에게 효를 깨우친 연설문 1편, 시문을 지으며 화목을 다지는 모임인 죽란시사첩 1편, 그리고 증언贈言 3편, 논論 3편, 기記 1편을 대상으로 하였다. 그 가운데 정약용이 유배지에서 두 아들에게 보낸 서찰들은 가히 압권이다. 다산가茶山家의 자녀교육은 거의 유배지에서 보낸 서찰을 통하여 이루어졌기 때문이다.

'독서백편의자현讀書百遍義自見'이라고 하듯이, 반복해서 읽을수록 좋다. 글이란 느끼는 것이기 때문이다. 머릿속에 암기해 두는 것도 하나의 방법일 수 있겠으나, 굳이 모든 것을 머릿속에 가두어 둘 필요는 없다. 읽고 느낌이 와서 바로 실행에 옮기면 그만이다.

그러므로 옛 선인들의 서찰을 읽으면서, 그 속에 담긴 고결한 심덕心德의 참된 소통을 모든 사람에게 확산하여 이 시대를 살아가는 사람들의 인간다운 삶의 지표로 삼았으면 한다. 뭐라고 해도 기본을 생각해야 한다.

끝으로, 필자가 마음 놓고 원고지에 글을 쓸 수 있도록 많은 참고서를 볼 수 있게 해 주신 선학자들에게 깊은 감사의 마음을 전한다. 그리고 여기까지 올 수 있도록 물심양면으로 도움과 충언을 아끼지 않으시고 언제나 따뜻하게 이끌어 주신 송재운 교수님, 윤사순 교수님, 이희재 교수님, 또한 원고 정리와 교정에 심혈을 기울여 주신 여러 선생님께 진심으로 감사를 드린다. 아울러 필자와 함께했던 모든 분과 부족함이 많은데도 불구하고 이 책이 나오도록 애써 주신 예문서원에도 감사를 드린다. 항상 옆에서 묵묵히 내조해 준 아내와 자식들에게는 그저 고마울 뿐이다. 원고 정리를 마치면서 한 가지 바람이 있다면, 아직 어린 애손愛孫인 현수弦帥・현주弦珠・현빈弦彬이가 잘 자라서 어른이 되어 이 책을 보고 삶의 지혜로 삼았으면 좋겠다는 생각이다.

2009년 봄 염주골에서

半陰步 李龍炯

보존保存

재물을 오래 보존하는 방법은
남에게 베풀어 버리는 방법보다
더 좋은 방법이 없다.

세상에서 입고 먹는 데에 필요한 것이나 재화들은 모두 부질없는 허공의
꽃과 같은 것이다. 옷이란 입으면 닳고 음식은 먹으면 썩고 만다. 자손에게
전해 준다 해도 끝내는 탕진되거나 흩어지고 말 것이다. 오직 가난한 친족
이나 가난한 벗에게 나누어 주는 것이 영원히 없어지지 않을 것이다.

世間衣食之需, 財貨之物, 皆是幻妄空花. 服之則敝, 餌之則腐. 傳之子孫則終歸蕩
散. 唯散與冷族貧交者, 永久不滅.

금곡¹⁾의 비단 장막은 티끌로 변했지만, 범중엄이 배에 보리를 실어 친구를
도왔던 일은 아직도 많은 사람들의 입에 오르내린다. 무슨 까닭이냐 하면,
형태가 있는 것은 없어지기 쉽지만 형태가 없는 것은 없어지기 어렵기 때
문이다. 스스로 그 재물을 사용하는 것은 물질로써 사용하는 것이고 재물
을 남에게 베풀어 주는 것은 정신적으로 사용한 것이 된다. 물질로써 물질

적인 향락을 누린다면 기어이 닳아 없어지고 정신적으로 무형의 향락을 누린다면 변하거나 없어지지 아니할 것이다.

> 金谷之步障成塵, 范家之麥舟猶轟. 何以故, 有形者易壞, 無形者難滅. 自用其財者, 用之以形, 以財施人者, 用之以神. 形享以形, 期於敝壞, 神享以無形, 不受變滅也.

무릇 재화를 비밀리에 숨겨 두는 방법은 남에게 베풀어 버리는 것보다 나을 게 없다. 베풀면 도적에게 빼앗길 걱정도 없고 불에 타 버릴 걱정도 없고 소나 말로 운반하는 수고로움도 없다. 그리하여 내가 능히 죽은 뒤에도 지닐 수 있어 꽃다운 이름을 천년 뒤까지 남기니 천하에 이러한 큰 이로움이 있겠는가. 더욱 꽉 쥐면 쥘수록 더욱 미끄럽게 빠져 나가는 법이니 재물은 메기 같은 물고기라고 할 수 있다.

> 凡藏貨秘密, 莫如施舍. 不虞盜奪, 不虞火燒, 無牛馬轉輪之勞. 而吾能攜至身後, 流芳千載, 天下有此大利哉. 握之彌固, 脫之彌滑, 貨也者鮎魚也.

저녁 무렵에 숲을 거닐다가 우연히 한 어린애를 보게 되었다. 다급한 목소리로 울어대고 참새처럼 수없이 뛰며 마치 여러 개의 송곳으로 뱃속을 찌르는 듯, 어지러운 방망이 소리가 마음을 울리듯이 비참하고 절박하여, 잠깐 사이에 목숨이 끊어질 듯한 모습이었다. 그 까닭을 물어보았더니, 나무 아래서 밤 한 톨을 주웠는데 다른 사람이 빼앗아 갔기 때문이었다. 아아, 천하에 이 애처럼 울지 않을 사람이 다시 몇 사람이나 될 것인가. 저 벼슬을 잃고 권세를 잃은 사람들이나, 재물을 손해보고 없앤 사람들과 자손을 잃고 지나치게 슬퍼하여 목숨을 잃게 되기에 이른 사람들도 달관한 경지에서 본다면 다 밤 한 톨에 울고 있는 것과 같은 것이다.

晚間試步林樊, 偶見一嬰兒 急聲啼叫, 雀踊無算, 有若衆錐鑽肚, 亂杵擣心, 慘怛
迫切, 有頃刻滅死狀. 詢其故, 於樹下拾一栗, 人攘之也. 嗟乎, 天下不爲是嬰兒啼
者, 復幾人哉. 彼失官隆勢者, 損財消貨者, 與夫喪其子姓而毀至滅性者, 自達觀而
臨之, 皆一栗之類也.

『與猶堂全書』, 권18, 「示二子家誡」, 8a

🐛···· 정약용이 1810년 9월, 적소謫所인 강진 다산 동암에서 두 아들
에게 보낸 서찰의 일부이다.

정약용은 실학자이자 시인이었다. 그는 조선 후기의 타락한 사회와 국
가의 기강을 바로잡고, 굶주린 백성을 구제하기 위하여 실학사상을 집대성
하였으며, 실학자로서 많은 공적을 이루었다. 그러나 그의 사상의 실천은
한계가 있었으며, 오히려 그러한 그의 학문관은 부패한 관료집단으로부터
미움과 시기猜忌를 사게 되어 오랫동안의 유배생활을 피할 수 없었다. 그렇
지만 위기를 기회로 삼았던 정약용은 어떤 억압과 탄압에도 자신의 의지를
굽히지 않고 낮이나 밤이나 가릴 것 없이 오직 학문에만 전념하였다.

정약용은 천주교인이 아니었음이 밝혀졌지만 젊은 시절의 일시적인 관
련으로 인하여 장기현으로 유배되었다. 그곳에 도착한 정약용은 낯설고 황
폐한 땅에서 마음과 정신을 가다듬고 수많은 시와 더불어 스스로의 근심을
달래며 참고 견디었다.

병석에서 일어나니 봄바람도 지나 버리고   病起春風去
수심이 많으니 여름밤이 길기도 하구나.   愁多夏夜長
잠시 목침을 베고 대자리에 누우니   暫時安枕簟
문득 고향 집이 그립구나.   忽已戀家鄉

부싯돌 처서 불붙이니 관솔 연기 자욱하고	敲火松煤暗
문을 여니 대나무 기운이 서늘하구나.	開門竹氣凉
저 멀리 소내 위에 떠 있는 달은	遙知苕上月
흐르는 그림자 집 서쪽 담장 비추겠지.	流影照西墻

『與猶堂全書』, 권4, 「夜」, 12a

1801년 장기 유배지에서 지은 것으로 보이는 「밤(夜)」이라는 시이다. 정약용은 짧디짧은 여름밤을 길다고 하였으니, 수심이 많은 그의 모습이 선연하다. 정약용의 마음의 상처는 보통 사람들이 견딜 수 있는 그 이상이었다. 따라서 그는 이러한 어려움 속에서도 향수에 젖지 않고 아픔과 시름을 달래며 자신이 해야 할 일을 찾았던 것이다. 그리하여 정약용은 사회적 모순과 갈등의 해결을 위하여 자신의 해배 문제보다도 백성들의 고초를 더 걱정하는 우국애민憂國愛民의 정신으로 일관한 학문 연구에 착수하였다.

정약용은 철학, 종교, 윤리, 정치, 경제, 사회, 과학, 문학, 언어, 천문, 지리, 역사, 의학, 음악, 서화 등 다방면에 걸쳐 500여 권의 저술을 남겼는데, 가위 백과사전적百科辭典的이라고 할 수 있다. 이와 같이 그의 저서는 양적으로 방대할 뿐 아니라 글의 내용에 있어서도 독창적이고 실용적이며, 매우 혁신적인 견해를 담고 있다.

정약용은 진정한 학문이란 공허한 것이 아니라, 자기 자신을 인식하여 도道를 알고 실천하는 경세치용과 이용후생에 그 목적을 두고 실생활에서 그 목적을 달성할 수 있는 실용지학實用之學을 소유한 인재를 육성하는 것이라고 하였다. 더군다나 그가 살았던 당시의 부패하고 타락되어 가는 사회에 대한 그의 학문적, 사회적 비판과 새로운 의식의 고취는 권위주의와 지배의식으로 가득한 중세 봉건사회를 해체시켜 근대지향적인 새로운 사회를 열고자 하는 데 기여했다는 평가를 받기에 부족함이 없다 하겠다.

정약용의 이러한 논리적, 합리적인 비판은 정확한 고증과 과학적 근거에 의한 것으로, 한마디로 말하면 '탁견卓見'이다. 18세기 후반 조선은 겉으로는 매우 안정된 시기처럼 보이나 사실상 사회적인 온갖 병폐가 누적되어 그 말기적末期的 현상의 조짐이 각처에서 드러나고 있는 병든 사회였으며, 신분제 해체, 생산 기반의 중추이던 농업경영의 변화, 천대 받던 말업末業의 상징인 상·공업의 등장으로 부의 축적이 가능했던 시기이기도 하였다. 당시 실학자들은 성리학의 공리공론, 사변적 허구성을 비판하면서 실행實行, 실리實利, 실용實用에 도움이 되는 실학사상을 고구하여 이유 없는 가난과 재물에 대한 관심을 보이기 시작하였다.

정약용은 선비로서 '화식貨殖' 즉 재산을 불리는 것은 부끄러운 것이 아니라고 말한 적이 있다. 그는 백이伯夷처럼 수양산에서 굶어 죽는 경우나, 소부巢父처럼 세상을 등지고 나무 위에서 살 정도의 높은 절개가 있다면 모르지만, 처자를 굶기거나 찾아오는 손님이나 친구에게 술 한 잔 권할 수 없는 가난한 사람은 선비가 아니라고 꾸짖었다고 한다. 선비라고 해서 재리財利와 무관해야만 하는 것은 아니었으며, 먹을 만큼의 재산은 있어야 하고, 정당한 방법으로 쓸 만큼의 돈을 벌어야 한다는 것이 정약용의 생각이었다.

그래서 정약용은 제자들이나 자식들에게 생재生財와 화식貨殖, 즉 먹고 살아가는 생산 방법 중 떳떳한 일로 '원포園圃, 상마桑麻, 소과蔬果, 화훼花卉, 약초藥草' 등의 일을 세세하게 설명하면서, 과수원이나 채소밭에서 수확한 과실이나 채소를 먹거나 팔기도 하고 제수용祭需用으로도 쓰게 하였다. 또한 화훼나 약초를 가꾸어 관상용이나 상비약으로 쓰도록 권유하기도 하였다. 이 밖에 양계養鷄를 권하기도 하였다. 이처럼 주곡 이외의 농가 부업에 힘쓰면 생재와 화식으로 인하여 생활이 넉넉해지고 가난에서 벗어나며 인간다운 삶을 살 수 있다는 것이 정약용의 생각이다. 그러나 아무리 가난하더라도 자모전子母錢(이자놀이)은 절대 해서는 안 된다고 강조하였는데, 정약용은 이利만 보고 의義를 보지 못한 선비, 즉 세속적인 일에 종사하면서 선비의 깨끗한 품위를 손상할까 염려하였던 것이다. 말하자면 그는 생재와 화식의 방법에 대한 정도正道를 말하고 싶었던 것이다.

이처럼 정약용은 '화식'을 논하면서도, 재화야말로 가장 허망한 것이라고 여겼다. 그는 '옷이란 입으면 닳고, 음식은 먹으면 썩고, 자손에게 전해준다 해도 끝내는 탕진되거나 흩어지는 것'이라면서, 재화를 보관하는 유일한 길은 '가난한 친척이나 벗에게 나누어 주는 것'이라고 말한다. 달리 표현하자면, 정약용에게 있어서 '장화藏貨' 즉 무릇 재화를 비밀리에 숨겨 두는 방법은 남에게 베풀어 버리는 방법보다 더 좋은 게 없다는 것이다. 정당한 방법의 화식貨殖이라고 할지라도 의식주 해결의 수준에서 쓸 만큼의 정도를 남기고 남에게 베풀어 버리면 자신이 사후까지도 지니고 있는 셈이니, 어찌 그 이름이 천년토록 오래오래 가지 않겠냐는 것이다.

만족할 줄 모르는 것보다 큰 화는 없으며, 얻으려고만 하는 것보다 큰 허물도 없다. 인간다운 삶을 추구하는 지혜로운 자는 재물을 창고에 쌓아 두지 않는다. 이미 있는 것으로써 남을 위하면 자기가 더욱 갖게 되고, 이미 있는 것으로써 남에게 베풀면 자기가 더 풍요롭게 되는 것이다. 현대사회의 불안의 씨앗은 지나친 이기심과 욕망 때문이다. 그러므로 사회적 안녕을 위해서는 무엇보다도 사사로운 이익과 과도한 욕심을 줄이는 것이 필요하다. 말하자면, 이익을 적게 하고 욕심을 줄이며 있는 그대로에 만족할 줄 알면 영원히 만족한다는 말이다. 만약 사사로운 이익과 지나친 욕망만을 추구한다면, 거기에는 만족도 행복도 없다. 오직 불행만이 기다릴 뿐이다. 윤리적 도덕적 원칙에 부합된 인간다운 삶을 영위하기 위해서는 이익과 욕심을 줄이되, 지나침을 버려야 하는 것이다.

울타리 밑에 핀 노란 민들레는 울타리를 마구 덮는 가시 돋친 붉은 장미를 부러워하지 않고, 초식만을 즐기는 청순한 사슴 또한 자신의 생명을 노리는, 육식만을 즐기며 좋아하는 사나운 표범이 되기를 원하지 않는다. 스스로 만족하고 자기 분수에 맞는 삶을 살 뿐, 더 이상 욕심을 내지 않는다. 그러나 인간은 어떠한가. 우리의 옛말에 "올라가지 못할 나무는 쳐다보지 마라"라는 속담이 있다. 그런데 신기하게도 인간은 지구에서의 삶도 부족해서 우주 속의 환상을 쫓기 위해 사다리를 놓겠다고 교만을 떨며 거들먹거린다.

살아가는 데 마음대로 할 수 있다면 얼마나 좋을까. 그러나 세상은 인간의 것이 아닐 뿐만 아니라 소유할 수도 없는 것이다. 욕심대로 하면 할수록 패하고 소유에 집착하면 할수록 잃게 마련이니, 만물의 이치를 잘 깨달아서 생각하고 행동해야 하는 것이다.

물욕物慾은 윤리의식의 주요 기능인 '양심의 위력'을 무기력하게 만드는 무서운 적이다. 그리고 인간의 지나친 지식욕구, 출세욕구, 소유욕구 등 또한 심한 후유증에 시달리게 하는 현대인의 고질병이다.

현대사회는 물신주의物神主義 즉 인간적 가치를 도외시한 채, 재물이면 하느님의 자리도 살 수 있다고 믿는 물질적 가치를 극대화하는 사회다. 말하자면 우리는 인간 상실의 현상과 비인간화의 위기적 상황에 직면하고 있다는 뜻이다.

이런 점에서 볼 때, 200년 전에 쓰인 다산 정약용의 서찰은 오늘을 살아가는 모두에게 시사하는 바가 크다 할 것이다.

●●●
1) 金谷: 진나라 석숭의 정원.

유산遺産

근·검, 이 두 글자는
좋은 밭이나 기름진 땅보다도 나은 것이니,
일생 동안 써도 다 닳지 않을 것이다.

내가 벼슬하여 너희에게 물려줄 만한 전원이 없으나 오직 두 글자의 신묘한 부적이 있어 능히 삶을 두터이 하고 가난을 구할 수 있으니 이제 너희에게 물려주겠다. 너희들은 너무 야박하다고 하지 말라. 한 글자는 '근勤'이고 또 한 글자는 '검儉'이다. 이 두 글자는 좋은 밭이나 기름진 땅보다 나은 것이니, 일생 동안 써도 다하지 않을 것이다.

余無宦業可以田園遺汝等, 唯有二字神符, 足以厚生救貧, 今以遺汝等. 汝等勿以
爲薄. 一字曰勤, 又一字曰儉. 此二字, 勝如良田美土, 一生需用不盡.

'근'이란 무엇을 이르는가. 오늘 가히 할 수 있는 일은 내일을 기다리지 말며, 아침에 할 수 있는 일은 저녁을 기다리지 말며, 맑은 날에 해야 할 일은 비 오는 날까지 끌지 말며, 비 오는 날 해야 될 일은 맑은 날까지 미루지 말아야 한다. 늙은이는 앉아서 감독하고, 어린 사람들은 행하여 받들고, 젊은이는 힘든 일을 맡아하고, 병이 든 사람은 집을 지키고, 부인들은 길쌈을 하기 위해 사경四更이 되지 아니하면 잠을 자지 말아야 한다. 요컨대 집안의 상하 남녀가 모두 노는 사람이 없어야 하고 한순간에 한가한 시간이 있어서는 안 된다. 이것을 일러 부지런함이라 한다.

何謂勤. 今日可爲, 勿遲明日, 朝辰可爲, 勿遲晚間, 晴日之事, 無使荏苒値雨, 雨日之事, 無使遷延到晴. 老者坐有所監, 幼者行有所奉, 壯者任力, 病者職守, 婦人未四更不得寢. 要使室中上下男女, 都無一個游口, 亦無一息閒晷. 斯之謂勤也.

'검'이란 무엇을 뜻하겠는가. 의복이란 몸을 가리기만 하면 되는 것이다. 옷감이 섬세하여 해진 것은 만고에 처량한 모습을 띠지만, 거칠고 보잘 것 없는 옷은 비록 해진다 해도 걱정할 것이 없다. 매번 항상 한 벌의 베옷을 만들 때마다 모름지기 이 이후에도 가히 계속 입을 수 있을지 여부를 생각해서 만들어야지 만일 그렇지 못하다면 장차 섬세하여 해질 것이다. 생각이 이 정도에 미치면, 고운 것을 버리고 소략한 것을 취하지 않을 사람이 없을 것이다. 음식이란 목숨을 이어 가기 위한 것이다. 무릇 맛있는 고기나 생선이라도 입 안으로만 들어가면 곧 더러운 물건이 되어 버린다. 목에 넘기기를 기다리기 전에 사람들이 더럽다고 침 뱉는다.

何謂儉. 衣取掩體. 細而敝者, 帶得萬古凄凉氣, 褐寬博, 雖敝無傷也. 每裁一領衣衫, 須思此後可繼與否, 如其不能, 將細而敝矣. 商量及此, 未有不捨精而取疎者. 食取延生. 凡珍肤美鱐, 入脣卽成穢物. 不待下咽而後, 人唾之也.

금년 여름에 내가 다산茶山에서 지내며 상추로 밥을 싸서 덩이를 만들어 삼킬 때, 손님이 묻기를 "상추로 싸는 것과 절여서 먹는 것은 차이가 있는 겁니까?"라고 하기에, 내가 말하길, "그건 사람이 자기 입을 속여 먹는 법입니다"라고 말하였다. 항상 어떤 음식을 먹을 때마다 모름지기 이러한 생각을 두어, 맛있고 기름진 음식만을 먹으려고 애쓰다 결국 변소에 가서 정력을 소비해서는 안 된다. 이러한 생각은 현재 당장의 어려움에 대처하는 방편이 될 뿐만 아니라, 매우 부귀한 사람이나 사군자나 선비들의 집안을 다스리고 몸을 가다듬는 방법도 된다. 근과 검, 이 두 글자를 버리고는 손을 댈 수 있는 곳은 없다. 너희들은 간절히 명심하도록 해라.

今年夏, 余在茶山, 用萵苣葉包飯, 作搏而吞之, 客有問者, 曰包之有異乎菹之乎,
余曰, 此先生欺口法也. 每喫一膳, 須存此想, 不要竭精殫智, 爲溷圊中效忠也. 這
個思念, 非爲目下處窮之方便, 雖貴富熏天, 士君子御家律身之法. 捨此二字, 無可
著手處也. 汝等切須銘刻.

『與猶堂全書』, 권18, 「又示二子家誡」, 9b

📍···· 1810년 9월에 강진 다산 동암에서 두 아들에게 보낸 서찰이다. 정약용은 유배지의 어려운 환경에서도 자식들에 대한 가계를 잊지 않았으며, 그의 가정교육은 주로 서찰을 통하여 이루어졌음이 남다르다 하겠다.

정약용은 자식들에게 "선비의 마음가짐이란 광풍제월光風霽月과 같아 부질없는 근심에 매달리거나 털끝만큼이라도 숨기는 것이 있어서는 아니 되는 것이다. 무릇 하늘이나 사람들에게 부끄러움을 범하지 않는다면 자연히 몸과 마음이 안정되어 호연지기浩然之氣가 스스로 우러나올 것이나, 사소한 것들에 조금이라도 양심을 저버려서는 기상氣像을 쭈그러들게 하여 정신적으로 흐리멍덩하게 되고 좁아들어 영원히 펴지 못하게 된다"라고 당부하였다. 그리고 "전체가 완전해도 한 구멍만 우연히 새면 깨진 항아리와 같듯이, 백 마디의 말을 다 미덥게 하다가도 한 마디만 우연히 거짓되면 도깨비놀

음처럼 되어 버리니, 말을 지나치게 과장되게 하는 사람은 평범한 사람들도 믿어주질 않을 것이다"라고 말조심할 것을 거듭 당부하기도 하였다.

사람에게 일상생활에서 가장 소중한 것은 성실성이니, 속임이 있어서는 안 된다. 하늘을 속이는 것은 최악이며, 특히 부모, 형제간, 동료, 동업자를 속여도 모두 죄에 빠지는 것이다. 오로지 한 가지 속일 수 있는 것이 있다면, 그것은 자기의 입과 입술일 것이다. 배고픔과 굶주림을 면할 수 있는 것은 자신의 입과 입술을 속이는 좋은 방법이 있기 때문이다. 제아무리 맛없는 음식이라도 맛있다고 생각하면서 자기 자신의 입과 입술을 잠시만 속이면 배고픔은 사라지는 것이니, 이와 같은 속임을 어찌 나쁘다 하겠는가. 그러나 어찌하였든지, 속임은 사심私心이다.

근·검의 실천은 '일체의 사심을 씻어 버리는 데' 있다. 이것이 정약용이 두 아들에게 신신당부한 서찰의 핵심 내용이다.

'사私'하면 퇴계 이황이다.

이황은 자신의 저서 『퇴계집退溪集』 「무진경연계차戊辰經筵啓箚」에서 '사'에 대하여 다음과 같이 설명하고 있다.

사私는 마음을 파먹는 좀도적이고 만악의 근본이다. 자고로 나라에서는 잘 다스려진 날이 노상 적고 어지러운 날이 항상 많았다. 그리하여 차츰 일신을 파멸시키고 나라를 멸망하게 하는 것도 모두 임금이 한 개의 '사'라는 글자를 제거하지 못하였기 때문이다. 그러나 마음의 적賊을 제거하며 악의 뿌리를 뽑아 없애고 천리天理의 순수함에 복귀하려면, 학문의 공덕功德에 깊이 의지하지 않으면 안 된다. 그러나 그 학문의 공이 어렵다. 무릇 한때나 한 가지의 '사'를 애써 행하지 않게 하는 것은 그리 어렵지는 않다. 평소 언제나 모든 일에 있어 '사'를 제거하여 깨끗하게 하는 것은 어려울 뿐 아니라 비록 혹 이미 '사'를 이겨내도 자기도 깨닫지 못한 사이에 홀연히 다시 처음과 같이 싹트고 움직인다. 이것이 어려움의 까닭이다.

私者一心之蟊賊, 而萬惡之根本也. 自古國家治日常少, 亂日常多. 馴致於滅身亡國者, 盡是人君不能去一私字故也. 然欲去心賊, 拔惡根, 以復乎天理之純, 不深藉學之功不可. 而其爲功亦難. 蓋一時一事之私, 勉强不行非難. 平日萬事之私, 克去淨盡爲難, 雖或旣已克盡, 不知不覺之間, 忽復萌動如初. 此所以爲難.

때문에 옛날의 성현들은 조심하고 삼가 마치 깊은 못에 임한 듯 살얼음을 밟는 듯하였으며, 낮에는 힘쓰고 저녁에는 두려워하여 오로지 경각頃刻이라도 태만하고 소홀히 하여 도랑이나 구렁텅이에 빠지는 근심이 있을까 두려워했으며, 그 마음은 항상 일찍이 내 학문이 이미 극진하여 사사私邪로움에 빠질 근심하지 않는다고 여기지 않았다. 고로 『대학大學』에서 이미 말하였듯이 격물치지格物致

知, 성의정심誠意正心의 공을 쌓으면 마땅히 사사로움이 없을 듯하지만, 그러나 수신제가修身齊家하는 데 있어서 여전히 편벽偏僻으로써 경계를 삼았고, 치국평천하治國平天下하는 데 있어서 임금 한 사람의 탐욕이나 어그러짐 그리고 이利만을 추구하는 것을 경계하였다.

안연顏淵은 자기를 극복하고 예禮에 돌아갈 수 있었으며, 노여움을 옮기지 않았고, 잘못을 거듭하지 않았으며 석 달간을 두고 계속 인仁을 어기지 않았다. 그러한 후에서야 그가 나라 다스리는 도를 물었으니, 어찌 다시 그에게 한 터럭만큼의 사私가 있었겠는가. 그런데도 공자는 오히려 그에게 음탕한 정성鄭聲을 물리치고 간녕奸佞한 자들을 멀리하라는 것으로서 훈계해 주었다.

是以古之聖賢, 兢兢業業, 如臨深淵, 如履薄氷, 日乾夕惕, 惟恐頃刻怠忽, 而有墮坑落塹之患, 其心未嘗自謂吾學已至, 不患有陷於私邪也. 故大學旣說, 格物致知誠意正心之功, 則宜若無私矣, 然而於修身齊家, 猶以偏僻爲戒, 治國平天下, 亦以一人貪戾, 以利爲利戒之. 顏淵克己復禮, 不遷怒, 不貳過, 至於三月不違仁. 而後乃問爲邦之道, 寧復有一毫之私乎. 孔子猶以放鄭聲, 遠佞人戒之

대게 반드시 편벽되거나 기울거나, 좋아하거나 미워하는 따위의 사사로운 마음이 없어야 비로소 왕도王道를 따를 수 있는 것이다. 또한 편당을 만들거나 변덕스러운 일이 없어야 왕도가 넓고 평탄하게 되어 임금의 바른 법을 모아 황극皇極(임금의 바른 법도)에 복귀하는 것도 가히 말할 수 있다. 이로 말미암아 보는데, 비록 성인聖人의 경지에 이르러도 오히려 혹 편벽된 사사로움이 있을까 두려워하여 항상 조심하고 경계를 하거늘 하물며 성인에 이르지 못한 사람이 마땅히 어찌해야 하는가. 주서周書에 이르기를, "성인이라도 생각하지 않으면 광인狂人이 되고 광인이라도 잘 생각하면 성인이 된다"는 것이다.

蓋必其無偏波好惡之私, 然後王道可遵. 無偏黨反側之事, 然後王道蕩平, 而會極歸極, 可得而言. 以此觀之, 雖至聖人地位, 猶恐或有偏僻之私, 常懍懍爲戒. 況未至於聖人, 宜如何哉. 周書曰, 惟聖罔念作狂, 惟狂克念作聖.

『退溪集』, 권7, 「箚・戊辰經筵啓箚二」, 197

이황에게 있어, 왕의 대도는 사사私邪로움에 빠지지 않고, 편벽되거나 기울어지지 않으며, 한쪽만을 좋아하거나 미워하는 일이 없어야 하는 것이다. 다시 말해서, 무편무당無偏無黨해야 왕도王道가 사방에 넘치고, 무당무편無黨無偏해야 왕도가 평탄하게 퍼지고, 무반무측無反無側해야 왕도가 바르고 곧게 뻗어날 수 있다는 것이다. 이황의 생각이다. 이처럼 이황은 '사'의 경계를 왕의 대의大義를 준수하는 덕목의 하나로까지 보았던 것이다.

이황은 어린 시절부터 성품이 은일隱逸하고 고고孤高한 기상을 보였으며, 일찍이 도잠陶潛(淵明)의 시를 즐겼다고 한다.

홀로 숲 속 초가집의 만 권 책을 사랑하며   獨愛林廬萬卷書
이와 같은 심사로 십 년을 지냈네.   一般心事十年餘
근래에는 근원과 합치된 듯하여   邇來似與源頭會
내 마음 전체를 태허太虛로 보았네.   都把吾心看太虛

『退溪集』, 권1, 「年譜·十四年己卯」, 220

이황이 1520년경 그의 나이 19세 무렵에 지은 것으로 보이는 감회를 읊은 시(有詠懷詩)이다. 이 시는 훗날 도학자道學者로서 크게 성공할 절의節義의 향香이 넘친다 하겠다.

초가집을 시내 바위 사이에 옮겨 지으니   茅茨移構澗巖中
때마침 바위의 꽃들이 붉게 어지러이 피었네.   正値巖花發亂紅
예로부터 지금까지 이미 때는 늦었으나   古往今來時已晩
주경야독의 즐거움 무궁하네.   朝耕夜讀樂無窮

『退溪集』, 권1, 「詩·移草屋於溪西名曰寒棲庵」, 71

이황은 1550년 벼슬에서 은퇴, 고향 퇴계로 내려와서 시냇물의 상류에 한서암寒棲庵을 지었다. 이때 지은 「이초옥어계서명왈한서암移草屋於溪西名曰寒棲庵」(초옥을 계서로 옮기고 한서암이라 이름 짓다)이라는 시이다. 모든 지난날을 잊고 조경야독朝耕夜讀하는 이황의 모습이 선하게 떠오른다. 이황은 나이 50에 벼슬을 버리고 퇴계로 돌아와 지은 시들이 많다. 그중 「퇴계退溪」라는 시는 당시 은퇴의 심정을 잘 드러낸 그의 대표적인 시이다.

몸은 은퇴하여 어리석은 분수에 편안하지만   身退安愚分
학문은 쇠퇴하니 늘그막에 우려가 되는구나.   學退憂暮境
시냇가에 비로소 거처를 잡으니   溪上始定居
흐르는 물에 임하여 날마다 돌이켜 보리라.   臨流日有省

『退溪集』, 권1, 「詩·退溪」, 72

이러한 이황의 가르침은 우연인지 아니면 필연인지는 모르겠지만 정약용의 사숙私淑으로 이어진다. 훗날 정약용은 『퇴계집』에 실린 편지를 읽고 자신의 소감을 적어 『도산사숙록陶山私淑錄』이라는 작은 책자를 남기기도 하였다.

이황은 "사私란 마음을 파먹는 좀도적이며, 만악의 근본이다"라고 하였다. 그래서 지위 고하를 막론하고 지도적 위치에 있는 사람은 조금의 사심도 없어야 하는 것이다. 무릇 사람들은 "산에 오르면 그 높음을 배우려 하지 않고 먼저 산에 오를 편한 길부터 찾고자 하며, 또 물을 만나면 그 맑음을 배우려 하지 않고 먼저 그 흐름에 얹힐 꾀를 생각하게 되며, 돌에 앉으면 그 굳음을 배우려 하지 않고 먼저 그 차가움부터 생각하게 되며, 소나무를 보면 그 푸름을 배우려 하지 않고 먼저 그 오래 사는 수를 생각하게 되며, 달을 보면 그 밝음을 배우려 하지 않고 먼저 그 은밀함만을 생각한다”
고 하였으니, 우리나라 지도자들의 사심은 어떠한가. 오늘날 지도자들의
“모든 것은 나 아니면 안 되고, 오로지 나만이 애국자다”라는 자기 독선적
인 정치적 행태를 우려하지 않을 수 없다. 한 번쯤 생각해 볼만한 일이리라.

▲다산 정약용 선생의 생가 전경, 여유당與猶堂

다산 정약용이 태어나서 자란 곳이며, 기나 긴 유배생활을 마치고 돌아와 마지막 숨을 거둔 곳이기도 하다. 현재 경기도 남양주시 조안면 능내리 96번지에 위치한다.

주도 酒道

술맛이란 입술을 적시는 데 있는 것이다.

너의 형이 왔을 때 시험 삼아 술을 주어 한 잔 마시게 했더니 취하지 않았다. 물어보니 너의 주량이 형보다 능히 배가 넘는다 한다. 어찌 글공부에는 그 아비의 습관을 이을 줄 모르고 주량만 홀로 뛰어넘는 거냐. 이는 좋은 소식이 아니로다. 너의 외할아버지 절도사공 節度使公[1]은 술 일곱 잔을 연달아 마셔도 능히 취하지 않으셨지만, 평생을 입에 가까이하지 않으셨다. 늘 그막에 이르러 비로소 수십 방울 정도 받아들일 만한 조그만 술잔을 하나 만들어 놓고 입술만 적실 뿐이셨다.

> 汝兄至, 試予之酒, 飮一盞不醉. 問之, 汝能倍之. 何於書不繼其父癖, 而酒戶獨跨
> 竈也. 此非好消息. 汝外祖父節度使公, 飮酒能七盞不醉, 然平生不以近口. 至晚節
> 始製一瓻容數十滴, 取沾脣而已.

나는 살아오면서 술을 크게 마신 적이 없어서 스스로 주량을 알지 못한다. 벼슬하기 전에 중희당 重熙堂에서 임금께서 세 번에 거쳐 소주를 옥필통 玉筆筒에 가득 따라 하사하시기에 사양하였으나 명을 얻지 못하여 마시면서 마음에서 스스로 이르기를 "나는 오늘 죽었구나"라고 했는데 이윽고 심하게 취하지 않고, 또 춘당대春塘臺에서 임금을 모시고 과거 시험지를 채점하던 중좋은 술을 큰 사발로 하나씩 하사받았는데, 그때 여러 학사들이 매우 취하여 인사불성이 되어서 혹 남쪽을 향해 절을 하기도 하고 혹은 자리 가운데뻣뻣하게 누워 있었지만, 나는 과거 시험지를 다 읽고 과거 시험에 착오가없었다. 퇴근할 때 약간 취하였을 따름이다. 그러나 너희들은 일찍이 내가술을 반잔 넘게 마시는 것을 본 적이 있었느냐.

> 吾生來不大飮, 不自知酒戶. 布衣時於重熙堂, 蒙賜三重燒酒, 將玉筆筒滿酌而與之,
> 辭不獲命, 酳之心自語曰, 吾今日死矣, 旣而無甚醒, 又於春塘臺侍上考卷, 蒙賜旨
> 酒一大碗, 爾時諸學士酕醄不省事, 或南向拜, 或於筵中僵臥, 而吾讀卷訖, 科次無
> 差錯. 及退微醉而已. 然汝曹嘗見吾飮酒過半盞時乎.

진실로 술맛이란 입술을 적시는 데 있다. 저 소가 물마시듯 마시는 사람들은 입술이나 혀는 적시지도 않고 곧바로 목으로 마셔대니 무슨 맛이 있겠느냐. 술의 흥취는 약간 얼큰히 취하는 것에 있는 것이지, 저 얼굴이 붉은귀신같고 더러운 것을 토해 내며 그로 인하여 잠이 든다면 무슨 술을 마시는 멋이 있겠느냐. 요컨대 술 마시기 좋아하는 사람들은 갑자기 죽는 병폐가 많다. 또 주독酒毒이 오장육부에 젖어 들어서 하루아침에 썩어 문드러지면 온몸이 다 쓰러지고 만다. 이것이 크게 두려워할 만한 일이다.

> 誠以酒之味在沾脣. 彼牛飮者, 酒未嘗沾脣漬舌, 而直達于喉嚨, 有何味也. 酒之趣
> 在御微醺, 彼面如朱鬼, 吐惡物因睡者, 有何趣也. 要之好飮者, 其病多暴死 以酒
> 毒浸潤臟腑, 一朝腐爛, 便連身僵壞耳. 此大可畏.
>
> 『與猶堂全書』, 권21, 「寄游兒」, 20b

●···· 정약용이 적소인 강진에서 큰아들 학연의 방문을 받고, 둘째 학유에게 보낸 서찰의 일부이다.

정약용은 학연의 방문을 기뻐하면서도, 옛날에 가르쳐 준 경전의 이론을 하나도 제대로 대답하지 못한 학연을 보고 실망스러움을 감추지 못했으니, 그는 "네 형이 이와 같으니 너는 알 만하다. 네 형은 문학이나 사학에 꽤 취미를 가지고 있었는데도 오히려 이와 같으니 하물며 너는 전혀 손도 대지 못하였음에랴"라고 한스럽게 생각하였다.

정약용은 풍토병이 심한 변방에 귀양살이 와서 겨우 목숨을 부지한 채 외롭고 불쌍하게 지내면서도, 밤낮으로 두 아들에게 희망을 걸고 마음속에 담긴 뜨거운 마음을 쏟아 서찰을 보냈으니, 은연중에 가문의 재기를 기대했을 것이다. 당시 학유는 양계養鷄를 하였다. 정약용은 학유에게 이르기를, "만약 이利만 보고 의義를 보지 못하면, 가축을 기를 줄만 알지 그 참다운 취미를 모르게 되고, 채전을 일구는 이웃 간에 억지 쓰면서 조석으로 다투기나 한다면, 이것은 서너 집도 안 되는 산골마을에 사는 무지렁이 사람들의 양계일 뿐이다"라고 하면서, 세속적인 일에 종사하면서도 깨끗한 선비정신의 정도正道를 잃지 말 것을 당부하기도 했다.

정약용은 1795년(34세) 4월, 악당들의 모함으로 규영부奎瀛府 교서직에서 정직당한 적이 있었는데, 그는 이때부터 가슴속이 갑갑하고 우울하였다고 한다. 이때 지은 듯한 시가 있다.

진종일 술 한 동이로   長日一尊酒
두 미친 객이 마주 앉았네.   相對兩狂客
술 마시면 미치고 미치면 더욱 마시니   飲酒成狂狂益飲

재물이 이미 넉넉한데 더욱 얻기를 탐하는 격이라.　　　　如財旣富愈貪獲

그대는 어찌하여 그리 미치는가　　　　問君緣何狂
저 열린 하늘을 보라.　　　　視彼天宇闢
해가 서쪽으로 지면　　　　白日西逝
밝은 달이 동쪽에서 떠오르네.　　　　明月東來

서쪽으로 지고 동쪽에서 떠오르고 다시 가지만　　　　西逝東來來復去
그 사이 호걸들 한 번 가면 다시 오지 않네.　　　　其間俊傑去不回
경선 사만 오천 리요　　　　經線四萬五千里
위선 사만 오천 리라네.　　　　緯線四萬五千里

한마당 놀이판 펼쳐지니　　　　設此一戲場
뭇 놀이꾼들 어지러이 노는구나.　　　　紛然衆戲子
어느 순간 태어나 이리저리 달리다가　　　　倏爾現身馳驤驤
갑자기 자취 감추어 쓸쓸히 묻히네.　　　　忽爾匿跡寥寥藏

쓸쓸히 묻히면 다시는 나올 수 없어　　　　寥寥藏遂不出
고운 아내 예쁜 자식 모두 잃어버렸네.　　　　豔妻美子渾相失
쓸쓸히 묻히고 나면 어찌 할 수 있겠으며　　　　寥寥藏可奈何
술 백 말이 있은들 어찌 하겠는가.　　　　有酒百斗當奈何

수십 마리 말이 있어도 능히 탈 수 있으며　　　　有馬十乘能騎跨
천금이 있어도 만질 수 있겠는가.　　　　有金千鎰能摹挲
농부가 소 끌고 와 얼굴 위의 흙을 가는데　　　　有夫挈牛來耕面上土
어찌하여 벼락같은 소리로 엄히 꾸짖지 못하는가.　　　　何不一聲霹靂嚴叱呵

만일 금방 성인이 되지 못한다면　　　　若非猝成聖

그 본성을 잃지 않겠는가.　　　　　　　　無乃失其性
그 본성을 잃었다면　　　　　　　　　　失其性
너 또한 미친 거나 같다.　　　　　　　　汝亦狂

만약 네가 미쳤다면　　　　　　　　　　汝若狂
나의 진실한 벗이네.　　　　　　　　　　眞我友
어찌 나와 함께 둘이 어울려　　　　　　何不與我二人
백천 잔을 마시지 아니하리오.　　　　　共飮百千觴

『與猶堂全書』, 권2, 「醉歌行」, 22a

　　당시 정약용의 심경을 엿볼 수 있는 「취가행醉歌行」이라는 시이다. 모든
일에 있어서 조심성 있고 엄숙하기 그지없어 보이는 정약용에게도 간간히
찾아드는 근심과 시름은 인간인 그로서도 어찌할 수 없었으리라. 정약용을
사학邪學, 사교邪敎의 무리로 몰아 버리려던 악당들의 유언비어流言蜚語에 괴
로워하던 정조는 그를 금정찰방金井察訪으로 임명하여 외직으로 내보낸 일
이 있다.
　　정약용은 1804년 여름 강진에서 외로이 유배생활을 하면서 「하일대주夏
日對酒」(여름에 술을 대하다)라는 시를 지었다.

　　나라의 임금이 토지를 소유하는 것은　　后王有土田
비유컨대 부잣집 영감이라.　　　　　　　譬如富家翁
그 영감이 일백 경頃을 가지고　　　　　翁有田百頃
열 아들이 각각 분가分家하였네.　　　　十男各異宮

마땅히 집마다 십 경씩 주어　　　　　　應須家十頃
굶주리고 배부름을 같게 해야 하는데.　　飢飽使之同

교활한 놈이 팔구십 경 삼키니					點男吞八九
어리석은 자식의 곳간은 항상 비어 있네.					痴男庫常空
……					……
군보軍保란 이 무슨 명목인가					軍保是何名
법을 만든 것이 참으로 어질지 못하구나.					作法殊不仁
해가 끝나도록 힘들게 일을 하여도					終年力作苦
제 한 몸 보호하지 못하네.					曾莫庇其身

뱃속에서 갓 태어난 어린아이도					黃口出胚胎
백골이 티끌 되어도.					白骨成灰塵
여전히 몸엔 요역徭役이 있어					猶然身有徭
곳곳마다 가을 하늘에 울부짖네.					處處號秋旻
……					……
겉모습은 비록 도탑고 공손하지만					外貌雖愿恭
뱃속은 항시 뒤틀리네.					腹中常輪囷
예전 왜놈들 나라를 잠식했을 때					漆齒昔食國
의병이 곳곳에서 일어나 싸웠지만.					義兵起踆踆

평안도 백성들만 유독 방관하여					西民獨袖手
당한 대로 갚았으니 진실로 까닭 있는 일이다.					得反諒有因
생각하면 가슴속이 끓어오르니					拊念腸內沸
술이나 실컷 마셔 천진天眞함을 회복하리.					痛飮求反眞
……					……
봄에 벌레 먹은 쌀 한 말 받고서					春蠱受一斗
가을엔 온전한 쌀 두 말 바치네.					秋鑿二斗全
게다가 돈으로 벌레 먹은 곡식을 대신하라 하니					況以錢代蠱
온전한 쌀 판 돈으로 낼 수밖에 없네.					豈非賣鑿錢

남는 이익은 간활한 관리만 살찌워   贏餘肥奸猾
한 번 벼슬에 천 경 땅이 생기네.   一宦千頃田
쓰라린 고통은 가난한 백성에게 돌아가고   楚毒歸圭蓽
어지러운 채찍에 살점만 떨어지네.   割剝紛箠鞭
……   ……

상평常平의 법은 본래 아름다우나   常平法本美
이유 없이 버려졌네.   無故遭棄捐
두어라, 또 술이나 마시자   已矣且飮酒
백 병 술이 샘처럼 넘치는구나.   百壺將如泉

춘당대春塘臺에서 해마다 선비들 시험 치는데   春塘歲試士
만인이 한 곳에서 서로 다투네.   萬人爭一場
백 명의 이루2)가 있다하더라도   縱有百離婁
자세히 감시하지 못하네.   鑒視諒未詳

붉은 색으로 적당하게 채점하니   任施紅勒帛
뽑는 것은 붉은 옷 시관試官의 손에 달렸다.   取準朱衣郎
……   ……

법이 무너져 요행심만 길러 주니   敗法啓倖心
온 세상이 다 미친 것 같네.   擧世皆若狂
……   ……

세력 있는 가문에서 자식 하나 낳았는데   豪門産一兒
사납고 교만하기가 천리마馬 같네.   桀驁如驥騄
그 아이 자라서 팔구 세 되니   兒生八九歲
선명하고 아름다운 옷을 입었네.   粲粲被姣服

손님이 이르기를 너는 걱정하지 말라   客云汝勿憂
너의 집은 하늘이 복을 내린 집이니라.   汝家天所福

너의 벼슬도 하늘이 정해 놓은 것이니 　　　　　汝爵天所定
청관淸官, 요직要職을 바라는 대로 할 수 있네. 　　　清要唯所欲

쓸데없는 고생 아니 해도 되는 것이니 　　　　　　不須枉勞苦
날마다 글 읽는 일 할 필요 없네. 　　　　　　　　績文如課督
때가 오면 좋은 벼슬아치 될 것이니 　　　　　　　時來自好官
서찰 한 장 쓸 줄 알면 이것으로 족하리. 　　　　札翰斯爲足

아이가 기뻐 날뛰며 　　　　　　　　　　　　　　兒乃躍然喜
다시는 서책 상자를 들여다보지도 않네. 　　　　不復窺書簏
마조놀이, 강패놀이 하며 　　　　　　　　　　　馬吊將江牌
장기·바둑 두기, 쌍륙 치기에 바쁘네. 　　　　　象棋與雙陸

방탕하게 놀아 재목 이루지 못해도 　　　　　　荒嬉不成材
절차대로 높은 벼슬에 오르네. 　　　　　　　　節次躋金玉
먹줄을 일찍이 긋지 않았으니 　　　　　　　　　繩墨未曾施
어찌 큰 집의 들보가 되겠는가. 　　　　　　　　寧爲大廈木

두 아이 모두 자포자기라 　　　　　　　　　　　兩兒俱自暴
온 세상에 현숙한 자 없네. 　　　　　　　　　　舉世無賢淑
깊이깊이 생각하면 애간장만 타기에 　　　　　深念焦肺肝
또 술잔이나 들어 마신다네. 　　　　　　　　　且飲杯中醁

　　　　　　　　　　　　『與猶堂全書』, 권5, 「夏日對酒」, 1a

「하일대주」는 당시 사회·정치적 제도의 모순과 그에 따른 인재 양성의 잘못됨을 비판하고 탄식한 1060자에 달하는 방대한 장편 고시로, 정약용의 대표작이라 할 수 있다. 전정田政, 군정軍政, 환정還政, 과거科擧, 신분제도

등 조선 후기의 사회제도와 정치제도의 모순이 가감 없이 시화詩化되어 있다. 자신의 시대를 아파했고, 보다 나은 사회로 개혁하려 했던 경세가 정약용의 번민煩悶과 분기憤氣도 배소配所에 갇힌 죄인의 신분으로서는 어찌할 수 없었으리라.

정약용은 나라를 망하게 하거나 가정을 파탄시키거나 흉패한 행동을 하는 것 등은 다 술 때문이라고 하며 철저하게 경계하였다. 옛날에는 술을 경계하기 위하여 뿔이 달린 술잔을 만들어 조금씩 마시게 하였는데, 그러하면서도 절주節酒하지 못했기 때문에, 공자께서 "뿔 달린 술잔이 뿔 달린 술잔 구실을 못하면 뿔 달린 술잔이라 하겠는가"라고 탄식하였다고 한다.

정약용은 배움과 식견이 부족한 폐족 집안의 사람으로서 못된 술주정뱅이라는 별칭을 우려하였다. 술로 인해 등창, 뇌, 치루痔漏, 황달 등 별별스런 병이 발생하며, 한 번 병이 나면 백약무효百藥無效임을 당부하였다.

제발 이 천애天涯의 애처로운 아비의 말을 명심하라는 간절함을 담은 서찰의 내용은 오늘날의 주도酒道문화에 시사하는 바가 클 것이다.

●●●
1) 節度使公: 정약용의 장인인 洪和輔(1726~1791)로 함경북도 절도사를 지냈다.
2) 離婁: 중국 전설 속의 눈 밝은 자.

이백李白(701~762, 자: 太白, 호: 靑蓮)의 술에 대한 견해는 정약용과 다르다.
술에 대한 그의 견해를 보자.

하늘이 만약 술을 좋아하지 않았다면   天若不愛酒
주성이 하늘에 있지 않을 것이고.   酒星不在天

땅이 만약 술을 좋아하지 않았다면   地若不愛酒
땅에 응당 주천(지명)이 없으리라.   地應無酒泉

천지가 이미 술을 좋아하니   天地旣愛酒
술 좋아하는 것은 하늘에 부끄럽지 않네.   愛酒不愧天

이미 청주가 성인에게 견주어짐을 들었고   已聞淸比聖
다시 탁주가 현인 같다고 말하네.   復道濁如賢

성현을 이미 마셨으니   賢聖旣已飮
하필 신선을 구하리.   何必求神仙

석 잔 술에 큰 도道를 깨치고   三盃通大道
한 말을 마시면 자연과 하나가 되네.   一斗合自然

다만 취중의 멋을 얻을 것이오   但得醉中趣
깨어 있는 자에게 전하지 말라.   勿爲醒者傳

『詳說古文眞寶大全』前集, 권2, 22

이백이 지은 애주시愛酒詩 가운데 하나인 「독작獨酌」(홀로 술 마시며)이라는 시이다. 그는 술을 통하여 우주 자연의 대도와 소통할 수 있고, 인간 본연의 무욕순박無欲純朴한 상태로도 회귀할 수 있다고 말한다.

일설에 의하면 이백은 뱃놀이를 하다가 술의 흥취에 홀리어 물속의 달을 잡으려고 뛰어들었다가 죽었다고 한다. 그는 낭만시인浪漫詩人이다. 두보杜甫는 이백에 대해, "실컷 술 마시고 미친 듯 노래 부르며 부질없이 나날을 보냈으니, 높이 휘날리고 우뚝 솟은 의기는 누구를 위해 웅장한 것인가"(痛飲狂歌空度日, 飛揚跋扈爲誰雄)라고 하였다. 이백은 『이태백시李太白詩』 30권을 남겼다.

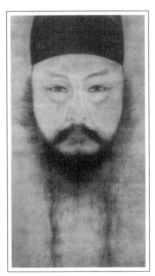

◀공재 윤두서의 자화상

공재恭齋 윤두서尹斗緖는 다산 정약용의 외증조부이다. 정약용은 일찍이 지인들에게 이르기를 "나의 정분精分은 외가에서 받은 것이 많다"고 했다.

남양주시 다산기념관 제공

기상氣像

사소한 것들에 잠깐만이라도
양심을 저버린 일이 있게 된다면,
이것은 기상을 쭈그러들게 하는 것이다.

육자정(陸九淵)이 말하길 "우주간宇宙間의 일이란 자기 자신의 일과 같고 자기 자신의 일은 바로 우주간의 일이다"라고 하였으니, 대장부가 하루라도 이런 이치를 생각하지 않아서는 안 된다. 그렇게 한다면 우리들의 본분도 절로 가볍지 않을 것이다.

陸子靜曰, 宇宙間事, 是己分內事, 己分內事, 是宇宙間事, 大丈夫不可一日無此商量. 吾人本分, 也自不草草.

사대부의 마음가짐이란 마땅히 광풍제월光風霽月과 같아서 털끝만큼의 가림도 없어야 한다. 무릇 하늘이나 사람에게 부끄러운 일들을 칼로 끊듯이 범하지 않는다면 자연히 마음이 넓어지고 몸가짐이 넉넉하여 호연지기浩然之氣가 있게 될 것이다. 만약 자그마한 재물에 잠깐 마음을 저버린 일이 있게 된다면, 곧 기상이 주리고 위축되게 될 것이다. 이러한 것들은 사람과 허깨비의 갈리는 곳이니 너희들은 간절히 경계하도록 하라.

> 士大夫心事, 當如光風霽月, 無纖毫菑翳. 凡愧天怍人之事, 截然不犯, 自然心廣體
> 胖, 有浩然之氣. 若於尺布銖貨, 瞥有負心之事, 卽是氣餒敗. 此人鬼關頭, 汝等切
> 戒之.

거듭 이 말을 잘못하여 짓는 업(口業)을 삼가지 않을 수 없다. 전체가 모두
온전하더라도 한 구멍만 우연히 새면 깨진 항아리와 같듯이, 모든 말을 다
미덥게 하다가도 한마디만 우연히 거짓되면 허깨비와 같게 되는 것이다.
너희들은 간절히 경계토록 하라. 말을 지나치고 과장되게 하는 사람은 사
람들이 믿어 주질 않으며, 더구나 가난하고 천한 사람은 더욱 마땅히 말을
어렵게 해야 한다.

> 再此口業, 不可不慎. 全體皆完, 一孔偶滲, 猶是破甕. 百言皆信, 一語偶謊, 猶是
> 鬼徒. 汝等切戒之. 語言浮夸者, 民莫之信, 貧賤者, 尤當訒言.

우리 집안은 선대로부터 붕당에 간섭한 적이 없다. 하물며 어려움을 만난
뒤로는 옛 친구조차도 연못으로 밀어 넣고 돌을 던지는 것이 참으로 괴롭
다. 너희들은 가슴속에 새기고 사사로이 당파를 짓는 마음을 통렬히 씻도
록 하라.

> 吾家自先世, 不涉朋黨. 況自屯邅, 苦遭知舊推淵下石. 汝等銘肺, 痛滌黨私之心.

큰 흉년이 들어 백성 중에 굶어 죽는 사람들이 수만이라, 천명을 의심하는
사람도 있다. 내가 보니 대체로 게으른 사람이 많더구나. 하늘이 게으른 자
를 싫어하여 모두 죽인 것이다.

> 大饑百姓死者鉅萬, 疑天者有之. 余觀餓莩大抵皆惰者. 天厭惰者, 剗殄滅之.

46

사람이 천지간天地間에 살면서 귀한 것은 성실한 것이니 모든 일에 거짓됨이 없어야 하며 하늘을 속이는 것이 가장 악한 것이다. 임금을 속이고 어버이를 속이는 것으로부터 농부가 함께 밭 가는 농부를 속이고 상인이 동료를 속이는 데 이르기까지 모두 죄에 빠지는 것이다. 오직 한 가지 속일 수 있는 일이 있으니 곧 자기의 입이다. 모름지기 맛없는 음식으로 입을 속여 잠시題時 지나고 보는 것이 좋은 계책이라고 할 수 있다.

人生兩間, 所貴在誠, 都無可欺, 欺天最惡. 欺君欺親, 以至農而欺耦, 商而欺伴,
皆陷罪戾. 唯有一物可欺, 卽自己口吻. 須用薄物欺罔, 瞥過題時, 斯良策也.

『與猶堂全書』, 권18,「又示二子家誡」, 9b

🐢···· 정약용이 1810년 9월에 강진 다산 동암에서 두 아들에게 보낸 서찰의 일부이다. 정약용은 학연과 학유에게 서찰을 보내 이것저것 타이르고 있다. 특히 역사상 당쟁이 많았던 까닭에서인지 정약용은 "우리 집안은 선대로부터 붕당에 관계한 적이 없다"고 하면서, 두 아들에게 말조심할 것을 철저하게 당부하였다.

정약용은 유배지의 어려운 환경에서도 두 아들에 대해 인간적 성장과 훈육에 대한 성의를 게을리 하지 않았다. 왜 그랬을까. 정약용은 자신이 유배당한 처지에 대해 폐족廢族이라는 극언을 쓰고 있다. 폐족의 처지에서 벗어나려면 오로지 두 아들의 지적 성숙과 인품의 도야에 힘쓰지 않을 수 없었으리라.

마음대로 웃고 즐기는 것을 어찌 가히 탓할 수 있겠느냐. 진실로 하늘을 감동시키는 효자라면 그 아버지가 유배지에 있는 것을 생각하여 그 모습이 근심으로 초췌한 것도 훌륭한 일이다. 그러나 너는 이미 평범한 사람이니, 때때로 웃고 즐기는 것이 또한 자연스러운 일이다. 너를 위하여 슬퍼하고 측은한 마음을 그치지 못하는 한 가지 일은 온 집안이 너를 질책하고 꾸짖어서 너로 하여금 상례로서 처신하기를 바라지만 내가 아직 죽지 않았으니 어떻게 머리를 풀고 얼굴이 검정빛이 되어 이를 드러내고 웃지 않을 수 있겠느냐.

너희들의 억울함을 내가 이미 말하였다. 내가 이제 너희들을 꾸짖을 수 있겠느냐. 인가의 자제로서 지켜야 할 간단한 예절과 떳떳한 행실은 바로 새벽에 문안을 드리고 저녁에 잠자리를 살피는 일이다. 내가 이미 이곳에 있고 형님은 나이가 이미 드셨으니 너희들이 할 도리는 아침저녁으로 문안드리는 일이다. 이는 사람의 모습을 갖춘 자가 그만두어서는 안 되는 일이다.

笑傲任情, 何可爲也. 苟有達天之孝, 念其父之在謫, 而憂瘁形外, 固亦盛節. 而汝旣凡流之人, 有時笑傲, 自亦常事. 卽此一事, 爲汝悲惻不能已也, 一家之責汝謗汝者, 欲汝以喪禮處之, 吾尙不死, 豈遽被髮面深墨, 而不見齒乎. 汝輩冤枉, 吾旣言之矣. 吾今可責汝耶. 人家子弟之疏節庸行, 卽晨省而昏定也. 吾旣在此, 伯氏年紀已暮, 在汝道理, 朝一往省, 夕一往觀. 此是僅具人形者所, 不可廢之事也.

『與猶堂全書』, 권20, 「寄二兒」, 6a

정약용은 귀양살이에도 불구하고 두 아들에게 예절을 하나하나 가르치고 있다. 예절이란 상대를 공경하고 동시에 자신을 낮추는, 일상생활에서 마땅히 지켜야 하는 행동양식 즉 의지적意志的 정신의 표현이다.

내가 돌아가고 돌아가지 못하는 것이 진실로 또한 큰일이기는 하나 죽고 사는 것에 견주면 작은 일이다. 사람이란 때때로 생선을 버리고 웅장熊掌을 취할 경우가 있으니 하물며 돌아가고 돌아가지 못하는 하찮은 일로 문득 남에게 꼬리를 흔들며 애걸한다면, 만일 남북의 변방에 나라의 근심이 있을 경우 군부君父를 배신하고 오랑캐에게 투항하지 않을 자가 능히 몇이나 있겠느냐. 내가 살아서 고향으로 돌아가는 것도 천명이고, 살아서 돌아가지 못하는 것도 천명이다. 그러나 사람의 일을 하지 않고 다만 천명만을 기다리는 것은 또한 진실로 이치에 맞지 않는다. 너는 인사를 다하여라. 사람이 해야 할 일을 다했는데도 돌아가지 못한다면 이 또한 천명일 뿐이다. 강씨姜氏 그의 자식이 어떻게 나를 돌아가지 못하게 할 수 있겠느냐. 마음을 쉬고 우려를 그쳐 서서히 세월을 기다리는 것이 가장 좋은 도리이니 다시는 그런 말을 하지 말라.

吾之歸與不歸, 誠亦大事, 然比之死生則小矣. 人之爲物有時乎舍魚而取熊, 況於歸不歸之小事, 輒向人搖尾乞憐, 萬一南北有憂, 其不背君父而投犬羊者能有幾人. 吾生而還故土命也, 吾生而不能還故土亦命也. 雖然不修人事, 但待天命, 誠亦非理. 汝則修人事旣盡. 修人事旣盡, 而終不能歸則, 是亦命耳. 姜氏之子焉使余不歸哉. 休心息慮, 稍俟日月, 爲十分道理, 勿復云云也.

『與猶堂全書』, 권21, 「答淵兒」, 6b

큰아들에게 보낸 가르침으로, 유배생활의 솔직한 심정에서 정약용의 의지와 기개가 넘친다.

정약용은 두 아들뿐만 아니라 다산초당의 제생들에게도 "대체로 사람은 존경하는 마음이 일어날 때 그 무릎이 스스로 꿇어지며, 꿇어앉은 자세를 풀면 속마음의 존경함도 역시 해이해지는 것이다. 얼굴빛을 바르게 하고 말씨를 공손히 갖는 것은 꿇어앉지 않고서는 이룰 수가 없다. 또한 이 한 가지 일에 따라서 자기 스스로의 지기志氣를 증험하게 되니 꿇어앉지 않을 수 없는 것이다"(凡人起敬時, 其膝自跪, 跪解知內敬亦懈. 正顔色恭辭氣. 非跪不成. 且從此一事, 驗自家志氣. 不可不跪)라고 하였다. 자식들이 사람들 앞에서 겸손하지 않고 거드름부리며 남을 업신여기어 오히려 남들에게 비방을 당하지나 않을까 염려해서 하는 말이다. 그리고 두 아들에게 오만傲慢의 근성을 버리라고 다음과 같이 타이르기도 하였다.

내가 남에게 베풀지 않은 것을 남이 먼저 나에게 베풀기를 바라는 것은 너희들의 오만한 근성이 아직도 제거되지 않았기 때문이다. 이후로는 평상시 일 없을 때에도 유념하여 공손하고 화목하며 신중하고 진실되어 여러 집안의 환심을 사도록 힘써야 할 것이요, 마음속에 절대로 보답을 바라는 씨앗을 남기지 말아야 한다. 훗날 너희들에게 우환이 있는데 저들이 보답하지 않더라도 너희들은 마음속에 결코 한을 품지 말고 한결같이 마음을 헤아려서 "저들이 마침 방해되는 일이 있거나 힘이 미치지 못하기 때문일 것이다"라고 하고, 절대로 입에 경박한 말을 지어 이르기를 "내가 일찍이 이렇게 해주었는데 저 사람은 저와 같이 하는구나"라고 하지 마라. 이러한 말이 한 번 나가면 종전에 쌓은 덕이 그 한마디 말 때문에 바람 가운데 재가 되어 날아가 버릴 것이다.

我所不施, 以望人之先施, 是汝傲根猶未除也. 玆後留心, 於平居無事之日, 恭睦愼忠, 務得諸家之歡心, 而心中絶不留望報底苗脈. 日後汝有所憂患, 而彼不報, 汝心中切勿懷恨, 一直推恕之曰, 彼適有事相妨, 不然力不及耳. 口中切勿作輕倨語曰, 我曾若是若是, 彼乃如此如此. 此語一發, 從前積功積德, 一朝彼他一句語吹了作風中灰飛去耳.

『與猶堂全書』, 권21, 「寄兩兒」, 11b

오늘날 호연지기란 하나의 우스갯소리에 불과할지 모르지만 정약용의 '기상氣像' 철학은 도덕적 용기가 결핍된 현대인들에게 있어서 반드시 되씹어 보아야 할 것이다.

정약용의 젊은 시절의 모습을 볼 수 있는 다음의 시를 보자.

지닌 뜻 확고하지 않다면	秉志不堅確
이 길 그 어찌 순탄하리요.	此路寧坦夷
항상 두렵기는 중도에 길을 바꾸어	常恐中途改
길이 뭇사람의 비웃음 받을까 함이네.	永爲衆所嗤
……	……

사지가 언제나 움츠러드니	四體常拳曲
기개와 뜻 어떻게 채워 보리.	氣志何由充
성현은 만 리 밖에 있는데	聖賢在萬里
누가 능히 이 몽매함 열어 줄까.	誰能豁此蒙
머리 들어 인간 세상 바라보아도	擧頭望人間
보이는 것 드물어 마음만 몽롱하네.	見鮮肖瞳矓
급급히 모방만을 일삼아	汲汲爲慕倣
훌륭한 솜씨 가릴 겨를 없구나.	未暇揀精工
뭇 어리석은 이들이 한 백치를 모셔	衆愚捧一癡
떠들썩하게 함께 높이니.	嗜哈令共崇
단군의 세상만도 못하면서	未若檀君世
질박한 옛 풍속을 지녔다 하네.	質朴有古風

『與猶堂全書』, 권1, 「述志」, 15b

정약용이 젊은 시절에 읊었던 「술지述志」(나의 하소연)라는 시의 일부이다. 이때 정약용은 처음으로 창동倉洞에 집을 사서 살았는데, 첫딸을 낳아 5일 만에 잃는 설움을 겪었다고 한다.

정약용이 지닌 뜻은 확고하였으며 그가 찾는 호연지기의 생활신조는 죽을 때까지 변함이 없었다. 오늘날 최대의 행복량을 산출하는 결과주의적 노예화에 갇힌 현대인은 남의 것을 모방하기에 급급해 무엇이 진정으로 행복한 삶인지를 잘 모른다. 세상에 맞춰서 사는 것도 중요하겠지만, 세상을 자신의 삶에 맞춰 보면 어떨지. 세상의 일이란 항상 남을 따라서 하다 보면 좋은 일보다 궂은 일이 더 많다.

오늘날의 정치적 행태, '뭇 바보들이 지혜로운 자를 외면한 채 어리석은 한 천치天癡를 받들고 있는' 맹목적·광신도적인 모습은 아닐는지. 서찰에 담겨진 선인들의 지혜가 절실히 요구되는 때가 아닌가 싶다.

정약용은 유배지인 강진에서 가족과 친척을 그리워한 시를 남겼는데, 그 가운데 두 아들에게 쓴 시는 유독 자식에 대한 그리움과 안타까움을 더한다. 다음은 정약용의 「칠회七懷」(일곱 가지 그리움)[1] 가운데 두 아들을 그리워하는 시다.

두 아들 다 나라의 그릇들인데	二子金閨器
그 재주 꺾이어 무너진 집만 지키네.	摧殘守敝廬
평생 흐르는 눈물	百年雙淚眼
석 달 만에 보내는 한 통의 서신.	三月一封書
부지런히 힘써 보리 수확 꾀하고	勤力謀收麥
쓸쓸히 채소 심는 법 배우네.	凄凉學種蔬
복희伏羲와 문왕文王의 옛 심법을	羲文舊心法
너희 아니면 누가 나를 높여주리.	微爾孰宗余

『與猶堂全書』, 권4, 「七懷」, 32b

정약용이 두 아들과 헤어져 강진으로 유배될 때, 학연은 19세이고 학유는 16세였다. 어린 자식들이 요사天死할 때마다 마치 창자가 끊어지는 듯한 슬픈 비애를 맛보았을 정약용으로서는 살아남아 바르게 성장한 두 아들과의 혈육의 정이 남달랐을 것이다.

●●●
1) 七懷: 仲父, 季父, 큰형님, 둘째 형님, 아우 약횡(약횡), 두 아들, 조카들을 말한다.

▲다산 정약용 선생의 생가 뒤켠 모습

다산 정약용과 부인 홍씨의 합장묘에서 내려다본 생가의 뒤켠 모습이다. 정약용은 강진 유배지에서 두 아들에게 "아침저녁으로 문안드릴 때 만약 이부자리 속이 차갑다고 느끼거든 너희 형제는 하인들을 부리지 말고 스스로 땔나무를 취하여 따뜻하게 해야 한다. 그 수고로움도 또한 잠깐 연기를 쏘임에 불과하지만, 어머니의 기뻐하는 마음은 한없을 것이다"라고 당부하였다. 뒤켠의 굴뚝을 보니 학연과 학유가 번갈아 가면서 부모님 방에 군불을 지피는 모습이 선하다.

효도 孝道

어버이를 섬기는 일은
그 뜻을 거역하지 않는 것이
가장 큰일이다.

근세에 사대부가士大夫家의 부녀자들이 부엌에 들어가지 않은 지가 오래되었다. 네가 한번 생각해 보아라. 부엌에 들어간들 무엇이 손해인가. 다만 잠시 연기를 쏘일 뿐이요, 시어머니의 환심을 얻고 효부孝婦가 되며 대대로 법도 있는 집안 모양도 만들게 되니, 또한 효성스럽고 지혜로운 일이 아니겠느냐. 또 아침저녁으로 문안드릴 때 만약 이부자리 속이 차갑다고 느끼거든 너희 형제들은 하인들을 부리지 말고 스스로 땔 나무를 취하고 솜을 엮어서 따뜻하게 해 주어야 한다. 그 수고로움도 또한 잠깐 연기를 쏘임에 불과하지만, 어머니의 기뻐하는 마음은 한없을 것이니, 너희들은 어찌 이를 즐겨 행하지 않느냐.

近世士大夫家婦女, 不入廚下久矣. 汝試思之. 入廚何損. 唯暫觸煙氣耳, 而得姑嫜
之歡心, 爲孝婦身, 世出法家模樣, 不亦孝且智乎. 又如晨昏溫凊, 若覺褥底冷落,
而汝昆仲勿喚奴勿喚婢, 自取樵束, 緼以煖之. 其勞亦不過小觸煙氣, 而母之歡心
如酒, 汝豈不樂此乎.

어버이를 섬기는 것은 뜻을 봉양하는 것이 가장 크다. 그러나 부인들은 뜻이 의복과 음식, 거처에만 있다. 만일 어머니를 섬기는 자가 작은 곳으로부터 유념해 나간다면 효성으로 봉양하는 지름길을 얻게 될 것이다. 『예기』의 「내칙內則」편의 기록에, 음식에 관한 작은 예절이 많으니, 성인이 가르침을 세울 때 물정物情을 잘 알아서 현실에서 멀고 미묘한 곳으로부터 시작하지 않았음을 알 수 있다.

事親養志爲大. 然婦人志在衣服飮食居處. 卽事母者從細瑣處留意, 方得孝養蹊徑.
禮記內則篇所記, 多飮食小節, 可見聖人立教, 識得物情, 不從迂遠微妙處入頭也.

남녀종들이 어머니와 아들, 시어머니와 며느리 사이를 이간질하는 것은 대부분 아들과 며느리가 그 효도를 다하지 못하여 어머니나 시어머니가 마음속으로 한탄을 품은 것에서 말미암은 것이니, 그 틈을 엿보고 힘을 발휘하여 한 숟갈의 음료나 맛있는 과일로 작은 충성을 바쳐 골육 간의 거리를 멀게 한다. 허물은 아들이나 며느리에게 있는 것이요, 남녀종들에게만 있는 것은 아니다. 모름지기 이런 것을 생각하여 경계로 삼고 여러 가지 방법으로 어머님의 마음을 기쁘게 하기를 힘써라. 만일 두 아들이 효자가 되고 두 며느리가 효부가 된다면, 나는 금릉金陵 땅에서 늙는다고 해도 오히려 한이 없을 것이니 힘쓸지어다.

婢僕之間於母子姑媳之間者, 多由子媳不能盡其孝道, 母姑心懷恨歎, 伊乃覘其隙
而奮力, 以一勺之漿, 一果之甘, 效其微忠, 而作梁梗於骨肉之間. 咎在子媳, 不專
在婢僕. 須念此爲戒. 千方百計, 務悅母志. 使二子得成孝子, 而二婦成孝婦, 則吾
老於金陵, 猶之無憾, 其勉之哉.

『與猶堂全書』, 권21, 「寄二兒」, 3a

●···· 정약용이 1802년 12월 22일 강진에서 두 아들에게 어머니에 대한 효도를 다할 것을 당부한 서찰이다.

정약용은 항상 아내에 대한 미안한 마음을 가지고 있었던 것일까. 다음은 농아가 죽었다는 소식을 듣고 두 아들에게 쓴 편지이다.

우리 농아農兒가 죽었다니, 슬프고 슬프구나. 그의 삶이 가련하구나. 나의 노쇠함이 더욱 심한데 이러한 슬픔을 만나니 진실로 마음을 풀 수가 없구나. 너희들 아래로 사내아이 넷과 계집아이 하나를 잃었는데 그 하나는 열흘이 좀 지나서 죽었기 때문에 나는 그 얼굴조차 기억하지 못하고, 나머지 세 아이는 모두 세 살 때 요절하였는데, 모두 한창 손바닥에 구슬을 가지고 놀 때였다. 그러나 모두 나와 너희 어머니 손에서 죽었으니 운명이라고 여겼기 때문에 이번처럼 가슴을 찌르고 저미듯이 슬프지 않았었다. 내가 머나먼 곳에 있어 작별한 지 오래인데 잃었으니 더욱 슬프구나. 나는 또 생사애락의 이치를 대략 아는 데에도 이와 같은데, 하물며 너희 어머니는 품속에서 꺼내어 흙덩이 속에 묻었으니, 그 살아 있을 때의 기특하고 사랑스러운 말 한마디와 몸짓 하나도 귀에 쟁쟁하고 눈에 아른거릴 것이다. 더욱이 부인은 감정에 의지하고 이치를 따르지 않느냐.
나는 여기에 있고, 너희들은 이미 장대하여 가증스러우니, 생명을 의탁하고 있던 바는 오직 이 아이뿐이었다. 더구나 큰 병을 앓은 뒤라 매우 수척해진 나머지 이 일을 당하였으니 하루 이틀 사이에 따라서 죽지 않는 것도 참으로 괴이한 일이다. 나는 이 때문에 너희 어머니 처지를 생각하여 홀연히 내가 너의 아비라는 것을 잊고 다만 너희 어머니만을 위해 슬퍼하는 것이다. 너희들은 모름지기 마음을 다하여 효성으로 봉양해서 그 삶을 보전하도록 하여라.

吾農云逝, 慘怛慘怛. 渠生可憐. 吾衰益甚, 而所値如此, 誠無以寬得一分也. 自汝輩而下, 凡失四男一女, 其一旬有餘日而折, 吾猶不記其面貌, 其三皆三歲而折, 皆方弄之爲掌珠而失之. 然皆死於吾與汝慈之手, 旣死謂之命也, 而刺割肝肺不如是也. 吾坐此匪角, 別之旣久而失之, 其別有層次. 且吾能粗識死生哀樂之理, 猶尙如此, 況汝慈出之懷抱之中, 而納于土塊之中, 其生時一言一爲之可奇可愛者, 又琤於耳而森於目. 又況婦人之任情而不任理哉. 吾在此, 汝輩俱已壯大可憎, 所以爲生命之

寄者, 唯此物耳. 況大病之後, 積瘁之餘, 承之以此事, 其不一兩日隨而盡者, 大是怪事. 設以身處其
地, 忽然忘吾之爲乃父而, 但其母之爲悲也. 汝輩須盡心孝養以全其生.

『與猶堂全書』, 권21, 「答兩兒」, 10b

    정약용이 유배지에서 여섯 째 아들인 네 살 된 농아의 죽음을 생각하는 애달픈 부정이 담겨 있다. 농아는 기미년 1799년 12월 2일에 태어나 임술년 1802년 11월 30일에 죽었다. 정약용에게 농아의 죽음은 너무나 슬픈 일이었다. 그러나 정약용은 아내가 목숨을 부지하고 있었던 것은 오로지 농아 그 아이 때문이라고 생각하고, 자신의 아픔보다는 자식을 잃은 어머니의 마음에 동정심을 보내며, 두 아들과 며느리에게 "너희들은 효성과 봉양을 다하여 어머니의 삶을 보전하라"고 당부한 것이다. 아들을 잃는 것보다도 다만 남편 없이 자식들에게 의지하여 살아온 아내를 위하여 슬퍼하였던 것이다.

    정약용이 『예기』의 「내칙」편을 두 아들에게 들려 준 이유는 모름지기 아내의 보전을 위해서였으리라. 정약용은 "며느리의 불효는 아들이 불효한다는 확실한 증거이다"라고 말한 적이 있다. 정약용은 어떻게 해야 효자가 되고 효부가 되는가를 두 아들과 며느리에게 낱낱이 설명했으며, 이의 실천을 바랐던 것이다. 게다가 효도는 부부간의 깊은 신뢰와 바른 예의에 바탕을 둔다는 것도 잊지 않았을 것이다.

    『예기』「제의祭義」편에 보면, "효도에는 세 가지가 있다. 소효는 힘을 쓰고, 중효는 노력을 하고, 대효는 부족함이 전혀 없다. 자애로움을 생각하고 수고로움을 잊는 것에 힘을 쓴다고 말할 수 있다. 어진 일을 높이고 의리에 편안한 것을 노력을 한다고 말할 수 있다. 넓게 베풀고 물건을 준비해 두는 것을 부족함이 없다고 말할 수 있다. 부모가 사랑할 때는 기뻐해서 잊지 않으며, 부모가 미워할 때는 두려워하고 원망하지 말 것이다. 부모가 과오가 있으면 간하고 거역하지 않으며, 부모가 이미 돌아가셨으면 반드시 어진 사람의 곡식을 구해서 제사 지내야 하는 것이다. 이것을 예의 마침이라고 이른다"(孝有三. 小孝用力中孝用勞, 大孝不匱. 思慈愛忘勞, 可謂用力矣. 尊仁安義, 可謂用勞矣. 博施備物, 可謂不匱矣. 父母愛之, 喜而弗忘, 父母惡之, 懼而無怨. 父母有過, 諫而不逆, 父母旣沒, 必求, 仁者之粟以祀之, 此之謂禮終)라는 기록이 있다. 정약용 역시 효도에 대한 이러한 가르침을 잊지 않았을 것이다.

옛말에 열 효자라도 한 악처보다 못하다고 했다. 자식들이 어머니에게 효성을 다하고 봉양한다 할지라도 남편보다 낫겠는가. 정약용의 그의 아내에 대한 안타까움과 그리움은 이루 말할 수 없었으리라.

<table>
<tr><td>하룻밤 휘날리는 꽃은 천 조각이요</td><td>一夜飛花千片</td></tr>
<tr><td>우는 비둘기와 어미 제비 지붕 맴돌고 있네.</td><td>繞屋鳴鳩乳燕</td></tr>
<tr><td>외로운 나그네 아직 돌아가지 못하니</td><td>孤客未言歸</td></tr>
<tr><td>어느 때 비취빛 규방에서 꽃 잔치를 여나.</td><td>幾時翠閨芳宴</td></tr>
<tr><td>그리워 말자 그리워 말자</td><td>休戀休戀</td></tr>
<tr><td>꿈속의 그 얼굴이 슬프기만 하구나.</td><td>惆悵夢中顔面</td></tr>
</table>

『與猶堂全書』, 권5, 「又寄內」, 16b

정약용이 1806년 유배지 강진에서 고향에 두고 온 아내를 그리워하며 지은 시이다. 얼마나 보고 싶었으면 꿈속에서라도 보고 싶다고 하였을까.

정약용에게 있어서 인간은 인간성에 바탕을 둔 근기根基를 갖추는 것이다. 근기는 바로 효제孝弟, 즉 부모에게 효도하고 형제간에 우애로운 것이다. 그래서 정약용은 '효제는 인仁을 이룩하는 근본根本'이라고 하면서, "한 가정이 어질면 한 국가에 인仁의 기풍이 일어난다"(一家仁, 一國興仁)라고 하였던 것이다.

『예기』「내칙」편의 예절에 대한 기록을 보자.

부모에게 허물이 있거든 기운을 낮추고 얼굴빛을 기쁘게 하고 부드러운 목소리로 간한다. 간하는 말을 만약 들어주지 않으면, 더욱더 공경하고 효도하여 기뻐하면 다시 간한다. 기뻐하지 않으시거든 향당주려鄕黨州閭에 죄를 얻게 하는 것보다 차라리 계속 부드럽게 간할 것이다. 부모가 노여워하고 기뻐하지 않아서, 매 때려 피가 흘러도 감히 미워하거나 원망하지 아니하며 더욱더 공경하고 효도해야 한다.

부모가 비자婢子 또는 서자庶子, 서손庶孫이 있어서 몹시 사랑하거든 비록 부모가 돌아가셨더라도 자신이 죽을 때까지 공경하여 쇠퇴하지 않는다. 자식에게 두 첩이 있는데, 부모는 한 사람을 사랑하고 자식은 다른 사람을 사랑하면, 의복, 음식과 일하는 것을 감히 부모가 사랑하는 자에게 견주지 못하고 비록 부모가 돌아가셨더라도 쇠퇴하지 않는다. 자식이 그 처를 몹시 사랑하지만 부모가 기뻐하지 않거든 내보낸다. 자식은 그 처를 사랑하지 않는데, 부모가 말하기를 "나를 잘 섬긴다" 하면 자식은 부부의 예를 행하고 죽을 때까지 느슨히 해서는 안 된다.

父母有過, 下氣怡色, 柔聲以諫. 諫若不入, 起敬起孝, 說則復諫. 不說, 與其得罪於鄕黨州閭, 寧執諫. 父母怒(怒)不說, 而撻之流血, 不敢疾怨, 起敬起孝. 父母有婢子若庶子庶孫, 甚愛之, 雖父母沒沒身敬之不衰. 子有二妾, 父母愛一人焉, 子愛一人焉, 由衣服飮食由執事毋敢視父母所愛, 雖父母沒不衰. 子甚宜其妻, 父母不說出. 子不宜其妻, 父母曰是善事我, 子行夫婦之禮焉, 沒身不衰.

50세에는 식량을 따로 하고, 60세에는 하루걸러 고기를 먹고, 70세에는 반찬을 여러 가지 먹고, 80세가 되면 언제나 진찬이 있어야 한다. 90세가 되면 음식이 항상 침실에서 떠나지 말아야 하고 맛있는 음식을 가는 곳마다 가지고 따라다녀야 한다.

해마다 60세가 되면 장례를 준비하고, 70세가 되면 사시사철 준비하고, 80세가 되면 달마다 준비하고, 90세가 되면 날마다 손질한다. 오직 교금絞紟과 금모衾冒는 죽은 뒤에 장만한다. 50세가 되면 비로소 쇠해지기 시작하고, 60세가 되면 고기가 아니면 배부르지 않으며, 70세가 되면 비단옷이 아니면 따뜻하지 않다. 80세가 되면 사람이 아니면 따뜻하지 않고, 90세가 되면 비록 사람이 있어도 따뜻하지 않다. 50세가 되면 집안에서 지팡이를 짚고, 60세가 되면 고을에서 지팡이를 짚고, 70세가 되면 나라 안에서 지팡이를 짚고, 80세가 되면 조정에서 지팡이를 짚는다. 90세가 된 자는 천자가 묻고자 하는 것이 있으면 그 집으로 진찬을 가지고 나아가서 묻는다. 70세가 되면 조회가 끝나기를 기다리지 않고, 80세가 되면 달마다 임금이 안부를 묻고, 90세가 되면 날마다 음식을 보낸다. 50세에는 힘으로 하는 일에 종사하지 않고, 60세에는 전쟁에 나가지 않고, 70세에는 빈객賓客 접대하는 일에 참여하지 않고, 80세에는 상례에 미치지 않는다. 50세에는 작위를 받고, 60세가 되면 친히 배우지 않고, 70세가 되면 벼슬을 내놓는다.

五十異粻, 六十宿肉, 七十貳膳, 八十常珍. 九十飮食不違寢, 膳飮從於遊可也. 六十歲制, 七十時制, 八十月制, 九十日脩. 唯絞紟衾冒, 死而后制. 五十始衰, 六十非肉不飽, 七十非帛不煖. 八十非人不煖, 九十雖得人不煖矣. 五十杖於家, 六十杖於鄕, 七十杖於國, 八十杖於朝. 九十者天子欲有問焉, 則就其室以珍從. 七十不俟朝, 八十月告存, 九十日有秩. 五十不從力政, 六十不與服戎, 七十不與賓客之事, 八十齊喪之事弗及也. 五十而爵, 六十不親學, 七十致政.

『禮記』, 「內則」

「내칙」에서 내內는 규문閨門[1] 안을 말한 것이며, 내칙이란 규문 안에서 행하는 예절의 의식이 될 만한 것을 말한다.

●●●
1) 閨門: 궁중 내의 小門을 말하며, 또는 閨中·閨閤이라고도 한다.

식견識見

무슨 일을 하든지
본의와 본령을 제대로 세워 애쓰되,
감히 얄팍한 식견과 해박함을 뽐내지 말라.

『기년아람紀年兒覽』을 나 또한 처음에는 좋은 책으로 여겼다. 이제 자세히
살펴보니, 본 것이 들은 것보다 못하구나. 대체로 본뜻이 해박함을 나타내
고 들은 것이 많은 것만을 다투는지라, 실용적이고 실제적인 이치에 있어
서는 하나의 법도도 세우지 못했다. 고로 그 저술이 번잡하면서도 요점이
적으며 간략하면서도 군더더기가 많은 것이 이와 같으니 이제 대략 한두
가지의 예를 들겠다.

> 紀年兒覽, 吾亦始以爲佳書. 今乃仔細看, 所見不如所聞也. 大抵本意在於示該洽
> 爭多聞, 不于實用實理上立得一副當繩尺. 故其所著之煩而寡要, 約而多蔓如是也,
> 今略擧一二

파계派系라는 두 글자는 문리에 맞지 않는다. 파派라는 것은 나누어진 흐름
이다. 집안에서 가지가 나누어진 것은 족파族派라고 일컬을 수 있다. 이제

그 부모를 기록하고는 표시하여 이르기를 파계라 하였으니, 옳겠는가. 저서는 표시하여 구별하는 것을 가장 신중해야 한다. 고실故實[1]을 이른 것은 혹 이름과 호 가운데에 나누어 실었고, 그 고이攷異라 이르는 것도 각 표시의 아래에다 섞어 실었다. 저서는 조례條例를 가장 신중해야 되니, 마땅히 이처럼 뒤섞으면 안 된다.

> 派系二字, 不成文理. 派者分流也. 族黨之支分者, 可稱族派. 今錄其父母, 而標曰
> 派系可乎. 著書最謹標別. 其云故實者, 或分載名號之中, 其云攷異者, 或雜載各標
> 之下. 著書最謹條例, 不宜駿駁如此

대저 글자마다 병폐가 있고 구절마다 흠집투성이여서 이루 다 지적할 수가 없다. 요컨대 편집하여 요점만 얻는다면 1~2권에 불과하여 또한 가히 편하게 볼 수 있을 것이다. 우선 내가 돌아가기를 기다려 마땅히 열흘의 수고만 하면 될 것이다. 다만『외국기년外國紀年』1권은 질 나쁜 종이로 대략 먼저 베껴서 당장에 참고와 근거로 갖추어 두는 것이 좋다. 너 또한 풍문만 듣고 헛되이 사모하여 좋은 책으로 여기니, 젊은이의 안목이 가소롭다.

> 大抵字字疵病, 句句瑕纇, 不可勝摘. 要之編摩得要, 則不過一二卷, 亦可便覽. 姑
> 俟吾還, 當費旬日之工. 惟外國紀年一卷, 用劣紙草草先謄, 以備目下之考據可也.
> 汝亦聞風浮慕, 看作好書, 少年眼力可笑.

『일지록日知錄』은 그 학술과 의론이 또한 뜻에 십분 흡족하지가 않다. 대개 그 본령과 힘쓰는 것이 고담정론高談正論만을 일삼았고 그 정론도 참된 정론이 아니라 사람들이 말하는 정론만을 지어 그 이름을 온전히 한 것이어서, 간절하고 참된 마음을 볼 수가 없다. 그 시대를 근심하고 세상을 개탄한 것도 모두 잡박하고 청정하지 않은 것이 언외에 드러나 있다. 나와 같이 곧은 성격의 사내나 때때로 주목할 뿐이다. 또 사전史傳 중에 있는 말을 초록하여 취해서 자기가 세운 의론과 서로 섞어 책을 이루었으니 참으로 산만하고 잡다하다. 내가 일찍이 『성호사설星湖僿說』이 능히 후세에 전할 만한 정본이 되지 못한다고 말한 것은 그 책이 고인의 이루어 놓은 글과 자기의 의론을 서로 섞어 책을 이루어 의례義例를 이루지 못했기 때문이다. 이제 『일지록』도 바로 이와 같다. 또한 그의 예론禮論은 오류와 어긋난 것이 매우 많다.

> 日知錄其學術議論, 却未能十分愜意. 蓋其本領務要作高談正論, 非眞固正論, 人謂之正論者, 以全其名, 未見有惻怛眞切之心. 其所爲憂時慨世者, 都有鬆雜不淸淨意思著在言談之外, 如吾直性男子, 有時乎爲之注目耳. 又其鈔取史傳中語, 與己所立論者, 相雜成書, 大是冗雜. 吾嘗謂星湖僿說, 未足爲傳後之正本者, 以其古人成文, 與自家議論, 相雜成書, 不成義例也. 今日知錄正亦如此. 且其禮論, 殊多謬戾耳.
>
> 『與猶堂全書』, 권21, 「寄二兒」, 5a

선배가 기록한 우리 선대의 일에 혹 그릇된 곳이 있으면 마땅히 곧 연월을 고증하여 그렇지 않음을 밝혀야 한다. 또 무릇 선조가 교류하였던 분은 반드시 그 후손을 찾아서 누구 집안인지 알아두고, 훗날 혹 만나게 되면 간절하게 선대의 우의를 이야기해라. 이것이 훌륭한 자손의 지켜야 될 간략한 예절이니 마땅히 힘쓰도록 해라.

> 先輩記我先代事, 或有差爽, 宜卽考據年月, 明其不然. 又凡祖先所與交懽, 必尋其苗裔, 知爲誰家, 後或邂逅, 款款說世誼. 此佳子孫之疏節也, 宜勉之.

무릇 국사나 야사를 읽다가 선대의 사적이 있는 것을 보면, 곧 마땅히 추려서 한 책에 기록하도록 하라. 선배의 문집을 볼 때도 또한 그렇게 하라. 오래되어 책이 이루어지면 가히 가승家乘에서 빠진 것을 보완할 수가 있다. 비록 방계친족의 사적이라 하더라도 아울러 마땅히 채집하여 훗날 그 친족의 후손되는 자를 만나 전하라. 이것이 효孝를 넓히는 도리道理이다.

凡看國史野史, 遇有先代事蹟, 宜卽抄錄一冊. 看先輩文集亦然. 久而成書, 可補家乘之闕. 雖旁親事跡, 並宜採輯, 後遇族人之爲其孫者傳之. 此廣孝之道也.

『與猶堂全書』, 권21, 「寄二兒」, 8b

🔴 ···· 정약용이 강진에서 두 아들에게 보낸 서찰이다. 날짜는 미상未詳이다. 무슨 일을 하든지 본의本意와 본령本領을 제대로 세워야 한다는 가르침이다. 본의는 어떤 일에 근본이 되는 뜻이고, 본령은 그 일의 의미와 가치를 한 마디로 요약한 것이다. 다시 말해서, 무슨 일을 하든지 자신의 본의와 본령이 제대로 서지 않으면 한낱 사상누각沙上樓閣에 불과하다는 것이 정약용의 당부이다.

『기년아람』은 이만운李萬運2)의 초고에 이덕무李德懋(1741~1793)가 윤색하여 완성한 책이다. 정약용은 이 책에 발문跋文을 써 주었으며, 그는 이에 앞서 박제가에게 "덕무(懋官)가 지은 『기년아람』을 제 아이가 꼭 읽고 싶어 합니다. 그러나 어찌 꼭 아이들만 보겠습니까. 늙은이가 읽기에도 합당하오니 저를 위해서도 빌려 주시면 고맙겠습니다"라는 내용의 서찰을 보낸 적도 있다.

그러나 정약용은 유배지인 강진에서 이 책을 다시 보고, 그 본의가 실용과 실리에 있는 것이 아니라 얄팍한 식견과 해박함만을 자랑할 뿐이라고 비판하였다. 정약용은 『기년아람』뿐만 아니라 중국 명말청초의 고염무가 지은 『일지록』에 대해서도 본령이 제대로 서 있지 않다고 비판하였다.

『일지록』은 조선의 유학자라면 누구나 읽어야 하는 필독서였다. 그러나 정약용은 그저 고상하게 자신의 절개만 지킬 뿐 어려운 시대를 함께할 참된 지식인은 찾아볼 수 없으며, 또 사전史傳 속에 있는 구절을 베껴다가 자신의 주장과 뒤섞어 내용을 잡다하게 만든 것도 부족해서, 예론禮論에 대한 내용도 틀린 것이 한두 가지가 아니라고 지적하였다. 정약용은 서찰의 내용 중 고담정론이라는 말 아래에 '진짜 정론이 아니라 사람들이 말하는 정론'이라고 덧붙여, 당대의 대학자 고염무에게 일침을 가하기도 하였다.

이렇듯 정약용은 본의와 본령을 기준으로 보면 『기년아람』은 식견을 자랑하고 박식을 뽐내려 한 책이며, 『일지록』은 남의 글을 베껴다 자신의 글과 뒤섞어 잡다한 데다 간절하고 참된 마음을 찾아볼 수 없는 책이라고 비판하였다.

정약용의 비판은 만백세萬百世의 스승으로 사숙私淑했던 성호星湖 이익李瀷(1681∼1763)의 『성호사설』로 이어진다. 다음을 보자.

성옹星翁의 문자는 거의 1백 권에 가깝습니다. 혼자 생각해 보니 우리가 능히 천지의 큼과 일월의 밝음을 알게 된 것은 모두 이 성옹의 힘이었습니다. 그 문자를 산정하여 책을 이루는 책임이 제게 있는데, 이미 돌아갈 기약이 없습니다. 후량候良은 서로 연락하려 하지 않으니 장차 어찌 해야 하겠습니까.

星翁文字, 殆近百卷. 自念吾輩, 能識天地之大日月之明, 皆此翁之力. 其文字之刪定成書, 責在此身, 而此身旣無歸日. 候良不肯相通, 將奈何.

『성호사설』은 지금의 소견으로는, 만일 임의任意로 산정하고 발췌한다면 무성武

成³⁾과 같게 될 것입니다. 10행 20자로 해서 7∼8책을 넘기지 않으면 마땅할 듯
합니다. 질서疾書도 또한 그럴 것입니다. 지난번『주역』을 주석할 때『주역질서』
를 취하여 보았더니, 또한 추려서 기록하지 않아서는 안 될 것이 많았습니다.
만약 추려서 기록한다면 3∼4장 정도 얻을 수 있습니다. 다른 경전은 반드시
이것보다 열 배는 될 것입니다. 다만 예식禮式에 대한 부분은 지나치게 간결하
게 한 결함이 있을 뿐만 아니라 오늘날의 풍속에도 어긋나고 고례古禮에 근거가
없는 것도 이루 헤아릴 수 없습니다. 이 책이 만약 널리 퍼져 식자識者의 눈에
들어간다면 대단히 미안할 것이니, 이를 장차 어찌 해야 되는지요.

儒說以今所見, 使得任意刪拔, 恐與武成相同. 十行廿字不過七八冊, 似何了當. 疾書亦必然矣. 向於
箋易之時, 取見周易疾書, 亦多不可不採錄者. 若採而錄之, 可得三四張. 他經必十倍於此 但禮式不
但失之太儉, 其違於今俗, 而無據於古禮者, 不可勝數. 此書若廣布, 入於識者之眼, 大段未安, 此將
奈何.

『與猶堂全書』, 권20, 「上仲氏」, 20b

　　정약용이 1811년 겨울 강진에서, 흑산도에서 유배생활을 하는 둘째 형
님 정약전丁若銓에게 보낸 서찰이다. 정약전은 동생 약용과 달리 학문에 열
중하지 않았다. 정약용이 「선중씨 정약전 묘지명先仲氏丁若銓墓誌銘」에 "공(정
약전)은 책을 편찬하거나 저술하는 데는 게을렀기 때문에 지으신 책이 많지
않다"(公懶於撰述故, 所著不多)라고 쓴 것은 이 때문이다. 그러나 동생 약용의 질
문을 받으면 참고서 한 권 없는 귀양지에서 쓴 것이라고 보기에는 믿기지
않을 정도로 놀라운 학문적 열의熱意를 보인다. 그 방대한 저술을 남긴 정약
용의 뒤에는 항상 정약전이 있었다. 정약전의 학문 수준은 결코 동생에게
뒤지지 않는다.
　　정약용에게 있어서, 『성호사설』뿐만 아니라 100권에 달하는 이익의 저
서들은 본령을 세우지 않은 초고草稿 상태에 머무르는 수준이었다. "임의로

산수하여 발췌한다"는 말은 본의를 세워 쓸데없는 글의 자구字句를 깎고 다듬어서 정론定論만을 남기겠다는 뜻이다. 다시 말해서, 정약용은 본의와 본령의 측면에서 자신이 정리하면 『성호사설』은 7~8권, 『주역질서』는 3~4장이면 족하며, 예식은 실제와도 거리가 멀고 고례에도 근거가 없는 것이 많으니, 이처럼 잘 다듬어지지 않은 채 식자들은 물론 많은 사람들이 본다면 어찌하면 좋겠냐고 형님께 물은 것이다.

정약용은 본의와 본령을 다음과 같은 비유로 설명하고 있다.

> 비유하여 설명컨대 한나라 건장궁建章宮의 천문만호千門萬戶에 종묘의 아름다움과 백관의 성대함이 모두 그 속에 있는데 다만 그 쇠사슬이 견고하고 굴수屈戌⁴⁾가 깊고 엄하며 수많은 군사들이 문을 지켜 감히 엿볼 수 없는 것과 같다. 갑자기 열쇠 하나가 수중에 들어와, 이것으로 바깥문을 열면 바깥문이 열리고, 중문을 열면 중문이 열린다. 이것으로 고문皋門과 창고의 문을 열면 고문과 창고의 문이 열리고, 이것으로 응문應門과 치문雉門을 열면 응문과 치문이 열린다. 이에 천문만호가 넓게 관통하고 해와 달이 밝게 비치며 바람과 구름이 일어나니, 무릇 이른바 종묘의 아름다움과 백관의 성대함이 환히 드러나고 펼쳐져서 낱낱이 가리킬 수 있으니, 천하에 이 같은 통쾌함이 있겠는가.
>
> 以解譬如建章宮殿千門萬戶, 宗廟之美, 百官之富, 皆在其中, 但其鐵鏁牢固, 屈戌深嚴, 萬夫當門, 莫之敢窺. 忽有一條鑰匙, 落在手中, 以之啓外門, 而外門闢, 以之啓中門, 而中門闢. 以之啓皋門庫門, 而皋門庫門闢, 以之啓應門雉門, 而應門雉門闢. 於是乎千門萬戶, 豁然貫通, 而日月照明, 風雲藹蔚, 凡所謂宗廟之美, 百官之富, 昭森布列, 歷歷可指, 天下有是快哉.
>
> 『與猶堂全書』, 권19, 「與尹畏心永僖」, 19a

정약용은 장정壯丁들의 경계가 삼엄한 건장궁의 천문만호를 열어 한눈에 볼 수 있거나 들어갈 수 있게 해 주는 것은 오로지 열쇠뿐이라며, 열쇠와 같은 것을 곧 '본의와 본령'이라고 말한다.

정약용이 말하는 본의와 본령의 핵심을 짐작하게 할 수 있는 「자찬묘지명自撰墓誌銘」 '보유補遺'의 기록을 보자.

> 계축년(1793) 무렵 대정大政[5] 며칠 전에 임금께서 채제공에게 밀지密旨를 내려 유시諭示하시기를, "남인 중에서 대통臺通[6]의 물망에 급히 올릴 만한 자가 누구냐"라고 하고 아울러 이가환과 이익운, 그리고 정약용 등에게도 각각 소견을 아뢰도록 하였다. 채제공과 두 이씨(가환·익운)가 모두 말하기를 "권심언權心彦이 가장 급합니다"라고 했다.
> 대개 백여 년 이래로 남인들이 오래도록 벼슬길이 막혀 한 번 대통에 한 사람에 불과하여 고로 이와 같이 대답한 것이다. 내가 28인을 소록疏錄에 기록하여 그의 세벌世閥과 과명科名 및 문학과 정사政事의 우열優劣을 자세히 저술하여 올리면서 말하기를 "이 28인은 때에 급하지 아니함이 없으니 그 누구를 먼저 하고 누구를 뒤에 할 것인가는 오로지 임금의 헤아림에 있습니다. 저는 감히 관여할 수 없습니다"라고 했더니 며칠 후 대정에 따로 전관銓官(吏曹判書 李文源—原註)에게 유시하여 무릇 소록에 들어 있는 자 8인을 대통하게 하였다. 며칠 뒤에 다시 대통이 되고 수년이 지나지 않아서 거의 다 시행되었다.
>
> 癸丑間, 大政前數日, 上密論蔡公問, 南人中急於臺通者何人, 並令李家煥·李益運·丁鏞等, 各陳所見. 蔡公與兩李皆曰權心彦最急. 蓋自百餘年來, 南人久被枳塞, 一通不過一人, 故對之如是也. 鏞疏錄二十八人, 詳著其世閥科名及文學政事之優劣, 以進之日, 此二十八人, 無不時急, 其孰先孰後唯在聖度, 臣不敢與也. 後數日大政, 別論銓官, 凡入疏錄者, 八人得通. 後數日又復通之, 不過數年之間, 施行殆盡.
>
> 『與猶堂全書』, 권16, 「自撰墓誌銘」, 補遺, 18b

대간의 물망에 올릴 만한 사람을 추천하는데, 채제공과 이가환 그리고 이익운은 한 사람만 추천했다. 그렇지만 정약용은 달랐다. 정약용은 28명의 명단을 올리고 임금의 선택을 기다렸다. 이것이 임금이 바랐던 질문의 본의와 본령이다. 본질적인 핵심을 꿰뚫어 볼 줄 아는 정약용의 혜안적慧眼的 문제 접근의 방식이다.

정약용은 무슨 일을 하든지 해박함을 뽐내려 하고 식견을 자랑하려 들면 본의도 설 수 없을 뿐만 아니라 본령 또한 드러날 수 없기 때문에, 이러한 경조부박輕佻浮薄한 자세를 경계하였던 것이다.

가장 행복한 삶을 찾는 길은 남의 시선을 의식하지 않으며 자신의 눈높이를 맞추는 것이리라. 눈높이는 자기 분수이다.

●●●

1) 故實: 법령, 의식, 복식 따위의 옛날의 사례를 말한다.
2) 李萬運(1723~1797 또는 1736~?): 생몰연대가 분명하지 않으며, 자는 원춘, 호는 묵헌, 본관은 廣州이다. 1777년 문과에 급제하여 벼슬이 持平에 그쳤다. 박학한 학자로 이름났으며, 학문, 지리, 역산 등에 모두 밝았지만, 벼슬은 높지 않았다.
3) 武成: 신빙성이 없다는 뜻으로, 『서경』의 편명이다. 『맹자』의 "나는 「무성」편에서 두세 가지 정도만 신빙성이 있다고 본다"에서 나오는 말이다.
4) 屈戌: 닫혀 있는 창이나 문의 고리를 더욱 굳게 방비한다는 말이다.
5) 大政: 해마다 6월과 12월에 벼슬아치의 성적이 좋고 나쁨에 따라 벼슬자리를 떼어 버리거나 좋은 데로 올리거나 하던 政事를 말한다.
6) 臺通: 臺官의 직책으로 옮길 수 있는 길이 열리는 것을 말한다. 대관·대간은 문벌이 센 집이 아니면 할 수 없었다.

▲서암

서암西菴은 초당 남서쪽에 위치하며 제자들의 유숙처이다. '다성각'이라고 부르기도 한
다. 1975년에 복원하였다.

문화文華

세상살이, 아름다운 삶의 지혜는
폭넓은 문화의 안목을 유지해야 하는 것이다.
그러나 이는 마땅히 효도와 우애로써
근본을 삼아야 한다.

효제孝弟는 인仁을 행行하는 근본이다. 그러나 자신의 부모만을 사랑하고,
자신의 형제만을 사랑하는 것은 세상에 많기 때문에 능히 두터운 행실이
되지 못한다. 오직 백부와 숙부가 조카 보기를 자기의 자식과 같이 여기고
조카들이 백부와 숙부 보기를 친부와 같이 여긴다면 사촌 형제도 서로 사
랑하기를 친형제와 같이 할 것이다.

> 孝弟爲行仁之本. 然愛其父母, 友其晜(昆)弟者世多有之, 不足爲敦行. 唯伯叔父視
> 昆弟之子猶己子, 昆弟之子視伯叔父猶親父, 從父昆弟相愛如同胞.

무릇 사대부의 가법家法은 이제 막 벼슬길에 오르면 곧 마땅히 산과 언덕에
집을 빌려 처사의 본색을 잃지 말아야 한다. 만약에 벼슬길에서 물러나오
면 마땅히 서울에 의탁하여 살아 문화文華에 대한 안목眼目을 떨어지지 않게

해야 한다. 나는 지금 이름이 죄인의 명부에 있어 너희들로 하여금 잠시 전원에 은둔하게 하였다. 훗날의 계획에 대해서는 오직 도성 십리 안쪽에 살도록 하겠다. 만약 집안 형편이 쇠퇴하여 도성으로 깊이 들어가지 못한 다면, 모름지기 근교에서 잠시 머물면서 과일이나 채소를 길러서 생활을 도모하다가 재물이 차츰 넉넉하기를 기다려 곧 도성 안으로 들어가도 늦지 않을 것이다.

凡士大夫家法, 方翶翔雲路, 則亟宜僦屋山阿, 不失處士之本色. 若仕宦墜絶, 則亟 宜託棲京轝, 不落文華之眼目. 吾今名在罪籍, 使汝曹姑豚田廬. 至於日後之計, 唯 王城十里之內, 可以爰處. 若家力衰落, 不能深入, 須蹔止近郊, 蒔果種菜, 以圖生 活, 待資賄稍瞻, 便入市朝之中, 未爲晩也.

『與猶堂全書』, 권18, 「示二兒家誡」, 7a

🖤···· 정약용이 1810년 가을, 유배지인 강진 다산 동암에서 두 아들 에게 보낸 서찰의 일부이다.

정약용은 폐족廢族이 되었다고 해서 자칫 소홀하기 쉬운 문화文華생활을 걱정한 것이다. 문화의 안목을 넓히고 유지하기 위해서는 도성의 근교를 벗어나지 말라는 당부이다. 도성과 시골의 문화 수준차를 두고 말한 듯하 다. 정약용은 외딸고 으슥한 시골이 아니라 도성 근교에 머물면서 실과實果 나무·채소 등을 심고 가꾸어 기본적인 생활을 영위하는 가운데, 문화의 안목을 넓히고 유지할 것을 바랐던 것이다. 이는 효성과 우애를 바탕으로 해야 하는 인仁의 실천에 있음도 잊지 않았다. 다시 말해서, 수기지학修己之 學의 핵심인 행인行仁의 실천윤리를 두 아들에게 신신당부한 것이다.

정약용의 이러한 준비는 때를 기다려 자식들이 벼슬을 얻어 도성 안에 살아야 한다는 생각도 있었겠지만, 그것보다는 멀고 으슥한 외딴 곳으로 숨어드는 것은 마치 자식들을 산이나 들에 사는 날짐승처럼 아무런 희망 없이 살아가는 무지렁이로 만들어 버리는 길이라는 생각이 있었기 때문일 것이다.

정약용은 아들에게뿐만 아니라 자신이 가르친 제자들에게도 다음과 같이 분명하게 말한다.

근세에 전통 있는 집안의 후예로 영락零落하여 멀리 사는 자는, 영달榮達할 뜻은 없고 오직 생업에만 힘써 심하면 높이 날아 멀리 은둔하여 오직 우복동牛腹洞[1]만을 찾아다니지만 한번 그 속으로 들어가면 자손들이 곧 고라니나 토끼와 같은 생활을 하게 됨을 알지 못한다. 비록 다시 밭 갈고 샘 파며 편안히 거처하면서 생육하고 번성한들 도리어 무슨 이익이 있겠는가. 그대들은 과거로 벼슬하는 것을 마음에 두어야지 그 외의 것을 바라는 마음을 내서는 안 된다.

近世故家遺裔零落遐遠者, 無意榮進, 唯以治生爲務, 甚則欲高翔遠引, 唯牛腹洞是索, 殊不知一入此中, 子孫便成麕兎, 雖復安居耕鑿, 生育蕃茂顧何益哉. 諸君且以科宦爲心, 毋生外慕.

『與猶堂全書』, 권18, 「爲茶山諸生贈言」, 3b

정약용은 명문 집안의 후예로 영락하여 사는 자는 변방을 떠돌며 먹고 사는 일에만 힘을 쏟고 심지어는 깨끗하게 살려는 본의는 온데간데없으며, 자손들은 시골의 무지렁이가 된 줄은 모른 채 '우복동'만을 찾을 뿐이라며, "밭을 갈고 우물을 파서 편안히 지내고 기르는 것이 번성한들 무슨 이익이 있겠는가?"라고 하면서, 제자들에게 열심히 공부하여 벼슬하기를 권한다.

여기서 공부는 효제孝弟, 즉 인仁의 공부이다. 어찌 수기修己함이 없이 치인治人하는 벼슬만을 권했겠는가. 정약용은 「자찬묘지명自撰墓誌銘」에 이르길, "효제란 바로 인이다. 인이란 총괄해서 하는 이름이고 효제란 분할해서

하는 이름이다. 인은 효제로부터 시작된다. 때문에 효제란 인을 하는 근본이다"(孝弟則仁. 仁者總名也, 孝弟者, 分目也. 仁自孝弟始. 故曰爲仁之本也)라고 하면서 '효제공부'를 중요시하였던 것이다. 때문에 효제가 문화의 안목을 넓히고 유지하는 근본이 되어야 하는 것이다. 정약용의 생각이다.

> 인仁이란 것은 이인二人이 서로 함께하는 것이다. 어버이를 효로 섬기는 것이 인이 되니 아버지와 자식이 이인이다. 형을 공경히 섬기는 것이 인이니 형과 아우가 이인이다. 임금을 충으로 섬기는 것이 인이니 임금과 신하는 이인이다.…… 이를 미루어 나아가 부부붕우夫婦朋友에 이르기까지 대체로 두 사람 사이에서 그 도리道理를 다하는 것이 모두 인이다. 그러나 효제孝弟가 인의 뿌리가 된다.
>
> 仁者, 二人相與也. 事親孝爲仁, 父與子二也. 事兄悌爲仁, 兄與弟二人也. 事君忠爲仁, 君與臣二人也.……以至夫婦朋友, 凡二人之間, 盡其道者皆仁也. 然孝弟爲之根.
>
> 『與猶堂全書』, 권7, 「論語古今注·學而第一」, 9b

정약용은 인仁이란 인人과 인人이 거듭된 글자이며, 사람과 사람이 서로 간여하는 것인즉 두 사람의 관계라고 말한다. 부자의 관계도 두 사람, 형제의 관계도 두 사람, 군신의 관계도 두 사람, 목민의 관계도 두 사람, 부부의 관계도 두 사람, 붕우의 관계 등 모두 두 사람의 관계에서 남을 나처럼 아끼는 희생적 행위가 있어야 하는 인간다운 사람의 구실을 인이라 하는 것이다. 이는 곧 두 사람의 대대적對待的 관계에 있는 한 사람이 상대방에게 자신의 도리를 다하는 것을 의미하기도 한다. 다시 말해서, 아들이 어버이에게 자식 된 도리를 다하면 아들노릇을 잘하였음과 아울러 인간다운 사람의 구실을 다한 것이 된다. 그것은 자식으로서의 인仁 됨이니, 이때의 인은 자식 된 도리를 다함이요 그 인을 구체적으로 효孝라고 하는 것이다. 마찬

가지로 아비가 자식들에게 아비의 노릇을 다하면 아비노릇을 잘했음과 동시에 사람으로서 사람의 구실을 다하게 된 것이다. 그것은 아비의 인 됨이니, 이때의 인은 아비노릇을 다함이요 그 인을 구체적으로 자慈라고 하는 것이다. 그러나 아비나 아들을 막론하고 사람으로서 사람의 구실을 제대로 못했다면, 그것은 불인不仁이다. 이러한 논법은 부자뿐만 아니라 형제, 군신, 목민, 부부, 붕우, 사제, 노사, 장졸, 더 나아가서는 민족, 국가, 인류 등의 넓은 범위 내에서의 모든 인간들의 대대적 관계에 있어서 똑같이 적용되는 것이다.

그러므로 인仁이란 사람과 신神과의 관계를 논한 것도 아니요, 그렇다고 금수禽獸와의 관계는 더더욱 아니다. 인은 인덕人德이지 초인적超人的 천리天理가 아니다. 그럼 인간은 신과 동물과의 중간자적中間者的 존재냐 하면 그것도 아니다. 인간은 위로는 상제上帝를 우러르고, 아래로는 동물적 욕심慾心을 극복해야 하는 독자적인 정도正道를 걷고자 하기 때문이다. 이러한 정도야말로 인간의 길이요, 사람으로서 사람 구실을 할 수 있는 행인行仁의 길이기도 한 것이다.

본능적 측면에서 본다면 인간의 행위나 금수의 행위에 있어서, 그 기능은 같다. 그렇다면 인간과 마찬가지로 모든 금수에 대해서도 효孝・제弟를 말할 수 있어야 한다. 그러나 인간은 금수와 다르다. 효제는 오로지 인간만이 향유할 수 있는 덕목德目이기 때문이다. 양육養育이라는 행위 자체로 보면, 부모를 양육하는 행위와 금수를 양육하는 행위는 동일하다. 그러나 부모를 양육하는 행위는 양육하는 동기가 오로지 인간에게만 적용될 수 있는 도덕적 가치인 인仁 즉 부모를 존중하는 마음 그 자체에 있으며, 금수는 인간에 의하여 양육되는 이기적 관점 즉 도구적 가치에 있다는 데에 큰 차이가 있다. 따라서 효는 부모를 물질적으로 만족시켜 주는 행위도 중요하지만, 눈으로 볼 수 없는 '공경恭敬'이라는 심성에서 그 동기를 찾는 행위이어야 하는 것이다. 그러므로 인은 공경으로 표현되며 인간의 심성이라고 말하는 것이고, 때문에 인은 효제의 개념으로 이해되는 것이다.

인仁이란 인간의 사회적 관계에서 성립되는 것이며 서로가 공존하기 위해 구체적인 생활규범으로써 효·제·충 등이 바탕이 되는 것이다. 따라서 효제는 다양한 사회적 관계구조 속에서 마땅히 지켜야 할 수많은 규범들 가운데 가장 근본적인 것이라고 할 수 있으니, "효제 또한 인이며 인 또한 효제이다"(孝弟亦仁, 仁亦孝弟)라고 하는 것이다. 이렇듯 정약용은 인을 떠난 효제를 생각할 수 없으며 또한 효제를 떠난 인을 별도로 생각할 수 없음을 분명히 하면서, '효제를 인을 행하는 근본'이라고 말하였으니, 효제는 문화文華의 안목을 넓히고 유지하는 바탕이 되는 것이다. 정약용은 효제를 아들뿐만 아니라 제자들에게 가르치는 주요 덕목으로 삼았던 것이다.

다음은 당시 사대부들의 안이한 생활상을 비판한 정약용의 유명한 「우복동가牛腹洞歌」(우복동 노래)이다.

속리산 동쪽에 산이 항아리 같은데   俗離之東山似甕
예로부터 그 가운데에 우복동이 있다 하네.   古稱中藏牛腹洞
봉우리와 시냇물이 천백 굽이 안고 돌아   峯回磵抱千百曲
여민 옷섶 겹친 주름같이 터진 곳이 없네.   袵交襵疊無綻縫

용솟음치는 샘과 성난 폭포 소리 크게 울려 퍼지고   飛泉怒瀑恣喧豗
오래된 덩굴과 어지러운 가시나무가 서로 얽혀져 있네.   壽藤亂刺相牽拱
마을 문은 대롱만큼 작은 구멍 하난데   洞門一竇小如管

송아지가 배를 깔아야 겨우 산골짜기로 들어갈 수 있네.　牛子腹地纔入峒

처음 들어서자 가파른 절벽으로 캄캄한데　始入峭壁猶昏黑
차츰 조금 깊이 들어가자 해와 달이 빛나네.　稍深日月舒光色
평평한 시내와 끊어진 산기슭이 서로 비추고　平川斷麓互映帶
기름진 땅과 단 샘물이 농사짓기 알맞네.　沃土甘泉宜稼穡

구지仇池는 얕고 좁아 어찌 족히 견주리오　仇池淺狹那足比
어부가 배회해도 찾을 수가 없구나.　漁子徊徨尋不得
검은 머리 늙은이 백발이 된 자식 꾸짖고　玄髮翁嗔白髮兒
즐겁게 살아 늙지 않으니 참으로 장수하는 고장이네.　熙熙不老眞壽域

우활한 선비 한 번 듣고 마음이 기뻐서　迂儒一聞心欣然
곧바로 찾아가 두어 뙈기밭을 마련하려 하네.　徑欲往置二頃田
대지팡이와 짚신으로 바람처럼 떠나　竹杖芒屩飄然去
산을 백 번이나 돌다 쓰러졌네.　繞山百市僵且顚

하늘은 맑으나 비바람 소리 들리는 듯　天晴疑聞風雨響
세상 태평한데 전쟁이 얽힌 것을 본 듯하네.　世晏如見干戈纏
다투어 무주茂朱로 가 산과 골짜기 찾으니　爭投茂朱覓山谷
다행히 우복동과 서로 이어졌다고 하네.　幸與此洞相接連

삼한이 개국한 지 참으로 오래인지라　三韓開國嗟已久
누에가 종이에 펼쳐져 있듯 인구가 번성했네.　如蠶布紙蕃生口
나무꾼과 농부의 발자취 얽혀 가득한데　樵蘇菑墾足跡交
어찌 여전히 거친 빈산이 있겠는가.　詎有空山尙鹵莽

만일 오랑캐가 와도 마땅히 윗사람을 위해 죽어야지　藉使寇來宜死長

너희들 어찌하여 처자만 거느리고 떠나는가. 　　汝曹豈得挈妻子

또한 마누라 독촉하여 방아 찧어 세금 바쳐야지 　　且督妻舂納王稅

아아 우복동이 세상에 어찌 있겠는가. 　　嗚呼牛腹之洞世豈有

『與猶堂全書』, 권5, 「牛腹洞歌」, 37b

　　정약용은 1808년 강진 유배지에서 실재하지도 않는 무릉도원식의 별천지를 꿈꾸며 헛된 망상에 젖어 현실을 외면하고 혼자만이 편안하게 살아가려는 어리석은 사대부의 무리들을 풍자하고 비판했다.

　　정약용은 폐족이 되었다고 서울을 등지고 산속의 고라니 토끼 같은 무지렁이가 되는 자식들의 도피적逃避的인 삶을 경계警戒하였으며, 서울 근교에 살면서 때가 되면 도성 안에 들어가 살아야 한다는 생각을 하고 있었다. 그러려면 부모를 어떻게 모시고, 어른을 어떻게 섬기며, 부부, 형제, 그리고 친구들과는 어떻게 지내야 하는지 등 그의 생활철학이 담긴 문화의 습득을 강조하였던 것이다. 도성 안에 살고자 했던 마음은 예나 지금이나 다름이 없겠지만, 살고자 하는 자들의 순수하고도 본질적인 문화 습득의 차이가 아닐는지.

●●●

1) 牛腹洞: 속리산 어딘가에 있다는 전설 속의 이상적인 마을을 말한다.

폐족廢族

마루에 오르고 방에 들면
붓과 벼루, 책상, 도서들이
품위 있고 깨끗하게 놓여 있을 때에
마침 반가운 손님이 찾아와
맛있는 풋나물에 안주 삼아
탁주 한 사발을 즐겁게 마시면서
어울려 고금의 일을 논의하면서 흥겹게 산다면,
비록 폐족이라 하더라도
안목 있는 사람들이 부러워할 것이다.

내가 전후로 편지를 통하여 학문에 힘쓰기를 여러 차례 권했는데도 일찍이
한 조목의 경전經傳에 대한 의심이나 예악禮樂에 관한 물음 그리고 역사책에
대한 의론을 한 번도 보이지 아니하니 너희들은 어찌 내 이야기를 건성으
로 듣는 것이 이 지경인가. 너희들은 시정에서 자라 어린 시절부터 접한
것이 문전의 잡객雜客이나 하인이나 아전들뿐이어서 말씨나 마음 씀씀이가
경박하고 비천한 병통이 골수에 박혀 너희들 마음속에 선을 즐겨하고 향학
하는 뜻이 전혀 없게 된 것이다. 내가 밤낮으로 애태우며 돌아가기를 서두

르는 것은 너희들 뼈가 점점 굳어지고 기운이 사나워져 한두 해 그릇되게 보내면 더욱 크게 불초한 생활을 하게 될까 저어하기 때문이다.

吾之前後勸汝曹爲學, 以書以札凡幾遭矣, 而未嘗以一條經傳之疑, 一條禮樂之問, 一條史冊之論, 偶或相示, 何汝輩之聽我藐藐至此之極也. 汝輩生長於市井之側, 幼年所接, 多是門客傔從吏胥之等, 口業心算, 無不偸薄鄙悖, 此病深入骨髓, 心中都無樂善向學之意. 吾之日夕焦然, 以歸爲急者, 以汝輩骨漸硬氣漸悍, 差過一二年, 便成大不肖生活也.

지난해에도 이로 말미암아 병을 얻어 지난 석 달 여름 동안을 병으로 보냈고, 10월 이후로는 나아지고 있는지 말하지 않겠다. 그러나 마음속에 진실로 조그마한 성의만 있다면 비록 전쟁과 난리 중이라도 반드시 진보할 곳이 있는 법이니, 집안에 책이 없느냐, 몸에 재주가 없느냐, 이목이 총명하지 아니하냐. 어찌 자포자기하여 자신을 폐족廢族이라고 여기는 것이냐. 폐족은 오직 벼슬길에 금기가 있을 뿐이요, 성인이 되는 것은 꺼릴 것이 없고 문장가가 되는 것도 꺼릴 것이 없으며 이치에 통달한 선비가 되는 것도 꺼릴 것이 없다. 뿐만 아니라 또한 더 좋은 점이 있으니 과거에 매임이 없고 게다가 가난하고 곤궁한 괴로움이 그 마음과 뜻을 단련시키고 그 지혜와 생각의 폭을 넓혀 주어 인정人情이나 사물의 진실과 거짓된 모습을 두루 알 수 있는 것이다.

前年自此得病, 去三夏遂以病患度了, 十月以後, 又不論若在可恕也. 然心中苟有一半分誠意, 雖干戈亂離之中也, 必有進步處, 家無書乎, 身無才乎, 耳目不聰明乎. 何故欲自暴而自棄耶以爲廢族耶. 廢族唯於科宦有忌耳, 以之爲聖人無忌也, 以之爲文章無忌也, 以之爲通識達理之士無忌也. 不唯無忌, 抑大有勝焉, 以無科擧之累, 而貧困窮約之苦, 又有以鍛鍊其心志, 開攄其知慮, 而周知人情物態誠僞之所形也.

그런 까닭에 선배로서 율곡 이이와 같은 분은 어버이를 일찍 여의고 수
년 동안 어려움을 겪고 나서 마침내 성인의 도道로 돌아왔다. 또한 우리
선조 우담 정시한 선생께서도 세상에 배척을 받고 그 덕을 더욱 높였다.
성호 이익 선생께서도 화를 당한 집안 출신으로 명유가 되었으니 모두가
우뚝 업적을 세워 권력 있고 부귀한 집안의 자제가 능히 미칠 바가 아니었
다. 너 또한 일찍이 들었느냐. 폐족에서 재주가 뛰어난 선비가 많이 있는
것은, 하늘이 폐족에게만 두텁게 재주를 내려준 것이 아니요, 영달하고 싶
은 욕망이 그 마음을 가리지 않기 때문이다. 고로 독서 궁리할 때에 그 마
음이 능히 진면목과 올바른 핵심을 터득하는 것이다. 평민인데 배우지 않
는 자는 다만 범상한 사람이 될 뿐이지만 폐족으로서 배우지 않는다면 마
침내 어그러지고 비루하여 가까이 할 수 없는 인물이 되어 세상에 버림받
고 혼인도 통하지 못하여, 시집보내고 장가가는 것이 천한 무리에게만 미
쳐 한 세대 지나서 어리석고 불초한 자식이 태어나게 되면 그 집안은 드디
어 불어볼 것도 없는 것이다.

> 故先輩如栗谷, 以不得於親而困窮數年, 遂一反至道. 亦我愚潭先生爲世所擯, 而
> 彌進其德. 星湖自禍家而爲名儒, 皆卓然樹立, 非當路綺紈子弟之所能及. 汝亦嘗
> 聞之乎. 廢族多才傑之士, 非天之生才而厚於廢族也, 以無榮達之心爲之遮蔽. 故
> 讀書窮理, 能得眞面目正骨髓也. 平民而不學者, 特爲庸劣人而已, 廢族而不學, 遂
> 爲悖戾鄙穢不可近之物, 爲世所棄, 婚姻不通, 而嫁娶及於賤流, 一傳而有魚吻犬
> 顙之子出焉, 則家遂不可問矣.

만일 내가 몇 년간이라도 사면을 받아 돌아간다면 너희들로 하여금 능히
몸을 바로 하고 행실을 가다듬으며 효제孝弟를 높이고 화목하는 일을 가르
치겠다. 또한 경사經史를 연구하고 시와 예를 담론하며 서가에 3~4천 권의

책을 꽂아두겠다. 일 년 정도 지탱할 수 있는 양식을 두고, 원포園圃·상마桑麻·소과蔬果·화훼花卉·약초藥草들을 심는 것을 위치를 반듯하게 하고 무성하게 하여 기쁘게 할 것이다. 당에 올라 방에 들어가면 거문고 하나 투호投壺 하나, 붓과 벼루, 책상, 도서들을 볼 때에 우아하고 깨끗하여 기쁘게 할 것이다. 때때로 손님이 이르면 닭을 잡고 회를 떠서 탁주와 좋은 채소로 기쁘게 배불리 먹고 서로 더불어 고금을 의론한다면 비록 폐족이라 할지라도 장차 안목 갖춘 자의 부러움을 살 것이다. 이렇게 한 해 한 해 보내다 보면 물과 구름처럼 점차 멀리 흘러 이와 같고도 중흥中興하지 않을 수 있겠느냐. 너희들은 생각하고 생각할지어다. 이것을 차마 행하지 않겠느냐.

使我而得數年間赦還, 使汝輩而能飭躬礪行, 崇孝弟風敦睦. 研磿經史, 談論詩禮, 揷架書三四千卷. 粟可支一年, 園圃桑麻蔬果花卉藥草之植, 位置井井, 蔭翳可悅. 上其堂入其室, 有琴一張, 投壺一口, 筆硯几案, 圖書之觀, 雅絜可喜. 而時有客至 能殺雞切膾, 濁酒嘉蔬, 欣然一飽, 相與攘扢古今, 則雖曰廢族, 亦將爲具眼人所豔慕. 一年二年, 水雲漸邈, 有如是而不中興者乎. 汝其思之, 汝其思之. 忍而不爲是耶.

나는 이 삼사三斯[1]로써 서재書齋의 이름으로 삼고 싶었으니 이는 난포하고 거만한 것을 멀리하고, 비루하고 어긋남을 멀리하며, 미더움을 가까이 함을 일컫는 것이다. 이제 너희들이 덕을 높이기를 바라며 이 삼사를 너희들에게 주노니 너희들도 또 너희 서재에 이름하고 인하여 스스로 기문을 지어서 훗날 인편에 보내거라. 나도 또한 마땅히 너희들을 위하여 기기記를 짓겠다. 또 너희들이 이것으로 세 가지 잠언箴言을 짓고 삼사잠三斯箴이라 이름하여 정부자程夫子의 사물잠四勿箴[2]의 아름다움을 계승하면 어느 복이 그만하겠는가. 깊이 바라고 바란다.

吾欲以三斯名齋, 謂斯遠暴慢斯遠鄙倍斯近信也. 今爲汝進德, 以此贈汝, 汝以名

汝齋, 仍自記文, 付之後便也. 吾亦當爲汝作記耳. 汝又以此作三箴, 名之曰三斯
箴, 可以繼美於程夫子四勿箴矣, 何福如之. 深望深望.

『與猶堂全書』, 권21, 「寄兩兒」, 13a

🔹 ···· 정약용이 1803년 정월 초하루, 강진 유배지에서 두 아들에게
보낸 서찰의 일부이다. 정약용에게 중요한 것은 두 아들이 희망을 잃지 않
는 것이었다.

정약용은 일찍이 어버이를 여의고 어려움을 참고 견디며 성인의 경지
에 이른 율곡 이이, 세인들의 배척에도 아랑곳하지 않고 우뚝 선 우담 정시
한, 난리 속에서도 입지를 굽히지 않는 성호 이익 등은 이름난 학자가 되어
후세에 훌륭한 업적을 남겼다는 예를 들면서, 두 아들에게 "영원히 폐족으
로 지내 버릴 것이냐"며 꾸중을 하였다. 비록 벼슬길이 막혔다고는 하나
유교사회의 최고 이상인 성인이 되는 길은 있을 거라는 정약용의 암시적
꾸중이다. 폐족이라는 실의에만 빠져 있을 것이 아니라 선인들처럼 열심히
공부하다보면 가문의 중흥의 날이 올지도 모른다는 정약용의 자식들에 대
한 기대였던 것이다.

또한 정약용은 '몸을 움직일 때에는 난포하고 거만함을 멀리하고, 얼굴
빛을 바르게 하여 믿음을 지니게 하며, 말을 할 때에는 비루하고 어긋남을
멀리하는 것'(三斯)이 중요하다고 하여 이를 서재의 이름으로 삼았으며, 두
아들에게도 서재의 이름으로 삼아 늘 실천할 것을 당부하였다.

정약용은 두 아들에게 외적으로는 삼사를 중요시하고, 내적으로는 성의
誠意와 성신誠身에 대한 노력을 게을리하지 말 것을 다음과 같이 타이르기도

하였다.

모름지기 착한 마음을 불러 일으켜 『대학大學』의 「성의장誠意章」과 『중용中庸』의 「성신장誠身章」을 벽에다 붙이고 큰 용기를 내어 두 발을 바로 세워 빠른 여울물을 거슬러 올라가는 배처럼 성의공부에 힘써 나아감이 지극히 옳다.
성의공부는 모름지기 먼저 거짓말하지 않는 일부터 노력하여 한마디의 거짓말도 세상의 극악한 대죄로 보는 것이다. 이 성의공부가 처음 시작하는 곳이다.
須感發善心, 將大學誠意章中庸誠身章, 帖在壁上, 奮大勇立大脚, 用急瀨上船之法, 勉進誠意之工, 至可至可. 誠意之工, 須先從不謊說著力, 視作一句謊說爲世間極惡大罪. 此誠意之工, 最初入頭處.
『與猶堂全書』, 권21, 「寄二兒」, 6b

거짓말하지 않는 교육은 예나 지금이나 자식들을 가르침에 있어서 가장 중요하다. 정약용은 외적으로 다듬어야 하는 학문도 중요하지만 내적으로 다듬어야 하는 학문도 중요하다고 하면서 인간의 기본적 행실行實을 바로잡을 것을 권유하였다. 성의·성신을 당부한 것도 먼저 인간이 되라는 이유에서이다.

한편 정약용은 두 아들에게 노동의 중요성을 가르치기도 하였다.

시골에 살면서 과수원이나 채소밭을 가꾸지 않는다면 세상을 버리는 일이다. 나는 국상國喪으로 바쁜 와중에도 오히려 만송蔓松 열 그루와 한 쌍의 노송나무(檜)를 심었다. 내가 만일 지금까지 집에 있었다면 뽕나무는 수백 그루, 접붙인 배나무 몇 그루, 옮겨 심은 능금나무는 몇 그루되었을 것이고, 닥나무는 이미 밭을 이루었을 것이다. 옻나무도 다른 밭두둑까지 뻗었을 것이요, 석류도 이미 여러 그루 되었을 것이요, 포도도 여러 시렁일 것이요, 파초도 네다섯 본은 되었을 것이다. 불모지에는 버드나무를 대여섯 그루를 심었을 테고, 유산酉山(마재 뒷산, 학연의 호)의 소나무도 이미 수척으로 자랐을 것이다.

너희는 이런 일에 대해 하나라도 들었느냐. 너희들이 국화를 심었다고 하는데 국화 한 이랑은 족히 가난한 선비의 몇 달 식량이 될 수 있으니 다만 꽃을 볼 뿐이 아니다. 또 생지황生地黃, 반하半夏, 길경桔梗(도라지), 천궁川芎 같은 것이나 쪽, 꼭두서니 같은 종류도 함께 유의하도록 하라.

居鄕不治園圃, 天下之棄也. 吾於國哀奔忙之中, 猶種十株蔓松一雙桰. 使我至今在家, 桑數百株, 梨接者幾株, 林禽移者幾株, 楮已成田矣. 漆已延他隴矣, 石榴已數株矣, 葡萄已數架矣, 芭蕉已四五本矣. 不毛之地, 柳五六株矣, 酉山之松, 已長數尺矣. 汝有一於是否. 聞汝種菊, 菊一畦足支貧士數月之粮, 不唯看花而已. 如生地黃・半夏・桔梗・川芎之屬, 藍茈茜藘之類, 俱可留意.

채소밭을 가꾸는 데는 모름지기 지극히 평평하고 반듯하게 해야 하고, 흙은 가늘게 부수고 깊이 갈아서 분가루처럼 부드럽게 해야 한다. 씨는 매우 고르게 뿌려야 하며, 모를 심을 때는 아주 성글게 해야 한다. 아욱 한 이랑, 배추 한 이랑, 무 한 이랑 씩 심어 두고 가지나 고추 종류도 각각 마땅히 구별하라. 마늘이나 파 심는 일에 가장 힘쓸 것이요, 미나리도 심을 만하다.
석 달 여름 농사로는 참외만한 것도 없다. 절약하고 농사에 힘쓰면서 아울러 훌륭한 명예도 얻을 수 있는 것이 이 일이다.

治圃須令極平極方正, 而治士極細極深. 鬆軟如粉落. 種須令極均, 立苗須令極疏, 如斯已矣. 葵一區菘一區蘿蔔一區, 如紫茄辣茄之屬, 各宜區別. 然種蒜種葱, 最宜致力, 芹亦可種. 三夏之農, 莫如瓜. 節用而務本, 兼之得美名者此事也.

『與猶堂全書』, 권21, 「寄兩兒」, 12a

학문과 노동을 동일시하는 실학자다운 정약용의 모습이다. 두 아들에게 노동의 중요성을 강조하면서, 농사짓는 방법 즉 채소밭을 가꾸는 데 필요한 땅을 고르는 방법, 씨 뿌리는 방법, 채소를 종류별로 구별 관리 하는 방법에 대해 알려 주고, 본농사에 힘쓰면서 부업으로 참외 농사를 권유하는 등 하나하나 자세하게 설명하고 있다.

폐족, 아무 희망도 꿈도 없이 세월만 보내면 가문의 중흥은 없다. 경전만이 책이 아니다. 천지만물이 다 경전이다. 정약용은 당부한다. 폐족이 되었다고 실의에만 빠져 있지 말고 경전공부뿐만 아니라 아름다운 자연 속에서 농사짓고 과일과 채소를 가꾸며 맑고 밝은 성정을 기르라고. 걸림이 없는 아름다운 마음은 자연 속에서만 가능하기 때문이다.

●●●
1) 三斯: 動容貌, 斯遠暴慢矣, 正顔色, 斯近信矣, 出辭氣, 斯遠鄙倍矣. 몸을 움직일 때에는 난포하고 거만함을 멀리함, 얼굴빛을 바르게 하여 믿음을 지니게 함, 말을 할 때에는 비루하고 어긋남을 멀리함.
2) 四勿箴: 북송 학자인 程頤가 지은 잠언을 말한다.

정약용은 강진 유배지에서 고향에 두고 온 두 아들에게 보낸 가계를 통하여 친구를 사귈 때 주의할 일, 벼슬살이할 때의 마음가짐, 임금의 잘못에 대한 간언諫言, 많은 저서들을 후세에 전하는 일, 시와 글씨 쓸 때의 주의사항, 친척끼리의 화목, 재화를 오래 보존하는 길 등 인간다운 삶의 정도正道를 자상하게 가르치고 있다. 이런 가운데에서도 그는 외동딸에 대한 부정을 잊지 않았다.

어린 딸 단옷날이면	幼女端陽日
옥 같은 살결 씻고 새 단장하지.	新粧洗玉膚
붉은 모시 재단하여 치마 해 입고	裙裁紅苧布
머리 위에는 푸른 창포잎 꽂았지.	髻揷綠菖蒲
절 익히며 가만히 단정하고	習拜微端妙
술잔 올리며 기쁨 나타났네.	傳觴示悅愉
오늘 같은 현애석懸艾夕(단옷날)에는	如今懸艾夕
누가 우리 딸과 어울려 놀 것인가.	誰弄掌中珠

『與猶堂全書』, 권4, 「憶幼女」, 16a

1801년에 장기에서 고향에 두고 온 외동딸을 생각하며 지은 「억유녀憶幼女」(어린 딸을 생각하며)라는 시이다. 정약용의 나이 쉰한 살인 1812년에 그의 친구 윤서유의 아들인 윤창모에게 시집을 간 그 딸이다. 정약용은 1813년 강진 유배지에서, 부인 홍씨가 보낸 치마폭을 찢어 네 개의 첩으로 만들어 두 아들에게 주고 그 나머지에다가 그림과 시를 써서 딸에게 보냈으니, 그

것이 바로 사연 많은 유명한 매조도梅鳥圖이다. 이젠 아무 걱정 말고 시집가
서 아들, 딸 많이 낳아 행복한 가정을 이루어 잘 살라는 아버지의 소망을
담았으리라. 윤창모는 1829년에 귀향, 학동에 살다가 1856년에 죽었다. 부인
과 합장된 그의 묘소가 현 강진군 도암면 항촌리 학동 944번지 뒤편 언덕에
자리하고 있다. 다음은 매조도에 써 있는 내용이다.

▲ 매조도

새가 훨훨 날아와	翩翩飛鳥
나의 뜰 매화나무에 앉아 쉬네.	息我庭梅
꽃향기가 진하게 풍기니	有烈其芳
기꺼이 찾아주었네.	惠然其來
여기에 머물러 살면서	爰止爰棲
너의 가족 함께 즐기어라.	樂爾家室
꽃도 이미 만발하고	華之旣榮
그 열매도 주렁주렁하리라.	有蕡其實

가경 18년 순조 13년(1813, 계유) 7월 14일 열수옹이 다산 동암에서 쓰다. 내가
강진에서 귀양살이한 지 수년 지나 부인 홍씨가 해진 치마 6폭을 부쳐 왔는데,
세월이 오래되어 붉은 빛깔이 바랬기에 잘라서 네 개의 첩을 만들어 두 아들에
게 주고 그 나머지를 작은 병풍으로 만들어 딸에게 보낸다.

嘉慶十八年癸酉七月十四日, 洌水翁書于茶山東菴. 余謫居康津之越數年, 洪夫人寄敝裙六幅, 歲久紅渝, 剪之爲四帖, 以遺二子, 用其餘爲小障, 以遺女兒.

남양주시 다산기념관, 강진군 정다산유적지관리사무소 제공

▲ 동암

초당에서 남동쪽으로 약 40~50보 거리에 자리하고 있다. 현판에 판각된 '다산동암茶山東菴'이라는 글씨는 다산 정약용의 친필을 집자해서 모각한 것이다.

간난艱難

사람은 역경에 처했을 때,
비로소 그 사람의 참된 모습이
드러나는 것이다.

타인이 바야흐로 아비를 짐승같이 보는데도 부끄럽고 욕된 줄 알지 못하고
이렇게 독촉하여 이루려는 행동을 하느냐. 네가 감히 저들의 비웃고 냉소
하는 이야기를 아비에게 전하느냐. 설사 저들의 권력이 능히 묵은 불씨를
일으켜 나를 쳐서 흑산도나 추자도로 던진다 할지라도 나는 터럭 하나 꿈
쩍 않을 것이다.

他人方且視其父如犬羊, 而不知羞辱, 有此督成之擧. 汝敢以彼人嘻笑冷齒之說,
向其父傳之乎. 使彼權力能再起宿火, 打發我投之楸黑, 吾不動一髮耳.

『與猶堂全書』, 권21, 「答二兒」, 7b

🐢···· 정약용이 1816년 6월 4일 강진 유배지에서 두 아들에게 보낸,
어떤 역경과 시련에도 굴복하지 말라는 서찰의 일부이다.

정약용은 1783년 세자 책봉을 경축하기 위해 열린 증광감시增光監試에 합격하여 정조의 깊은 관심의 대상이 된다. 정약용은 정조와의 첫 만남에서 부터 숱한 화제를 불러 일으켰다. 정약용은 정조가 '반드시 식견 있는 선비' 라고 할 정도로, 임금의 사랑을 한 몸에 입는 한창 절정의 순간을 맞기도 하였다.

그러나 정약용의 뒤에는 항상 서교가 뒤따랐다. 정약용은 「자찬묘지명」 에서 이르기를, "갑진년甲辰年 여름, 이벽李檗1754~1786, 정약현의 처남을 따라 배를 타고 두미협斗尾峽으로 내려가다, 처음으로 서교에 대하여 듣고 한 권 의 책을 보았다始聞西教見一卷書. 그러나 변려문駢儷文의 학습에 전심전력하여 표表, 전箋, 조詔, 제制를 익히며 그런 글들을 수백 권 수집하면서 성균관에서 월과月課와 열흘마다 보는 시험에 높은 점수로 뽑혀 상으로 서적이나 종이, 붓 등을 하사받기도 하고 경연에 올라가는 가까운 신하처럼 임금께서 자주 대면해 주시어 그 밖의 다른 일에는 참으로 마음을 기울일 틈을 내지 못했 었다"라고 하였다. 이처럼 이벽에게서 서교에 대하여 처음 들었으나 과거 준비 관계로 서교에는 '참으로 마음을 기울일 겨를'이 없었다는 것이다. 또 한 정약용은 「선중씨 정약전 묘지명」에서 이르기를 "갑진년(1784) 4월 보름 날 큰형수의 제사를 지내고 우리 형제는 이벽과 같은 배를 타고 내려오는 데, 이벽이 말하는 천지조화의 시초, 사람과 신神, 생사生死의 이치 등을 듣 고서는 황홀함과 놀람과 의아심이 마치 하한지무극河漢之無極[1]과 비슷했다. 서울에 와서도 이벽을 따라다니면서 『천주실의天主實義』와 『칠극七克』 등 수 권의 책을 보고 흔연히 서교 쪽으로 기울었으나, 그때에는 제사를 없애자는 말은 없었다"라고 적고 있다. 어찌 되었든지 정약용에게 있어서 서교는 피 할 수 없는 운명이었다. 정약용은 자신의 「자찬묘지명」에서 "경신년庚申年

(1800)으로부터 타향살이(귀양살이)가 또 19년이 되었다. 인생의 불행과 행복이란 정말로 운명에 정해져 있지 않다고 누가 말하겠는가"(自庚申流落又十九年也. 人生否泰可曰無定命乎)라고 말한 대로 그의 삶은 나락奈落으로 빠짐의 연속이었다. 셋째 형은 참수형을 당하여 죽고, 둘째 형은 자신과 함께 귀양살이의 동행자가 되었다. 그러나 정약용은 오히려 이러한 간난艱難을 기회로 삼아 학문에 매진하였다. 영원히 폐족廢族으로 살아갈 수 없었던 것이다.

하늘은 다산을 저의 평천장平泉莊으로 삼았고, 보암산의 몇 이랑 밭을 탕목읍湯沐邑으로 주었으니, 해가 다하도록 아이의 울음소리와 아낙네의 한탄하는 소리도 없습니다. 복이 이와 같이 두텁고 지위가 이와 같이 높은데 이런 신선의 세계(三淸仙界)를 떠나 네 겹 아비지옥에 몸을 던지려고 한다면, 천하에 이와 같은 어리석은 사내가 있겠습니까.
이것은 억지로 지어낸 말이 아니라, 마음의 계획이 참으로 이와 같습니다. 그러나 한편으로 돌아갈 마음이 없지도 않으니 이는 사람의 성품이 본디 낮고 나약하여 그런 것입니다. 간음이 그릇된 줄 분명히 알면서도 혹은 남의 처나 첩을 훔치기도 하며, 파산할 줄 분명히 알면서도 혹 마조나 강패 같은 노름에 빠지기도 하니 그 돌아가고자 하는 마음을 갖는 것도 이와 같은 것이라 어찌 본마음이겠습니까.

天以茶山爲我平泉莊, 以寶巖數畝田, 爲我湯沐邑, 終年卒歲, 無兒啼婦歎聲. 福如是厚, 位如是尊, 乃欲去此三淸仙界, 投身四重阿鼻, 天下有如是愚夫乎. 此非强作之言, 心計眞的如此 然而一邊未賞(嘗)無歸心, 此人性本來劣弱而然耳. 明知姦淫之非, 而或竊人妻妾, 明知産業之破, 而或馬弔江牌 其有歸心, 卽此類耳, 豈本心哉

『與猶堂全書』, 권20, 「答仲氏」, 28a

정약용이 1812년 형 정약전에게 보내는 답서答書의 일부이다. 당시 임금의 큰 사면령이 있었으나, 정약용 형제는 간교한 무리들의 방해 공작으로 그 명단에서 제외되었다. 이에 정약전은 자신의 답답한 속내를 동생 정약용에게 보낸 서찰에 담은 듯하다. 정약용인들 가슴속 깊이 응어리진 원한怨恨이 왜 없었겠는가. 다음 시 한 수를 보자.

이지러진 달이 새벽녘에 돋으니	缺月生殘夜
맑은 빛 능히 얼마이뇨.	淸光能幾何
어렵사리 작은 봉우리에 올랐으나	艱難躋小嶂
긴 강 건널 힘이 없구나.	無力度長河
온갖 집이 한창 단잠에 들었는데	萬戶方酣睡
외로운 나그네 홀로 소리 높이 노래하네.	孤羈獨浩歌

『與猶堂全書』, 권5, 「曉坐」, 2b

1804년 강진 유배지에서 지은 「효좌曉坐」(새벽에 앉아서)라는 시다. 시문 중에 보이는 '간난'이라는 시어가 말해 주듯이, 정약용은 강진 유배지에서 어렵게 귀양살이를 하던 중 새벽에 문득 잠에서 깨어 외롭고 쓸쓸한 자신의 신세를 한탄하며 밤새 한숨도 자지 못하고 앉아 있는 것이다. 정약용은 보름달처럼 어두운 세상을 환하게 밝히고 싶었으나, 자신이 할 수 있는 일은 아무것도 없다는 절망에 갇힌 어두운 밤을 보냈을 것이다.

여기서 "어렵사리 작은 봉우리에 올랐으나, 긴 강을 건널 힘이 없구나"라는 정약용의 말을 통해 '간난'이 연속된 유배생활의 고초를 암시 받는다. 새벽녘에 기울어 가는 조각달의 여린 빛에 자신의 절망적인 처지를 비유하여 노래한 시다.

그러나 정약용은 '간난'이 연속된 귀양살이 중에도 고향에 두고 온 자식들에게 편지를 써 절망에 빠졌을 자식들의 마음을 바로잡기 위해 안간힘을 다 쏟았다. 1808년 두 아들에게 써준 가계家誡의 한 대목을 보자.

나는 가경(淸나라 仁宗의 연호) 임술년(1802) 봄부터 저서를 업으로 삼아 붓과 벼루를 곁에 두고 주야로 쉬지 않았다. 왼쪽 팔은 마비되어 마침내 폐인이 되었다. 눈도 갑자기 어두워져 오직 안경에만 의지하였다. 이와 같은 것은 무엇 때문인가. 너희들과 학초學樵(정약전의 외아들)가 있어 능히 나의 저서를 전술傳述하여 실추시키지 않으리라 여겼기 때문이다. 이제 학초는 불행히도 단명하였고, 너희들도 영락하기 짝이 없으며 성품도 또한 경전을 좋아하지 아니하여 오직 후세의 시율만 대략 알아 음미할 뿐이니, 진실로『주역』과『예』에 관한 두 책이 마침내 사라져 드러나지 않을까 두렵다.

吾自嘉慶壬戌之春, 便以著書爲業, 藩牆筆硯, 蚤夜不息. 左臂麻痺, 遂成廢人. 膧神暴暗, 唯恃靉靆. 若是者何也. 爲有汝曹及樵也, 能傳述而不墜也. 今樵也不幸短命, 汝曹零丁寡與, 性復不嗜經典, 唯後世詩律粗知淺味, 誠恐易禮二書, 遂至泯晦而不彰也.

대체로 저서의 방법은 경전을 으뜸으로 삼아야 하고 그 다음으로 세상을 경영하고 백성을 윤택하게 하는 학문이나 관방關防(국경의 방비)과 기용器用의 제도로써 가히 외적의 침략을 막아낼 수 있는 것도 또한 가벼이 여겨서는 안 된다. 세세하고 자질구레한 이야기나 한때의 우스갯소리 및 진부하여 새로울 것 없는 말이나 지루하고 쓸데없는 의론만을 취한다면 한갓 종이와 먹을 낭비할 뿐이니 손수 진귀한 과일이나 좋은 채소를 심어, 먹고 살 도리를 넓히는 것만 못하다.

大較著書之法, 經籍爲宗, 其次經世澤民之學, 若關防器用之制, 有可以禦外侮者, 亦不可少也. 若夫瑣細蓁星之說, 苟取一時之詼笑, 與夫陳腐不新之談, 支離無用之論, 徒費紙墨, 不如手植珍果佳蔬, 以博生前之生理也.

『與猶堂全書』, 권18,「示二子家誡」, 5a

이 편지는 정약용이 귀양살이 8년째 되는 해에 쓴 것이다. 심신이 지칠 대로 지친 간난의 세월이었다. 왼팔이 마비되고, 시력을 잃어 안경이 아니면 책을 읽을 수 없었으나, 그 와중에도 경전공부를 소홀히 하지 않았다. 정약용은 자신이 힘쓴 연구 성과가 자식들의 무관심으로 세상에서 잊혀지지나 않을까 걱정된다고 하였다. 그리고 정약용은 자식들에게 자질구레한 이야기를 모아 한때의 웃음거리에 불과할 일, 쓸데없이 넉살이나 늘어놓는 일 등은 공부가 아니라면서, 시간이 있으면 차라리 과일이나 채소를 가꾸어 배불리 먹고 살 궁리를 하는 것이 더 낫다고 하였다.

정약용은 경전을 먼저 읽고, 거기에다가 역사서, 경제서를 더하면 온전한 학문이 이루어진다고 보았다. 정약용은 인문학적 지혜에 이르기 위한 가장 근본적이고 포괄적 차원에서의 위인지학爲人之學보다는 위기지학爲己之學을 우선시하였다. 위기가 우선이고 위인이 그 다음이다. 위기는 내 몸을 닦는 것 즉 수기修己의 공부요, 위인은 밖으로 미루어 남을 배려하는 것 즉 안인安人의 공부이다. 말하자면 위기지학을 통해 바탕이 서면 위인지학으로 이어진다는 것이다. 역사와 경세택민經世澤民의 공부가 바로 그것이다.

정약용은 자식들에게 보낸 편지에서뿐만 아니라 다른 여러 편지에서도 유배지의 간난 속에서 이룬 자신의 노력에 대해 토로하였다. 다음의 편지가 그 한 예이다.

7년 귀양살이에 문을 닫고 홀로 칩거하다 보니, 사내종이나 밥하는 여종조차도 함께 서서 이야기하려 하지 않습니다. 낮에 보이는 것은 다만 구름과 하늘빛뿐이요, 밤에 들리는 것은 벌레 소리와 대나무 바람 소리뿐입니다. 고요하고 적막한 생활이 오래되다 보니 마음과 생각이 집중되어 옛 성인의 책에 마음과 뜻을 오로지 할 수 있어서 자연스레 성인의 가르침의 겉모습이나마 엿보았다고 여깁니다.

진실로 마땅히 아름다움을 감추고 학문을 쌓아 괄낭括囊²)의 경계를 지켜야 하
나 또 스스로 생각하니 풍으로 마비되고 뼈까지 아파 죽을 날이 멀지 않았으니
끝내 침묵하고 드러내지 아니하여 지하에 묻히게 된다면 성인을 매우 저버리는
것이 될 것입니다. 온 세상을 두루 살펴보니 오직 그대만이 능히 비루하다 하여
버리지 아니하니 이에 짧막한 편지로써 침울한 마음을 간략히 드러냅니다. 잘
헤아려 주소서.

七年流落, 杜門塊蟄, 雖備奴爨婢, 莫肯與之立談. 晝之所見, 唯雲影天光, 夜之所聽, 唯蟲吟竹籟.
靜寂旣久, 神思凝聚, 得以專心致志於古聖人之書, 而竊竊自然以爲窺藩籬之外光耳. 誠宜含章蓄言,
以守括囊之戒, 而又自念風痺骨痛, 死亡無日, 遂默不宣, 含而入地, 則負聖人深矣. 周瞻一世, 唯足
下爲能不鄙不棄, 玆用咫尺之紙, 略疏沈鬱之情. 唯足下恕之.

『與猶堂全書』, 권19, 「與尹畏心永僖」, 23a

귀양살이 7년이 지난 어느 날, 정약용이 외심畏心 윤영희尹永喜에게 보낸
서찰의 일부이다. 부리는 하인들도 상대해 주지 않는 적막한 간난의 생활
속에서 오로지 경진공부에만 몰두하여 조금도 좌절하거나 흔들림이 없다
는, 자신의 노력에 대해 토로한 내용이다. 윤영희(1761~?)의 자는 외심畏心으
로, 정조 10년 1786년에 별시문과別試文科에 병과丙科로 급제한 정약용의 친
한 벗이며, 윤외심尹畏心이라고 부르기도 한다.

다음은 정약용과 윤영희가 해남에서 만났을 때 나누었던 대화의 한 대
목이다.

제(약용)가 말하기를 "죽지 않고 서로 만나니 기이하다" 했더니 윤외심이 말하
기를 "사람이 죽기가 어찌 쉬운 일이겠는가" 하였다. 제가 말하기를 "사람이 죽
기가 가장 쉬운 일이네"라고 했더니, 윤씨가 말하기를 "죄악이 다한 연후에 사
람이 죽는 법이다"라고 하였다. 제가 말하기를 "복록이 다한 뒤에 사람이 죽는

다"라고 하며, 서로 웃고 헤어졌습니다. 그가 죄악이 다한 연후에 사람이 죽는다고 한 것은 대개 이 세상을 괴로운 세상으로 여겼기 때문입니다. 그러나 이는 하늘을 원망하고 사람을 탓하는 말이니 진정으로 도를 아는 말이 아닙니다.

我日不死而相見異哉. 尹日人死豈易易耶. 我日人死最易事, 尹日罪惡盡然後人死. 我日福祿盡然後人死, 相笑而罷. 彼云罪惡盡然後人死者, 蓋以此世爲苦世也. 然此乃怨天尤人之言, 非眞正知道之言也.

『與猶堂全書』, 권20, 「答仲氏」, 20a

이 편지는 정약용이 해남에서 만난 윤영희와의 대화 내용을 형 정약전에게 보낸 편지에 그대로 인용한 것이다. 두 사람이 주고받는 대화의 주제는 '사람은 언제 죽는가'이다. 정약용인들 원망과 불평의 마음이 왜 없었겠는가. 그러나 그는 어떠한 간난 속에서도 정도正道의 삶을 벗어나지 않았다. 정약용이 두 아들에게 전하고자 하는 서찰의 핵심 내용은 '간난 속의 정도'이다.

●●●
1) 河漢之無極: 『장자』에 나오는 '하늘의 강이 끝이 없다'라는 뜻이다.
2) 括囊: 말을 삼가라는 『주역』의 가르침.

가계家誡

천륜에 야박한 사람은
가까이해서도 안 되고 믿을 수도 없다.

몸을 닦는 일은 효도와 우애로써 근본을 삼아야 한다. 효도와 우애에 본분을 다하지 않으면 비록 학식이 고명하고 문사가 아름답게 빛난다 하더라도 토담에 그림을 그려 놓은 것일 뿐이다. 나의 수신을 엄하게 하였다면 벗을 취하는 것도 자연히 단정한 사람이어서 기질과 취미가 같은 사람들끼리 서로 구하여 반드시 더욱더 힘쓰지 않아도 된다.

> 修身以孝友爲本. 於是有不盡分, 雖復學識高明, 文詞彪炳, 便是土牆施繢耳. 我修
> 旣嚴, 其取友自然端正, 同氣相求, 不必加勉也.

이 늙은이가 세상사를 오래 겪었고 또 어렵고 험난한 일을 모두 맛보아서 사람의 마음을 두루 알게 되었는데, 무릇 천륜天倫에 야박한 사람은 가까이해서도 안 되고 믿어서도 안 된다. 비록 충성스럽고 도타우며 부지런하고 민첩하여 정성을 다하여 나를 섬기더라도 절대로 가까이해서는 안 된다. 끝내는 은혜를 저버리고 의리를 잊어서 아침에는 따뜻하게 대하나 저녁에는 차갑게 변하고 만다.

> 老夫閱世久, 且備嘗艱險, 周知人情, 凡薄於天倫者, 不可近不可信. 雖忠厚勤敏,
> 盡誠事我, 切不可近. 畢竟背恩忘義, 朝溫暮令.

대개 세상에서 깊은 은혜와 두터운 의리는 부모 형제보다 더한 것이 없다.
그들이 부모 형제를 그처럼 가벼이 등지는데, 하물며 친구들에게 있어서랴.
이는 쉽게 알 수 있는 이치이다. 너희들은 이 점을 모름지기 기억하도록
하라. 무릇 불효자는 가까이하지 말고 또한 형제끼리 깊이 사랑하지 않는
자도 가까이해서는 안 된다.

> 蓋天下之深恩厚義, 未有加於父母兄弟. 彼且輕偝之如彼, 矧於朋友哉. 此易知之
> 理也. 汝等切須記取. 凡不孝子不可近, 凡兄弟不深愛者, 不可近.

사람됨을 보려면 먼저 가정생활을 살펴야 한다. 만약 그에게 옳지 못한 점
을 보거든 곧 마땅히 돌이켜 자신을 비춰 보고, 나에게도 또한 이러한 잘못
이 있나 두려워하며 곧 힘써 공부해야 한다. 옛날에 우리 돌아가신 아버지
(정재원)와 남거 한(한광부) 공은 매우 좋은 벗이었는데 모두 효자이셨다. 또한
우리 할아버지(정지해)와 사곡 윤(윤명상) 공께서도 좋은 벗이었는데 그분들도
효자였다. 그렇기 때문에 그 집안을 보존하였고 훌륭한 명성을 잃지 않았
다. 나의 몸에 이르러서는 벗을 사귀는 것이 바르지 못하여, 화살 끝을 갈
고 칼날을 버리며 해치려는 자들이 옛날에 친하게 사귀던 사람들 가운데서
많이 나왔으니 내가 이 때문에 사람 사귀는 도리를 깨우쳤다.

> 觀人先察內行. 若見其不是處, 卽宜回光反照, 怕我亦有是病, 便當猛下功夫. 昔我
> 先人, 與南居韓公特相友善, 孝子也. 亦粵我王考, 與沙谷尹正字公特相友善, 孝子
> 也. 用保厥世, 不失令名. 及余之身, 取友不端, 礪鏃淬鋒者, 多出疇昔之親交, 吾

是以悟之.

『與猶堂全書』, 권18, 「示學淵家誡」, 4a

🔵 ···· 다산 정약용이 큰아들 학연에게 보내는 서찰이다. 늙은 아비가 어렵고 험난한 세상살이를 통하여 얻은 경험을 바탕으로 친구를 사귈 때 가려야 할 일들을 당부한 글이다. 정약용이 아들들에게 이러한 당부를 한 이유는 무엇일까?

정약용의 삶은 서교西敎를 빼놓고 말할 수 없다. 그는 감수성이 예민한 16세 무렵에 천주교사상과 서양과학에 대한 관심을 보이기도 하였다. 그의 나이 27세가 되던 1788년에는 서교를 탄압하자는 상소가 빗발쳤고 서교에 관한 책을 압수해 불사르기도 했으며, 채제공蔡濟恭[1]이 우의정으로 올랐고, 남인 안에서 공서파攻西派가 분리해 나가기 시작했다. 홍낙안(희운)·목만중·이기경 등이 한 동아리가 되었다.

홍낙안洪樂安(1752~?, 후에 이름을 羲運으로 바꿈)의 자는 인백, 본관은 풍산, 1790년 증광문과에 병과로 급제, 이듬해 진산사건珍山事件이 일어나자 공서파 선봉으로 윤지충·권상연 등을 참형당하게 하였다. 홍낙안은 "천 사람을 죽이고도 정약용을 죽이지 않으면 아무도 죽이지 않은 거와 같소"라는 극언을 서슴지 않았다.

목만중睦萬中(1727~?)의 호는 여와, 1759년 별시문과에 급제, 대사간·판서 등의 버슬을 지냈다. 남인이며 공서파의 총수로, 한때는 정약용 집안과 가까웠으나 후에 정약용 일파를 모해하였다.

이기경李基慶(1756~1819)의 자는 휴길, 본관은 전주, 1777년 사마시에 합격, 1791년 진산사건이 일어나자 채제공의 미온적 태도를 공격하다가 경원으로 유배, 이후 수차에 걸쳐 유배생활을 하였다. 정약용과 같은 남인이면서도 세력가에게 빌붙어 정약용 일파를 몰락하게 하는 역할을 한 장본인이었다. 이기경도 서교에 관심이 많은 자로서, 서교 듣기를 즐겨하여 손수 한 권의 책을 베껴 놓기까지 하였다고 한다.

정약용은 이들의 모습을 「자찬묘지명」에 상세하게 기록하고 있다.

신해년辛亥年(30세, 1791) 겨울에 내각에서 모시강의毛詩講義 8백여 조를 내렸는데, 나의 답변이 제일 많이 채택되었다. 임금이 비평하여 이르기를, "백가의 이론을 두루 인용하여 드러낸 것이 무궁하다. 진실로 평소에 쌓아 둔 것이 넓지 않으면 어찌 이와 같겠는가"라고 하시며 조목마다 평가하고 장려하여 기대한 바를 모두 지나쳤다.

이 무렵 호남에서 권상연權尙然·윤지충尹持忠의 옥사獄事가 있었는데, 악인惡人 홍낙안 등이 이 사건을 이유로 착한 무리들을 모두 제거해 버릴 것을 꾀하려고 번옹樊翁(채제공)에게 글을 올려 이르기를, "총명하고 재주와 지혜 있는 벼슬아치와 사대부들 열 명 중 7~8명은 모두가 서교에 빠져 장차 황건黃巾·백련白蓮의 난리가 있을 것입니다"라고 했다.

辛亥冬, 內降毛詩講義八百餘條, 鏞所對獨得多算. 御批有日, 泛引百家, 其出無窮. 苟非素蘊之淹博, 安得如是, 條條評獎, 悉踰所期. 時有湖南權尹之獄, 惡人洪樂安等謀欲因此盡除善類, 乃上書于樊翁, 謂聰明才智搢紳章甫十之七八, 皆游于西教, 將有黃巾白蓮之亂.

임금께서 채제공으로 하여금 관청에 앉아 목만중·홍낙안·이기경 등을 불러다 그 허실을 조사하게 하였다. 이기경이 대답하기를, "그 책 속에는 간간이 좋은 곳도 있습니다. 저와 이승훈이 일찍이 성균관에서 공부할 때 함께 그 책을 읽었습니다. 만약에 책을 읽은 죄를 논하게 된다면 저와 승훈은 마땅히 똑같이 엄벌을 받아야 합니다"라고 말했었다. 곧바로 또 나에게 편지를 보내서 답변했던 내용에 대해서 말하기를, "임금께 대답한 말에 저울질이 있었으며, 풀려나게 하려고 한 것이다"라고 했다.

내가 이치훈(정약용의 친구로 이승훈의 동생)을 불러다 이르기를, "성균관에서 그 책을 읽은 것은 실로 심리를 받아야 할 것이다. 마땅히 사실대로 답변해야지 임금을 속이는 일은 옳지 못하다"라고 했더니, 이치훈이 이르기를, "임금께 비밀히 아뢰었으니 이미 자수한 것이다. 옥중에서 답변한 말이 사실에 위배되더라도 임금을 속인 것까지 되지 않는다"라고 해서 내가 이르기를, "그렇지 않다. 비밀히 고한 것은 정식으로 옥중에 답변한 말이 아니고 바로 임금에게만 고한 것이다. 조정에서는 오직 옥중의 답변 내용만 관찰하지만 세도가와 명문가의 공론도 두려운 것이다. 지금 어지신 임금이 위에 계시고 정승이 잘 도와 다스리니 이때에 종기를 터뜨려 버리는 것도 또한 옳지 않겠는가. 후일에 비록 후회한다 해도 손을 쓸 수가 없을 것이다"라고 했지만 이치훈은 끝내 듣지 않았다.

上令樊翁坐公署, 召睦萬中洪樂安李基慶等查其虛實. 基慶對曰其書, 間有好處. 臣與李承薰, 嘗於泮中, 同看其書. 若論看書之罪, 臣與承薰, 當同被威罰. 卽又馳書于鏞, 言其所對有權衡, 欲與之求成. 鏞召李致薰語之曰, 泮中看書是實就理. 宜對以實, 欺君不可也. 致薰曰密告旣自首. 獄詞雖違童實非欺君也. 鏞曰不然. 密告非正, 獄詞乃告君也. 朝廷唯獄詞是觀, 巨室名族, 家家公議, 可畏也. 今聖明在上, 相君佐理, 及是時潰癰, 不亦可乎. 他日雖悔無及也. 致薰不聽.

그리고는 이승훈이 감옥에서 대답할 때 말하기를 이기경이 무고誣告했다고 하자 마침내 죄가 없다 하여 풀려나고 말았다. 이러하자 이기경은 초토신草土臣[2]으로 상소하여 조사한 일이 불공정했다고 대신大臣을 헐뜯으니, 성균관에서 서서西書를 읽은 일이 더욱 상세하게 드러났다. 임금께서 화를 내시고 이기경을 함경도 경원慶源으로 유배 보내자 옆에서 구경하던 사람들이 통쾌하게 여겼다. 그러나 나는 "그렇지 않다. 우리들의 화가 이로부터 시작하리라"라고 말했다. 나는 때때로 이기경의 집에 찾아가서 그의 어린 자식들을 어루만져 주었고, 그의 어머니의 소대상小大祥 제사 때에는 천전千錢의 돈으로 도와주었다. 을묘년乙卯年(34세, 1795) 봄, 나라에서 대사면이 있었으나 이기경만은 석방되지 못했다. 그래서 내가 이익운李益運(당시 대사간)에게 이르기를, "이기경이 비록 마음은 불량하나 송사訟事에는 억울함이 있었다. 일시적으로 통쾌한 일이나 훗날의 우환이 될 것입니다. 들어가 상감께 고하여 풀어 주게 하는 것만 못합니다"라고 했더니, 이익운도 말하기를, "나의 뜻도 이와 같다"라고 하고는 드디어 조정에 들어가 말한 대로 고했더니 임금께서 특별히 이기경을 풀어 주셨다.

乃承薰獄對言基慶譖人, 遂蒙白放. 於是李基慶以草土臣, 上疏詆大臣查事不公, 證件中看書事益詳. 上怒投基慶于慶源, 旁觀者快之. 鏞曰毋然, 吾黨之禍自玆始矣. 鏞以時往基慶家, 撫其幼子, 及其母祥, 以千錢助之. 乙卯春, 邦有大赦, 而基慶未放. 鏞謂李益運曰, 基慶雖心地不良, 而訟則負屈. 一時之快異日之患也. 不如入告以釋之, 益運曰吾意如此, 遂入告如所言, 上特放基慶.

이기경이 돌아온 지 이미 오래되어 차츰 조정의 반열에 들었는데, 옛 친구로서 더불어 서서 함께 이야기하는 자가 없었다. 나만이 홀로 평소처럼 안부를 물으며 지냈다. 이른바 "친구란 그 친구 되는 도리를 잃어서는 안 된다"라는 이유에서였다. 그런데 신유년의 옥사에서 이기경이 주모하여 반드시 나를 죽이고자 하였다. 그러나 홍의호洪義浩(정약용의 사촌 처남) 등의 여러 사람을 대할 때에 이야기가 나에게 미치면 반드시 눈물을 많이 흘렸다고 하니, 비록 큰 계획을 좇았으나 그 양심은 사라지지 않았던 것이다.

基慶還旣久, 稍入朝班, 知舊無與立談者. 鏞獨叙寒暄如平日. 所謂故也無失其爲故也. 乃於辛酉之獄, 基慶主謀, 必欲殺鏞而後已. 然對洪義告諸人, 語及鏞, 必泫然流涕, 雖大計所驅, 而其良心未泯也.

『與猶堂全書』, 권16, 「自撰墓誌銘」, 3b

이러한 잘못된 사귐에 대한 정약용의 반성은 자연스럽게 아들에게 내려 주는 가계家誡로 이어졌을 것이다.

●●●
1) 蔡濟恭(1720~1799): 다산 일파의 유일한 이해자요, 후원자이다. 신서파로, 뒤에 탈관 삭직되기도 하였다.
2) 草土臣: 상을 당해 복을 입고 있을 때의 벼슬아치.

정약용이 1804년 강진에서 세상의 모든 일에는 양면성이 있다는 이치를 생각하면서 스스로를 위로한 「독소獨笑」(홀로 웃다)라는 시이다.

양식이 있어도 먹을 사람 없고	有粟無人食
자식이 많으면 주릴까 걱정하네.	多男必患飢
높은 벼슬아치 어리석기 마련이고	達官必憃愚
재주 있는 사람 펼칠 곳 없다네.	才者無所施
온전한 복록을 갖춘 집안 적고	家室少完福
지극한 도道도 늘 점점 쇠퇴하네.	至道常陵遲
아비가 검소하면 자식은 방탕하고	翁嗇子每蕩
아내가 지혜로우면 남편이 어리석구나.	婦慧郎必癡
달이 차면 구름이 자주 끼고	月滿頻値雲
꽃이 피면 바람이 그르치네.	花開風誤之
온갖 사물의 이치가 이와 같은데	物物盡如此
홀로 웃으나 아는 사람이 없네.	獨笑無人知

『與猶堂全書』, 권5, 「獨笑」, 3a

▲ 천일각

동암에서 조금 올라가면 '천일각天一閣'이 있다. 천일각은 '하늘 한쪽 끝에 있는 누각樓
閣'이라는 뜻으로, 다산 정약용은 이곳에서 흑산도로 유배 간 둘째 형 정약전을 그리며
마음속의 회포를 달랬다고 한다. 날씨가 좋으면 멀리 다도해 전경을 한눈에 볼 수 있다.

지기知己

사람이 자기를 알아주는 지기가 없다면
이미 죽은 목숨이나 다름없는 것이다.

6월 초엿샛날은 바로 어지신 둘째 형님께서 세상을 떠나신 날이다. 슬프다. 어지신 분인데도 곤궁함이 이와 같은가. 형님의 죽음이 원통하여 나무나 돌멩이도 눈물을 흘릴 지경이라 다시 무슨 말을 하겠는가. 이 외로운 천지 사이에 다만 손암巽菴(정약전) 선생만이 나의 지기知己가 되었는데 이제 잃었으니 이제부터는 비록 학문으로 얻은 것이 있다 하더라도 장차 누구에게 입을 열어 의논하겠는가. 사람이란 자기를 알아주는 이가 없다면 차라리 일찍 죽는 것만 같지 못하다. 마누라도 지기가 아니오, 자식도 지기가 아니며, 형제 종족도 모두 지기가 아닌데, 유일한 지기가 죽었으니 또한 슬프지 아니한가. 경서에 관한 240책의 내 저서를 새로 장정하여 책상 위에 두었는데 이제 장차 태워야 하리로다.

六月初六日, 卽我賢仲氏棄世之日也. 嗚呼. 賢而窮有如是乎. 冤號崩隕, 木石爲之出涕, 尙復何言. 子子天地間, 只有我巽菴先生, 爲我知己, 今焉失之, 自今雖有所得, 將何處開口. 人與其無知己, 不如死之久矣. 妻不知己, 子不知己, 昆弟宗族,皆不知己, 知己而死, 不亦悲乎. 經集二百四十冊, 新裝置案上, 吾將焚之乎.

율정栗亭에서 헤어진 것이 드디어 영원한 이별이 되었구나. 더욱 절절이 애통하여 견디지 못하는 것은 저렇듯 큰 덕망과 그릇 그리고 깊은 학문, 뛰어난 식견을 너희들이 모두 알아주지 못하고 오직 그 우활1)한 점만 보고 예스럽고 질박하다고 여겨 조금도 흠모의 뜻이 없었던 것이다. 자식이나 조카가 이와 같으니 다른 사람은 무엇을 더 말하랴. 이것이 가장 슬픈 일이지 다른 것은 애통한 바가 없다.

栗亭之別, 遂成千古. 所切切哀痛不堪者, 如許大德大器, 邃學精識, 汝等皆不知, 唯見其汪闊, 指爲古朴, 無一分欽慕之意. 子姪如此, 他尙何說. 此爲至痛, 他無所慟耳.

요즈음 세상에 서울로 올라간 고을 수령이 다시 그 고을로 오면 백성들이 모두 길을 막는다고 하는데, 귀양살이한 사람이 다른 섬으로 옮겨 가려고 하자 해당 섬 백성들이 길을 막고 만류한다는 말은 들은 적이 없다.

今世守令上京者, 更來則民皆遮道以拒之, 未聞謫客欲遷他島, 而本島之民, 遮道以留之也.

집안에 형님 같은 큰 덕망을 갖춘 분이 계셨으나 자식이나 조카들이 모두 알아주질 않았으니 또한 원통하지 아니한가. 돌아가신 선왕(정조)께서는 신하들에 대해 밝게 아셨는데 매번 이르시기를 "형(정약전)이 아우보다 낫다"라고 하셨다. 오호라, 밝으신 임금님만이 형님의 덕망을 알아주셨다.

家有大德, 而並其子姪不知, 不亦寃乎. 先大王知臣之明, 每云兄勝於弟. 於戲聖明, 其知之矣.

『與猶堂全書』, 권21, 「寄二兒」, 8b

🐌 ···· 정약용이 유배 16년 만에 한 많은 세상을 마친 둘째 형님을 회상하면서, 1816년 6월 17일에 두 아들에게 보낸 서찰이다. 이 서찰에는, 정약용에게 정약전은 단순한 형제 이상으로 특별한 사람이었음이 잘 드러나 있다.

가을 강물이 버드나무 허리에 찬데	秋江水與柳腰平
일어나 돛 올리는 소리 듣는다.	起聽抽帆第一聲
기우제단 서너 그루 나무를 휙 지나가니	鷲過雩壇三兩樹
붉은 창과 흰 섬돌에 석양이 빛나네.	紅檻粉砌夕陽明
서재의 기나긴 여름 나그네 생활 고달파	書樓長夏困羇棲
꽃 피거나 새 울거나 아랑곳하지 않네.	不管花開與鳥啼
물나라에 기쁘게 뜻의 맞는 일 만나니	水國欣曹如意事
순풍이 노량 서쪽에서 불어오네.	便風來自露梁西
압구정의 좋은 피리 소리	狎鷗亭裏好笙歌
당시엔 풍류 속에 기생 끼고 놀았는데.	當日金支擁翠蛾
지금은 적막한 집 누가 사는고	寂寞軒楹誰借住
수양버들만 예와 같아 늦매미만 많다네.	垂楊依舊暮蟬多
흐트러진 산 그림자 물속에 기울고	鬖髿山影水中斜
나무 끝에 물 넘칠 때 모래가 묻었구나.	木末猶棲漲後沙
생각하니, 절 찾아 책 상자 지고 공부할 때	尙憶祇林携笈日
가랑비 내리는 연못에서 연꽃을 감상했지.	野塘微雨賞荷花
두세 집 울타리 흐르는 강물 마주하고	數家籬落對江流
양편 언덕엔 깨, 수수가 익어 가는 가을.	兩岸胡麻蜀黍秋

어부의 노랫소리 농부의 말 따라 일어나니 漁唱仍隨農語起
만년晚年의 생각은 배 집에서 사는 것. 晚年商度在蒿樓

청나라 군사 돌아가고 삼전도비만 남아 滿州兵罷一碑存
외로운 온조성에 해와 달이 황혼인데. 溫祚城孤日月昏
매국노 목 베라고 헛되이 붓 놀려 무엇하리 不要虛張誅檜筆
지금까지 강촌엔 돌무더기만 가득하네. 至今疊石滿江村

벼랑에 걸어 세운 집 서창이 열려 있고 懸崖樹屋闢書窓
은행나무 짙은 그늘 푸른 강을 덮었으니. 平仲繁陰覆碧江
몽오정 옛터라고 하는데 云是夢烏亭故址
한강 상류의 정자로는 참으로 둘도 없다네. 上游臺榭儘無雙

석실서재石室書齋를 취한 눈으로 지나니 石室書齋醉眼過
미음촌渼陰村 어귀에 술, 배도 많구나. 渼陰村口酒船多
해오라기 본래 어떤 새인가 白鷗元是何如鳥
노랑모자 어부들도 모두가 이 노래 부른다네. 黃帽漁郎盡此歌

평구역의 나무에 저녁 까마귀 내려앉고 平邱驛樹落昏鴉
옅은 색의 하늘로 오르는 연기는 일자로 기울었네. 澹色虛煙一字斜
노 저으며 항구로 돌아가니 鳴櫓嘔啞歸港口
풀 사이로 흰 마른 꽃이 살짝 보이네. 草間微辨白蘋花

관솔불로 이끌어 가는 사공을 따라가니 松明引路信篙師
버드나무 가지에다 강어 꿰었네. 串得江魚在柳絲
울타리 위아래 채소 싹이 모두 터서 籬下籬頭皆茮甲
밭이랑 밟는 아이들 지팡이 휘둘러 나무랐네. 麾節小罵踐畦兒

『與猶堂全書』, 권3, 「八月二日因仲氏絜眷東還」, 35a

정약용이 1799년에 지은 「팔월이일인중씨혈권동환八月二日因仲氏挈眷東還」(중형 정약전의 귀거래)이라는 시이다. 이때 정약용은 7월 26일 자명소를 올리고 형조참의刑曹參議를 사직하였다. 이후 8월 2일 그의 중형 정약전이 식구들을 거느리고 고향 쪽으로(동쪽으로) 낙향하였다. 정약용 자신도 낙향의 뜻을 가진 듯하다. 정약용은 1800년 봄에 가족과 함께 마현馬現으로 귀향하였으나, 그해 6월 정조가 승하하고 만다. 정조의 승하로 인해, 그는 1801년 2월 초 천주교인이 아니었음이 밝혀졌는데도 악당들의 간계奸計로 투옥되었다가, 같은 달 27일 순조의 은택을 입어 출옥하여 장기로 유배되었다.

땅은 같으나 하늘 끝 저 멀리 있어	地共天涯盡
먼 곳에서 찾아오는 이 드물구나.	人從日下疎
천지 사이에 두 눈에 눈물 뿌리니	乾坤雙淚眼
생사 묻는 몇 줄 글 때문이라.	存沒數行書
쓸쓸히 산 칡넝쿨로 새끼 꼬며	寂寞絢山葛
어렵사리 바다 고기 먹는다오.	艱難食海魚
사대주2)가 다 외딴 섬이나	四洲皆絶島
몸이 있는 곳이 곧 내 집이라.	身在卽吾廬
달이 뜨면 그대 먼저 비추었고	月出知先照
구름 오면 그대 이미 보았으리라 생각하네.	雲來憶已看
어찌 고통이 없겠는가만은	豈能無苦毒
오히려 평안하다고 알리네.	猶自報平安
그 모습 다음 생에서나 볼는지	顔髮他生見
지난해 전원에서 함께 즐겼건만.	田園去歲歡

비록 술 천 섬을 마신다 해도   縱饒千石酒
이 마음 풀기는 어렵네.   難使此心寬

늘 고래 타고 떠난 이백李白을 부러워하고   長羨騎鯨客
말 잃은 변방의 늙은이 슬퍼하지 않았네.   休悲失馬翁
땅이 낮아 맑은 날도 장독瘴毒이 있고   地卑晴有瘴
산이 열려 밤에도 바람 많네.   山豁夜多風

병든 머리털 실처럼 짧아지고   病髮絲絲短
수심 가득한 시는 글자마다 궁窮하네.   愁詩字字窮
어린 자식들 가련키도 하니   絶憐童穉輩
참으로 그립고 보고 싶네.   思慕發天衷

『與猶堂全書』, 권4, 「得舍兄書」, 14b

정약용은 1801년 강진 신지도薪智島에서 귀양살이를 한 중형 정약전이 고향을 통해 보내온 편지를 받고, 자신의 지기가 되어 주신 형님을 그리워하며 「득사형서得舍兄書」(약전 형님의 편지를 받고서)라는 시를 썼다. 형제간의 의誼를 보여 준 시로, 일종의 답장인 셈이다.

정약용은 1801년 경북 장기로 유배를 갔다가 그해 10월 황사영黃嗣永 백서사건帛書事(件3)으로 정약전은 나주목 흑산도에, 정약용은 강진현으로 유배형이 확정되었다.

1801년 음력 11월 초 두 형제는 함께 유배길에 올랐다. 동작나루를 건너 과천을 지날 때 눈이 내렸는데, 그때 지은 시 「경안驚雁」(놀란 기러기 한 쌍, 정약용의 형제를 말함)이 전해 내려오고 있다.

동작나루 서쪽의 갈고리 같은 달   銅雀津西月似鉤
한 쌍의 놀란 기러기 모래톱을 지나네.   一雙驚雁度沙洲
오늘 밤은 눈 덮인 갈대숲에서 함께 자지만   今宵共宿蘆中雪
내일이면 각각 머리 돌려 이별하여 날아가리.   明日分飛各轉頭

『與猶堂全書』, 권4, 「驚雁」, 25a

금강을 건넌 두 형제는 11월 21일 나주 율정점4)에 이르러, 초가 주막에 들어 밤을 보냈다. 이 밤이 지나면 정약용은 영산강을 건너 월출산을 넘어 강진으로, 정약전은 무안을 거쳐 흑산도로 각자 길을 가야만 하였다. 이제 헤어지면 언제 다시 만날지 아무런 기약이 없었기에, 정약용은 동이 트지 않기를 바랐으나 끝내 동녘이 밝아 오자 이별의 안타까움은 더할 수밖에 없었다. 이때 그 유명한 「율정별栗亭別」(율정에서의 이별)이라는 시를 남겼다.

초가 주막 새벽등 푸르게 꺼지려 하는데   茅店曉燈靑欲滅
일어나 샛별 보니 이별할 일 참담하구나.   起視明星慘將別
서로 마주 보며 묵묵히 말 없이   脈脈嘿嘿兩無言
애써 목청 다듬건만 오열만 이룰 뿐.   強欲轉喉成嗚咽
머나먼 흑산도 바다와 하늘만 이어졌는데   黑山超超海連空
그대는 어찌하여 이곳으로 가는가.   君胡爲乎入此中
······   ······

『與猶堂全書』, 권4, 「栗亭別」, 25a

정약용은 형 약전의 묘지명인 「선중씨 정약전 묘지명」에서 "오호라, 한 배에서 태어난 형제이면서 지기까지 되어 주신 것도 또한 나라 안에서 한 사람뿐이었다"라고 쓰고 있으니, 적으로 가득 찬 세상에서 정약용의 저술에 대한 유일한 독자는 정약전이었다. 그 한 분을 위해 쓰고 썼는데 그분마저 세상을 떠나고 없으니, 자신의 저서 240권을 불사르겠다는 말은 유일한 독자인 형을 잃음에 대한 비통함을 표현한 것이었다.

정약전 사망 한 달 전 큰아들 학연은 정약용에게 해배될 수 있는 방안을 제시한 서찰을 보냈는데, 내용인즉 사촌 처남인 홍의호洪義浩 판서에게 잘 봐줄 것을 부탁하고, 대계臺啓를 올려 정약용의 해배를 막은 이기경에게 동정을 구해 보라는 것이었다. 이에 대한 답장에서 정약용은 "세상에는 두 가지의 큰 기준이 있다. 하나는 시비是非의 기준이요, 다른 하나는 이해利害의 기준이다. 이 두 가지 큰 기준에서 네 개의 큰 등급이 나온다. 무릇 옳음을 지키고 이익을 획득하는 것이 최상의 등급이고, 그 다음은 옳음을 지키고 해로움을 취하는 것이며, 그 다음은 옳지 않음을 추종하여 이익을 획득하는 것이고, 최하의 등급은 옳지 않음을 추종하여 해로움을 취하는 것이다. 지금 나로 하여금 편지를 하여 항복을 빌고 꼬리를 치며 이기경에게 동정을 애걸해 보라고 했는데, 이는 세 번째 등급을 구하려는 것이나 필경 네 번째 등급으로 떨어질 것이니, 내가 어찌 이런 일을 하겠느냐. 이미 이와 같이 되었으니 모든 것을 순순히 받아들일 뿐이다. 동정해 애걸한들 장차 무슨 도움이 되겠느냐. 이기경이가 뜻을 이루어 다시금 그럴듯한 자리에 오르면 반드시 나를 죽이고 말 것이다. 후일 나를 죽인다 해도 오로지 순수順受라는 두 글자 외에 다른 방법이 없는데, 하물며 나를 해배시키라는 관문關文을 저지시킨 사소한 일 때문에 절의를 굽혀서야 되겠느냐. 비록 내가 수절守節하는 사람이 아니더라도 세 번째 등급이 될 수 없음을 알기 때문에 네 번째 등급이 되는 것을 면하려고 하는 것 일뿐이다"라고 하였으니, 유배지에서 시킨 자녀들의 교육에 대한 그의 엄격함을 엿볼 수가 있다. 정약용은 세상과 절연된 유배생활이었지만 항상 잊을 수 없는 가족이 있었으며, 특히 고향에 남겨진 자녀 교육에 대한 생각이 미치면 밤잠을 이룰 수 없었으리라.

정약용은 형의 잃음을 달래면서 지내다가 2년 후 1818년 9월에 해배 명령서에 따라 적소를 뒤로 하고 귀향길에 오른다.

●●●

1) 迂闊: 사리에 어둡고 세상물정을 잘 모름. 현실에서 떨어짐.

2) 사대주: 佛經의 세계.

3) 황사영 백서사건: 중국인 신부 주문모의 입국 후부터 순조 1년 신유박해까지의 국내 교세 박해 상황과 외세를 빌려 교세를 확장하는 방책 등을 명주에 적어 북경의 주교 구베아에 전달하고자 하였으나 실패한 사건이다. 관련자 황심·옥천희·황사영은 사형당하였다.

4) 율정점은 밤남정 또는 밤나무정이라고 부른다. 현재 나주시 대호동 377번지에 위치하며 삼거리에 빈터만 남아 있다. 정약전과 정약용은 유배길에 올라 여기서 헤어지는데, 이것이 그들의 마지막 만남이었다.

▲ 다산 정약용 선생 동상

다산 정약용의 생가에 조성된 공원에 세워진 동상이다. 동상 왼쪽으로 보이는 사당이 문도사文度祠이다.

도야陶冶

성정을 도야하는 데,
시를 읊는 것도 상당히 도움이 되는 것이다.

시詩 짓는 것은 중요한 일은 아니나 성정을 도야하고 읊조리는 데 이로움이 없지 아니하다. 예스러우면서 힘이 있고, 기이하면서 우뚝하며 웅혼하고, 한가하면서 뜻이 심원하고, 맑으면서 환하고 거리낌 없이 자유로운 그런 기상에는 전혀 마음을 두지 아니하고, 다만 세세하고 자질구레하거나 경박하고 조급한 시에만 힘쓰고 있으니 또한 개탄할 일이로다. 다만 율시律詩만 짓는 것은 곧 우리나라 사람들의 비루한 습관으로 5언 7언의 고시古詩는 한 수도 보지 못했으니, 그 뜻과 취향의 낮고 얇음과 기질의 짧고 거친 것은 반드시 바로잡지 않으면 안 될 것이다.

> 詩非要務, 然陶詠性情, 不爲無益. 而蒼勁奇崛, 雄渾閑遠, 嘹亮動盪之氣, 全不留意, 只以尖細破碎, 儇薄促切之音爲務, 亦足慨然. 只作律詩, 卽東人陋習, 而五七言古詩, 不見一首, 其志趣之卑薄, 氣質之短澁, 宜有矯揉.

내가 근래에 생각해 보니 뜻을 표현하고 마음의 회포를 읊조리는 데는 4언시만큼 좋은 것이 없다. 훗날의 시인들은 남을 모방하는 허물이 있을까 혐오하여 마침내 4언시를 폐하였다. 그러나 나의 오늘날과 같은 처지는 바로 4언시 짓기 좋구나. 너희들도 또한『시경詩經』풍아의 근본 뜻을 깊이 연구하고 아래로는 도연명陶淵明이나 사영운謝靈運의 뛰어난 작품들을 본받아서 모름지기 4언시를 짓도록 하여라.

余近思之, 寫志詠懷, 莫如四言. 後來詩家, 嫌有摸擬之累, 遂廢四言. 然如吾今日
處地, 正好作四言. 汝亦深究風雅之本, 下採陶謝之英, 須作四言也.

무릇 시의 근본은 부자・군신・부부의 윤리를 밝히는 데 있으며, 혹은 그 즐거운 뜻을 드러내기도 하고 혹은 그 원망하고 사모하는 마음을 이끌어 내기도 한다. 그 다음으로 세상을 근심하고 백성들을 가련히 여겨서 항상 힘없는 사람을 구원하고 재물 없는 자를 구휼해 주고자 하여 방황하고 측은히 여겨서 차마 버려두지 못하는 뜻이 있어야 바야흐로 시가 되는 것이다. 만약 자기의 이해만 따진다면 그 시는 시라고 할 수가 없을 것이다.

凡詩之本, 在於父子君臣夫婦之倫, 或宣揚其樂意, 或尊達其怨慕. 其次憂世恤民,
常有欲拯無力, 欲賙無財, 彷徨惻傷, 不忍遽捨之意, 然後方是詩也. 若只管自己利
害, 便不是詩.

『與猶堂全書』, 권21, 「示兩兒」, 18b

『시경』에 있는 300편의 시는 모두 충신, 효자, 열부 그리고 훌륭한 벗들의 간절하고 충후한 마음이 드러난 것이다. 임금을 사랑하고 나라를 근심하는 내용이 아니면 시가 아니다. 또 시대를 아파하고 세속을 분개하는 내용이 아니면 시가 아니다. 또 아름다움을 찬미하고 더러움을 풍자하며 권선징악의 뜻이 있지 아니하면 시가 아니다. 고로 뜻을 세우지 아니하고, 학문이

무르익지 아니하고, 대도大道를 듣지 아니하며 임금을 성군으로 인도하고 백성에게 혜택을 주려는 마음을 지니지 못한 사람은 능히 시를 지을 수 없는 것이다. 너희들은 거기에 힘쓸지어다.

三百篇者, 皆忠臣孝子烈婦良友, 惻怛忠厚之發. 不愛君憂國, 非詩也. 不傷時憤俗, 非詩也. 非有美刺勸懲之義, 非詩也. 故志不立, 學不醇, 不聞大道, 不能有致君澤民之心者, 不能作詩. 汝其勉之.

소자첨蘇子瞻(蘇東坡)의 시는 구절마다 역사적 사실을 인용하고 그 인용한 자취가 있는데, 갑자기 보아서는 그 의미를 이해하지 못하니 반드시 이리저리 고찰하고 살펴서 그 근본을 캔 연후에야 겨우 그 뜻을 통할 수 있으니, 이것이 그가 시의 박사博士가 된 까닭이다. 이러한 그의 시는 우리 삼부자의 재주로써 모름지기 종신토록 전공하여야만 바야흐로 비슷하거나마 본뜰 수 있으니 사람이 이 세상에 살면서 할 만한 것이 많은데 어찌 가히 이러한 것을 할 수 있겠느냐. 그러나 전혀 역사적 사실을 쓰지 아니하고 음풍영월吟風詠月하며 바둑이나 술 먹는 것만 이야기하고 구차히 압운에만 능하다면 이것은 서너 가구 되는 시골 촌 선비의 시이다. 이 이후로의 작품은 역사적 사실을 쓰는 것을 위주로 하여라. 비록 그러나 우리나라 사람은 걸핏하면 중국의 일을 인용하니 이 또한 누추한 작품이다.

蘇子瞻詩, 句句用事, 而有痕有跡, 瞥看不曉意味, 必也左考右檢, 採其根本然後, 僅通其義, 所以爲博士也. 乃此蘇詩, 以吾三夫子之才, 須終身專工, 方得刻鵠, 人生此世, 可爲者多, 何可爲此乎. 然全不用事, 吟風詠月, 譚棊說酒, 苟能押韻者, 此三家村裏村夫子之詩也. 此後所作, 須以用事爲主. 雖然我邦之人, 動用中國之事, 亦是陋品.

『與猶堂全書』, 권21, 「寄淵兒」, 8b

🐌 ···· 정약용이 강진에서 두 아들 학연과 학유에게 보낸 서찰의 일부이다. 당시 두 아들은 집안 사정에 따라 서로 교대해 가면서 적소의 아버지를 직접 찾아뵙고 아버지로부터 각 분야별로 가르침을 받았으니, 그중 하나가 시詩에 관한 가르침이다.

정약용은 사람이 할 수 있는 일 가운데, 천하 국가를 위한 일보다도 자기 자신의 수양을 우선시하였으니, 자기성찰과 자기반성을 통한 인격 수양이야말로 올바른 사회활동을 위한 필수적인 전제 조건이었다. 그래서 정약용은 수기지학修己之學을 중요시하였으며, 시문을 통한 성정性情의 도야陶冶를 꾀하고자 하였다.

정약용은 경박하고 망령된 사람들의 냉소적이며 자잘한 낱말들을 모방하여 절구絶句나 단율短律을 만들어 가만히 세상에 뛰어난 문장이라 자부하고 남을 거만하게 보고 깎아내려 고금을 한바탕 쓸어버리고자 하는 소영웅적 심리를 경계하였다.

정약용은 시의 본질을 우세휼민憂世恤民에 두었으며, 그의 시작詩作은 자연스러움을 강조함과 동시에 인위적인 가식을 거절하였다. 즉 진솔함과 사실성에 바탕을 두었다. 다시 말해서 사실성은 관념적인 것이 아니라 경험적이고 실증적인 것이다.

정약용인들 어찌 일확천금의 유혹이 없었겠으며 유배생활의 아픔을 위로해 줄 '연주지사戀主之詞'가 없었겠냐마는, 그것을 믿지도 구하지도 않는 자도 정약용이요, 사회적 현실을 외면하지 못하고 분노하며 고발과 비판의 시를 쓴 자도 정약용이었다.

정약용은 "자신의 생환 여부는 오로지 자신의 기쁨과 슬픔에 지나지 않을 뿐이다. 지금 많은 백성들이 도탄에 빠져 헤어나질 못하는데 이를 장차 어찌하면 좋으냐"라며 자신의 해배 문제보다도 백성들의 고초를 더 걱정하였으며, 우국애민憂國愛民의 정情으로 이를 시화詩化하였다. 이러한 정약용의 진실한 모습이 자연스럽게 두 아들로 이어지게 되는 것은 당연한 것이다. 정약용은 두 아들에게, 첫째 마음씨는 날로 무너지고 행동거지는 날로 비루해지니, 둘째 안목이 짧으며 뜻과 기상이 꺾이고 잃어가니, 셋째 경학이 거칠고 재주와 식견이 공소空疎하니, 이곳에 와서 가르침을 받는 것이 좋을 것이라고 늘 당부하였다.

정약용의 서찰을 읽노라면, 자녀 교육에 대한 애태움은 예나 지금이나 별 다름이 없어 보인다. 그러나 방법론적 측면에서 본다면, 오늘날의 자녀 교육에 대하여 고민하지 않을 수 없다.

도야陶冶하면 극기克己요, 극기하면 여대림의 극기명克己銘이 유명하다. 우선 그의 극기명을 보자.

무릇 모든 생명이 있는 것은 그 기운도 같고 본체도 같은 것인데, 어찌하여 어질지 못하는가. 나에게 사사로움이 있기 때문이다. 남과 내가 이미 대립되면 사사로움이 경계가 되어, 이기고자 하는 마음이 멋대로 일어나서, 어지러워 가지런하지 못하게 된다.

대인은 성誠을 보존하고 마음으로 하늘의 법칙을 보아 애초에 인색하거나 교만함으로 나의 마음을 해치지 않는다. 뜻이 장수가 되고, 기氣가 졸개가 되어 하늘의 뜻을 받드니 누가 감히 나를 모독하겠는가. 한편으로 싸우고 한편으로 회유하여 사사로움을 이기고 욕망을 막으니, 예전에는 이 마음이 원수였다가 오늘날에는 신하나 하인과 같이 되었네.

凡厥有生, 均氣同體, 胡爲不仁. 我則有己. 物我旣立, 私爲畛畦, 勝心橫發, 擾擾不齊. 大人存誠, 心見帝則, 初無吝驕, 作我蟊賊. 志以爲帥, 氣爲卒徒, 奉辭于天, 誰敢侮予. 且戰且徠, 勝私窒慾, 昔爲寇讐, 今則臣僕.

사욕을 이기지 못했을 적에는, 나의 집안을 궁색하게 하여 며느리와 시어머니가 서로 다투는 듯하니, 그 나머지는 무엇을 취할 것이 있겠는가. 그러나 이미 극복하고 나면 마음이 크게 사방으로 트이고 팔방八方의 먼 곳까지 통하여 모두 내 앞에 펼쳐지는 듯할 것이다. 그 누가 일러 온 천하가 나의 인仁을 인정하지 않겠는가.

남의 아픔과 괴로움도 모두 내 몸에 절실하게 느낄 것이니, 하루라도 이런 경지에 이르게 되면 만사가 나의 일이 아닌 것이 없을 것이다. 안회顏回란 어떤 사람인가. 바란다면 그와 같이 될 것이다.

方其未克, 窘吾室廬, 婦姑勃磎, 安取厥餘. 亦旣克之, 皇皇四達, 洞然八荒, 皆在我闥. 孰曰天下,不歸吾仁. 癢痾疾痛, 擧切吾身, 一日至焉, 莫非吾事. 顔何人哉. 希之則是.

『詳說古文眞寶大全』後集, 권10, 223

　　여대림이 지은 이 극기명은 송대의 리기지학理氣之學을 바탕으로 하여, 생명이 있는 모든 것은 그 근원이 같음을 전제로 한다. 즉 우주 만물은 천지天地를 어버이로 하여 오로지 하나의 뿌리에서 나왔기 때문에 일기동체一氣同體라는 것이다. 사욕私慾이 천리天理를 가리면 어지러워지고, 사욕을 극복하고 나면 마음이 한없이 넓고 밝아져 만물을 일시동인一視同仁하는 인仁의 경지에까지 이를 수 있다는 것이다. 이는 『논어』 「안연顔淵」편에 나오는 "자기를 이기고 예로 돌아가는 것이 인이다. 어느 날 하루 자기를 극복하고 예로 돌아가면 천하가 모두 인으로 귀착될 것이다"(克己復禮爲仁. 一日克己復禮, 天下歸仁焉)라는 공자의 말에 근거하여 송대의 유가사상으로 해석한 것이라고 할 수 있다. 극기는 인에 이르기 위한 도야의 한 방법이 될 수 있다는 것으로, 극기명의 중심 내용이다.

　　여대림呂大臨(約1040~1092)의 자는 여숙與叔이며, 중국 북송의 경조京兆 남전藍田 사람이다. 그래서 그를 남전 선생이라고도 부른다. 그는 수학기 초에 장재張載(호: 橫渠) 선생을 스승으로 두었으나, 선생이 세상을 떠나자 정호程顥·정이程頤의 문하로 들어가 가르침을 받았다. 그는 경서經書에 밝았고 문장을 잘 지었으며, 특히 『논어』 「안연」편에 나오는 '극기복례克己復禮'를 근거로 하여 인간은 자신의 사리사욕私利私慾을 극복하고 천명에 따라 도덕을 수행해야 인간다운 참된 인간이 될 수 있다는 송대의 전통 유가사상을 전개한 인물 중 한 사람이다. 그를 사양좌射良佐·유초游酢·양시楊時와 더불어 이정 문하의 4선생(四先生)이라 부르기도 한다. 그에게는 대충大忠·대방大

防·대균大釣이라는 형제가 있었는데, 이들 4형제는 모두 이름을 드높였다. 그의 저서로는 『옥계집玉溪集』 20권과 『옥계별집玉溪別集』 10권이 있다.

독서讀書

**독서는 사람에게 있어서
가장 중요하고 깨끗한 일이다.**

이 세상에 있는 모든 사물은 자연적으로 완전하여 기특하다고 족히 말할 필요가 없다. 오직 파손된 것이나 찢어진 것을 어루만지고 미루어서 완전하고 훌륭하게 하여야 그 공덕을 찬탄할 수 있다. 죽을병에 걸린 사람을 살려내야 훌륭한 의원이라고 부르고 위기에 처한 성城을 구해 내야 명장이라 일컫는다. 이제 여러 대에 걸친 고관과 명문 집안의 자제들이 좋은 옷과 멋진 모자를 쓰고 다니며 자기 집안을 자랑하는 것은 다만 못난 자제라도 능히 이와 같이 할 수 있다. 이제 너희들은 몰락한 집안의 자손이다. 만약 그 몰락함으로 인하여 잘 대처하여 처음보다 더 훌륭하게 된다면 또한 기특하고 착하지 않겠느냐.

天地間物, 得自然完好, 却不足叫奇. 唯就其壞損破裂者, 因之摩撫推遷得完好, 其功德方足讚歎. 故療死病者, 稱良醫, 活危城者, 稱名將. 今弈世公卿子弟, 襲冠冕大門戶, 直是庸恭子弟, 也能如此. 汝今廢族. 若因其廢而善處之, 得完好勝初, 則不亦奇且善乎.

무엇을 일러 그 몰락함으로 인하여 잘 대처한다고 하는 것인가. 오직 독서하는 한 가지 일이 이것이다. 독서는 인간에게 있어 으뜸가는 맑은 일로서, 부귀한 자제들이라 하여 그 맛을 아는 것도 아니오, 촌동네의 수재라 하여 깊은 곳을 엿볼 수 있는 것도 아니다. 반드시 벼슬하는 집안의 자제로서 어려서부터 보고 듣는 것이 있고 중년에 재난을 만난 너희들 같은 무리들이 바야흐로 가히 독서할 수 있는 것이다. 저들이 능히 독서하지 못한다고 말하는 것이 아니라 그냥 읽기만 하는 것은 독서라 이름 하지 못하기 때문에 그리 말한 것이다.

何謂因其廢而善處之. 唯讀書一事是已. 讀書是人間第一件淸事, 不許綺紈子弟知味, 又不許草茅村秀才窺闖奧. 必也以仕宦家子弟, 弱歲有聞見, 中歲遭難如汝輩者, 方可讀書. 非謂彼不能讀, 徒讀不名讀耳.

너희들 중에 학연의 재주와 기억력은 내가 젊었을 때보다는 조금 떨어진 듯하나 열 살 때의 글을 나는 스무 살에도 능히 짓지 못했을 것이요, 근 수년 전에 지은 글은 오늘날의 나도 미칠 바가 아니니, 그 학문하는 길을 바로 들어서고 보고 듣는 것이 단순하고 거칠지 않았기 때문이 아니겠느냐. 네가 곡산에서 돌아간 뒤로 너로 하여금 과거 문장을 익히게 하였다. 그때에 한 시대의 문인과 시인들로 너를 아끼던 선비들이 모두 나의 욕심이 많음을 나무랐고 나 자신 또한 불만스럽게 여겼다. 이제 과거 보러 가지 못하니 과거공부하는 근심은 잊겠구나. 네가 이미 진사가 되었고 과거에 급제하였다고 여긴다. 문자를 알면서 과거의 허물이 없는 것과 진사가 되고 급제하는 것 중에서 무엇을 택하겠는가. 너는 참으로 독서할 때를 얻었다. 내가 이른바 몰락함으로 인하여 잘 대처한다는 것이 아니겠느냐.

汝稼才氣聰記, 視吾少遜, 然汝十歲所作, 殆吾二十時所不能作, 近數歲前所爲, 往
往非今日之吾所能及, 豈不以其門徑之不迂回, 聞見之不鹵莽耶. 自汝谷山歸後,
使汝習科文. 一代文人韻士之愛惜汝者, 咸咎吾多慾, 吾亦自視欿然. 今汝旣不能
赴科, 卽科文已忘憂矣. 吾意汝已爲進士矣, 已爲及第矣. 識字而無科擧之累, 與爲
進士及第者, 奚擇焉. 汝眞得讀書時矣. 吾所云因其廢而善處之者非耶.

너희들 중에 학유의 재주와 역량은 큰애에 비해서 한 단계쯤 부족한 듯하
나 성품이 자상하고 능히 생각할 줄 아니, 진실로 이 독서하는 일에 마음을
오로지 한다면 어찌 형을 다시 따를 수 없다고 하겠느냐. 근래에 그가 지은
글을 보니 차츰 나아져서 내가 이로써 알 수가 있다.

汝㕉才力, 視乃伯似遜一籌, 然性慈詳, 能有思量, 苟專心此事, 安知不反復勝耶.
近見其文翰稍長, 吾是以知之耳.

독서를 하려면 반드시 기초를 확립해야 한다. 기초란 무엇을 일컬음인가.
학문에 뜻을 두지 않는다면 독서를 할 수 없으며, 학문에 뜻을 둔다면 반드
시 먼저 기초를 확립해야 한다. 기초란 무엇을 일컬음인가. 오직 효제孝弟가
그것이다. 먼저 모름지기 효제를 힘써 실천함으로써 기초를 확립하면 학문
은 자연스럽게 몸에 배어든다. 학문이 이미 몸에 배어들면 독서는 별도로
순서대로 강론하지 않아도 된다.

讀書必須先立根基. 根基謂何. 非志于學, 不能讀書, 志學, 必須先立根基. 根基謂
何. 曰惟孝弟是已. 先須力行孝弟, 以立根基, 則學問自然浹洽. 學問旣浹洽, 則讀
書不須別講層節耳.

내가 보기에는 한漢나라의 조괄趙括은 능히 아버지의 책을 잘 읽어서 어진
아들이 되었다고 생각한다. 너희들이 진실로 독서를 하지 않는다면 내 저

서는 쓸모없는 것이 되고 말 것이다. 내 저서가 쓸모없다면 나는 일삼는 바가 없는 것이 되고 만다. 그렇다면 장차 눈을 감고 흙으로 빚은 사람처럼 되고 말 것이니 열흘도 못가서 병이 들 것이요, 병이 들면 가히 고칠 수 있는 약도 없을 것인즉 너희들이 독서하는 것은 나의 목숨을 살려 주는 것이 아니겠느냐. 너희들은 이런 이치를 생각하고 또 생각할지어다.

余謂趙括能讀父書, 爲賢子弟. 余曹苟不欲讀書, 是吾著書爲無用. 吾著書爲無用, 則吾無所事. 將暝心作泥偶人, 則吾不旬日而病發, 病發且無藥可救, 卽汝輩讀書 非所以活我命耶. 汝其思之, 汝其思之.

『與猶堂全書』, 권21, 「寄二兒」, 3a

🌰 ···· 정약용이 1802년 12월 22일 강진 적중謫中의 어느 노파의 주막에서 가장 참담했던 귀양살이 시초에, 폐족으로서 집안과 인간의 품위를 지키면서 지혜롭게 살아갈 것을 두 아들에게 당부한 서찰이다.

정약용은 열다섯에 서울로 유학하였으나, 얻은 것이라고는 없었다. 약관의 나이에 비로소 과거공부에 전력을 기울여 태학太學에 들어갔으며, 이어 대과에 골몰하다가 규장각으로 옮겨가서는 문장의 겉치레만 다듬고 꾸미는 일에만 거의 10년의 세월을 보낸다. 그 후로 책을 교열하고 펴내는 일에 분주하다가 곡산부사谷山府使가 되어서는 백성을 다스리는 일에 마음을 다하였다. 다시 서울로 돌아와서는 신헌조·민명혁 두 사람의 탄핵을 받았고, 이듬해 정조가 승하하는 슬픔을 만나 서울과 시골을 분주히 다니다가 1801년 유배형을 받기에 이르렀으니, 정약용은 거의 단 하루도 독서에만 뜻을 오로지 할 겨를이 없었다고 토로吐露하기도 하였다.

그러나 그것은 정약용의 겸손이다. 다음을 보자.

화순현和順縣 북쪽 5리쯤에 만연사萬淵寺가 있다. 만연사의 동쪽에 조용히 도를 닦는 수련원이 있고, 불경佛經을 설법하는 스님이 그곳에 사는데 이를 동림사東林寺라고 한다. 아버지께서 화순현감和順縣監으로 온 다음 겨울에 나는 둘째 형님(약전)과 함께 동림사에서 지냈다. 둘째 형님은 『상서』를 읽고 나는 『맹자』를 읽었다.

烏城縣北五里, 有萬淵寺. 萬淵之東, 有靜修之院, 僧之說經者居之, 是曰東林. 家君知縣之越明年冬, 余與仲氏往棲東林. 仲氏讀尚書, 余讀孟子.

이곳에 올 그때에 첫눈이 쌀가루처럼 흩날리고 시냇물은 얼어붙으려는 듯하였으며, 산의 나무와 대나무의 빛깔도 모두 새파랗고 차갑게 움츠리고 있었다. 새벽이나 저녁에 거니노라면 정신이 맑고 엄숙하였다. 자고 일어나 곧바로 계곡으로 달려가서 이를 닦고 얼굴을 씻었고, 식사 때를 알리는 종이 울리면 여러 비구(僧)와 나란히 앉아서 아침밥을 먹었다. 날이 저물어 별이 보이면 곧 언덕에 올라 휘파람 불며 시를 읊조리고 밤중이 되면 스님들이 외는 게송偈頌 소리와 불경을 읽는 소리를 듣다가 곧이어 다시 책을 읽었다. 이와 같이 보낸 날이 사십 일이 되었다.

時初雪糝地, 澗泉欲氷, 山林竹樹之色, 皆蒼冷攣縮. 晨夕消搖, 神精淸肅. 睡起卽赴澗水, 漱齒沃面飯鍾動, 與諸比丘列坐吃飯. 昏星見卽登阜嘯永, 夜則聽偈語經聲, 隨復讀書. 如是者凡四十日.

내가 말하기를, "불승들이 스님 되는 이유를 이제야 알았습니다. 무릇 부모, 형제, 처자와 함께 지내는 즐거움도 없고, 술을 마시고 고기를 먹으며 음탕한 노래와 아름다운 여색女色의 즐거움이 없는데, 저들은 어찌하여 괴롭게 스님이 되려고 합니까. 진실로 이것과 바꿀 수 있는 것이 있기 때문입니다. 우리 형제가 이곳저곳으로 돌아다니며 글을 읽은 것이 이미 여러 해 되었는데, 일찍이 동림사에서 독서한 즐거움 같은 것이 있었습니까"라고 하였다. 둘째 형님도 말하기를,

"그렇다. 그것이 저들을 스님이 되게 한 까닭일 것이다"라고 말하였다.

余曰僧之爲僧, 吾乃今知之矣. 夫無父母兄弟妻子之樂, 無飮酒食肉淫聲美色之娛, 彼何苦爲僧哉.
誠有以易此者也. 吾兄弟游學已數年, 曾有如東林之樂乎. 仲氏曰然彼其所以爲僧也.

『與猶堂全書』, 권13, 「東林寺讀書記」, 32b

정약용이 쓴 「동림사서기東林寺讀書記」이다. 정약용은 둘째 형 약전과
함께 화순현감이 된 아버지를 따라가 화순현 북쪽 5리에 있는 동림사에서
독서를 하였는데,1) 이때 형 약전은『상서』를 읽고, 약용은『맹자』를 읽었다
고 적고 있다. 그리고 1778년 11월에 그가 지은 「독서동림사讀書東林寺」라는
시도 함께 전해 오고 있다.

무등산 남쪽 수련원 많은데   瑞陽多修院
동림사가 가장 그윽하고 상쾌하네.   東林特幽爽
이 숲과 골짜기의 정취가 사랑스러워   愛玆林壑趣
잠시 조석의 봉안을 그만 두었네.   暫辭晨昏養

비긴 뗏목으로 푸른 시내 건너서   橫槎渡碧澗
짚신 신고 푸른 봉우리 오르네.   躡履躋靑嶂
가는 눈 웅달진 비탈길에 날리고   淺雪糝陰坂
차가운 잎이 높은 상수리나무 위에 걸렸네.   冷葉棲高橡

이리저리 둘러보며 세상 티끌 번뇌 날려 보내고 顧眄散塵煩
절 문에 들자 맑은 생각이 일어나네.   入門發淸想
부지런히『서경書經』을 읽어서   亶勉讀書傳
어버이의 바람을 채우리라.   庶足慰親望

차마 새벽까지 잠들지 못하고	未敢眠到曉
함께 목어(풍경) 소리 들었네.	同聽木魚響
반드시 세간의 영달을 바라서가 아니라	非必慕榮達
방탕한 생활보다는 나아서라네.	猶賢任放浪
젊은 날 재주와 기개를 믿다	英年恃才氣
늙어 학문의 거칠어짐이 많으니.	及老多鹵莽
이를 경계해 헛되이 보내지 말지어다	戒之勿虛徐
가는 세월 참으로 허무하거니.	逝景眞一妄

『與猶堂全書』, 권1, 「讀書東林寺」, 7a

정약용과 정약전은 1777년에 화순현감이 된 아버지를 따라서 화순 동림사에서 독서를 하면서 지내다가, 정약용은 아버지의 명령으로 1779년 봄 고향 소내 집으로 돌아와 공령문功令文(科文)을 본격적으로 공부하여 감시監試에 응시하였으나 떨어졌다. 9월에 아내와 함께 소내를 떠나 다시 화순으로 와서 지낼 즈음, 그의 아버지가 예천군수醴泉郡守로 승진 발령되자 정들었던 화순을 떠나 소내로 다시 돌아와 그해 겨울 성균관에서 시행하는 승보시陞補試2)에 선발되었다. 정약용의 나이 18세였다.

정약용은 독서를 비생산적인 공리공론을 일삼는 공허한 현학적 지식만을 얻고자 하거나 입신양명을 얻는 데 두고 있는 것이 아니라, 자기 자신의 삶의 문제나 모순을 극복하고 해결하는 데 두고 있다. 즉 '택만민육만물澤萬民育萬物'(백성을 윤택하게 하고, 만물을 잘 자라게 함)의 정신과 사회적 현실적 상황에 대처할 수 있는 문제 해결을 위한 실학적 독서임이 분명하다. 그래서 정약용은 독서를 인간의 제일가는 청사淸事라 정의하고, 비록 폐족이라 할지라도 잘 처신하는 길은 오로지 독서뿐이며, 오직 독서만이 현실을 지혜롭게 극복하여 살아 나갈 길임을 두 아들에게 명각하게 한다.

물질의 노예가 된 현대인들에게 독서는 어떻게 해야 하며, 또 어떠한 자세로 임해야 하는가의 문제에 대한 훌륭한 지남指南이 된다 하겠다.

●●●

1) 현재 만연사 가는 오른쪽 길 옆 東林寺址入路라는 표석과 함께 정약용이 직접 지은 「동림사독서기, 원문과 역문을 함께 새기고 건립 내력을 간략하게 기록한 '다산 정약용 선생 동림사독서기비'가 자리하고 있다.

2) 陞補試: 조선 때 과거 시험의 한 가지이다. 小科 初試에 해당하는 시험으로, 성균관 大司成이 四學의 儒生들을 상대로 매년 10회에 걸쳐 시행하다가 뒤에는 매달 실시하였다. 합격자에게는 生員 進士科에 응시할 자격이 부여되었으며, 승보라고도 한다.

독서하면 북송 때의 정치가이며 문학가요 사상가인 왕안석(1021~1086)을 빼놓을 수 없다. 그는 "독서는 많은 비용이 들지 않으며, 만 배의 이로움이 있고, 사람들의 재능을 밝혀 주고, 군자의 지혜를 더해 주기도 한다. 어리석은 자는 독서함으로써 현명함을 얻고, 현명한 자는 독서함으로써 이로움을 얻는다. 독서를 해서 영화로워지는 것은 보았지만 독서 때문에 해를 입는 것은 보지 못했다. 사람들이여, 부디 독서하기를 권하노니 좋은 책의 내용을 마음 깊이 새겨 두기를 바라노라"라고 하였으니, 그 유명한 왕안석의 권학문勸學文이다. 왕안석은 독서의 이익이 금보다 더함을 주장할 뿐만 아니라 독서의 심득心得까지 언급하고 있다.

다음은 「왕형공권학문王荊公勸學文」의 원문이다.

독서는 비용이 들지 않고	讀書不破費
독서는 만 배의 이익이 생기며.	讀書萬倍利
글은 사람들의 재능을 밝혀 주고	書顯官人才
글은 군자의 지혜를 더해 주네.	書添君子智
(돈) 있으면 곧 서재를 짓고	有卽起書樓
(돈) 없으면 곧 책궤라도 갖추어.	無卽致書櫃
낮엔 창문 앞에서 옛글을 보고	窓前看古書
밤엔 등잔 밑에서 글 뜻을 찾네.	燈下尋書義
가난한 자는 글로 인하여 부해지고	貧子因書富
부한 자는 글로 인하여 귀하게 될 것이며.	富者因書貴

어리석은 자는 글로써 어질게 되고   愚子得書賢
어진 자는 글로써 이롭게 될 것이니라.   賢者因書利

다만 독서하여 영화 누리는 것은 봤어도   只見讀書榮
타락하는 것은 못 보았으니.   不見讀書墜
금을 팔아 책을 사서 읽어라   賣金買書讀
책을 읽어 두면 금 사기 쉬우리라.   讀書買金易

좋은 책은 끝내 만나기 힘든 것이고   好書卒難逢
좋은 책은 정말 갖추기 어려운 것이니.   好書眞難致
독서인들에게 삼가 권하노니   奉勸讀書人
좋은 책은 마음에 깊이 새겨 두기를 바라네.   好書在心記

『詳說古文眞寶大全』前集, 권1, 9

초서 鈔書

**물고기를 잡으려고 그물을 쳤는데
기러기가 걸리면, 어찌 하겠느냐.**

네 형이 멀리서 찾아오니 참으로 기뻤다. 그러나 며칠간 함께 이야기해 보
니, 예전에 가르쳐 준 경전에 대한 해설을 모두 이리저리 돌아보기만 하고
능히 대답하지 못하니 아아, 이게 어찌 된 까닭이냐. 참으로 어릴 때에 화禍
를 만나 혈기血氣가 깎이고, 정신을 지키지 못하여 그런 것이다. 그러나 만
약 능히 때때로 마음을 점검하고 수습했더라면 어찌 이 지경까지 이르렀겠
느냐. 한스럽고 한스럽다. 네 형이 이와 같으니 너는 더욱 알 만하다. 네
형은 문학文學이나 사학史學에 약간 취미를 알았는데도 오히려 이와 같으니
하물며 너는 전혀 손도 대지 못하였음에랴.
대저 내가 집에 있으면서 너희들을 가르치는데 너희들이 듣고 따르지 않는
다면, 혹 이러한 일이 남의 집안에서 있었다면 용납할 수도 있겠지만, 이제
내가 멀리 유배되어 남쪽 변방 풍토병이 있는 고을에서 외롭고 근심스레
보내며 밤낮으로 멀리서 너희들에게 기대하여 때때로 뜨거운 마음을 쏟아
편지를 보낸 것을 너희들이 한 번 보고 상자에 던져 개의치 아니 하니 옳은

일인가.

汝兄遠來可喜. 旣數日與之語, 凡舊所授經說, 皆左右顧而不能對, 嗟乎, 此何故
也. 良由冲年遭禍, 血氣受剝, 神不守舍而然. 然若能時時點撿, 收拾向裡, 豈至是
也. 可恨可恨. 汝兄如此, 汝尤可知. 汝兄於文史, 薄知臭味, 尙復如此, 況汝全不
著手者耶. 大抵使吾在家敎訓, 而汝曹有不聽從者, 人家容有此事, 今吾流離遷謫,
寄身於南荒瘴癘之鄕, 煢煢恤恤, 日夜縣望汝輩, 時寫一腔熱血以相寄者, 汝輩且
一覽而投之篋, 不以爲意可乎.

네가 열 살 전에는 파리하여 병이 많더니 요즈음 들으니 근력과 뼈가 굳세
고 씩씩하며 또한 정신력도 거칠고 괴로운 일을 잘 참고 견딘다고 하니
이것이 가장 기쁜 일이구나. 무릇 사나이가 독서하고 행실을 닦으며 집안
을 다스리고 일을 할 때는 마땅히 집중해야 하는데, 정신력이 아니면 모두
해내지 못한다. 정신력은 부지런함과 민첩함을 낳고 지혜를 낳으며 업적을
세우니, 진실로 능히 마음을 견고하게 세워 한결같이 앞을 향해 나아간다
면 비록 태산이라도 옮길 수 있는 것이다.

내가 몇 년 전부터 자못 독서할 줄 알았는데 헛되이 읽으면 하루에 천 번
백 번을 읽어도 오히려 읽지 않는 것과 같다. 무릇 독서할 때에 매번 한
자라도 그 뜻을 이해하지 못하는 곳을 만나면 모름지기 널리 고찰하고 자
세히 연구하여 그 뿌리를 찾고 인하여 전체 문장을 순서 있게 이해하기를
일상으로 삼아 이와 같이 한다면, 한 가지 책을 읽더라도 겸하여 수많은
책을 함께 엿볼 수 있는 것이다. 게다가 본래 읽는 책의 의리義理에 대해서
도 훤히 꿰뚫을 수 있는 것이니 이 점을 몰라서는 안 된다.

汝十歲前, 尪羸多病, 近聞筋骨堅壯, 亦有心力, 耐疏糲忍苦毒, 此最可喜. 凡男子
於讀書砥行, 治家做事, 一應注錯, 非心力都做不得. 心力生勤敏, 生智慧生功業,

苟能立心堅固, 一直向前去, 雖太山可移也. 吾自數年來, 頗知讀書, 徒讀雖日千百
遍, 猶無讀也. 凡讀書, 每遇一字有名義不曉處, 須博考細究, 得其原根, 仍須詮次
成文, 日以爲常如是, 則讀一種書, 兼得旁窺百種書. 仍可於本書義理曉然貫穿, 此
不可不知也.

예컨대 『사기史記』 「자객전刺客傳」을 읽을 때에 기조취도旣祖就道[1]라는 한 구
절을 만나면 "조祖라는 것은 무슨 뜻입니까"라고 묻게 된다. 그러면 선생이
말하기를, "이별할 때 지내는 제사다"라고 말한다. "반드시 '조'라고 일컫는
것은 무슨 뜻입니까"라고 물으면 그러면 선생이 "자세하지가 않다"라고 말
한다. 그런 후에 돌아와서 자서字書를 뽑아서 '조'[2]의 본뜻을 보고 자서로
인하여 다른 책을 미치어 그 해석을 고찰하여 그 본뜻을 캐며 지엽적인
뜻도 수집하여 둔다.

> 如讀刺客傳, 遇旣祖就道一句, 問曰祖者何也. 師曰餞別之祭也. 曰其必謂之祖者
> 何義, 師曰未詳. 然後歸而至其家, 抽字書見祖字之本義, 又因字書, 轉及他書, 考
> 其箋釋, 採其根本, 撥其枝葉.

또 예를 들면 『통전通典』[3]이나 『통지通志』[4] 그리고 『통고通考』[5] 등의 책에서
'조제祖祭'에 관한 예禮를 고찰하여 모아 책을 만들면 곧 능히 불후의 저술
이 될 것이다. 이와 같이 한다면, 이전에는 네가 한 가지도 알지 못했던
사람이었지만 이날부터는 엄연히 '조제'의 내력에 대해서 잘 아는 사람이
될 것이니 비록 대학자라 할지라도 '조제'에 대해서만큼은 너와 다투지 못
할 것이다. 어찌 큰 즐거움이 아니겠는가. 주자의 격물공부도 또한 이러할
뿐이다. 오늘 한 가지 일을 캐고 내일의 한 가지 이치를 캐는 것도 또한
모름지기 이와 같이 착수하여야 한다. 격格이라는 것은 바닥까지 철저히 연

구하여 이른다는 뜻이다. 바다까지 이르지 못한다면 또한 이익이 되는 바가 없는 것이다.

> 又如通典通志通考等書, 考祖祭之禮, 彙次成書, 便足不朽. 如是則汝前爲不識一
> 物之人, 自是日儼然爲通知祖祭來歷之人, 雖鴻工鉅儒, 於祖祭一事, 爭不得汝. 豈
> 不大樂. 朱子格物之工, 也只如此 今日格一物, 明日格一物者, 亦須如是著手. 格
> 者窮極到底之意. 不窮極到底, 亦無所爲益也.

『고려사高麗史』는 빨리 보내 주지 않으면 안 되겠다. 그 가운데에서 가려 뽑은 방법은 너의 형에게 자세히 가르쳐 주었다. 금년 여름에 모름지기 형제가 마음을 집중하고 힘을 기울여 이 일을 마치도록 하여라.

무릇 초서鈔書하는 방법은 반드시 먼저 자기의 뜻을 정하고 나의 책의 규모와 절목節目을 세운 연후에 거기(『高麗史』)에 나아가 뽑아야 바야흐로 일관된 오묘함이 있을 것이다. 만일 규모와 절목 외에 부득불 채집하여야 할 것이 있으면 따로 한 책을 갖추어 얻을 때마다 기록해 놓으면 바야흐로 힘을 얻게 될 것이다. 이는 물고기 그물을 설치함에 기러기가 걸려든 격이니 어찌 그만둘 수 있겠는가.

> 高麗史不得不從速還之. 其中抄撮之旨, 詳授汝兄. 今夏須兄弟專心著力, 以訖此
> 工也. 凡鈔書之法, 必先定己志, 立吾書之規模節目, 然後就彼抽出來, 方有貫串之
> 妙. 若其規模節目之外, 有不得不採取者, 須別具一冊, 隨得隨錄, 方有得力處. 魚
> 網之設, 鴻則羅之, 何舍焉.

『기년아람紀年兒覽』,『대사기大事紀』,『역대연표歷代年表』와 같은 책은 반드시 그 범례凡例를 자세히 살펴보고,『국조보감國朝寶鑑』에서 뽑아 연표를 만들고 혹은『대사기』나『압해가승押海家乘』에서 취하여 연표를 만들어 대국의 연호年號와 여러 나라의 임금들이 즉위한 해를 자세히 고찰하고 편집해 놓으면, 우리나라의 일이나 앞 시대의 사적에 대해서 그 대강을 알고 그 시대의 선후를 구별할 수 있을 것이다.

선고先考께서 나에게 주신 편지가 여전히 상자 속에 있느냐. 마침내 사라질까 두렵다. 그 가운데에 잡다한 세속의 일에 관한 이야기는 모두 삭제하고 훈계訓戒와 그리워하는 말만 추려 뽑아 또한 그 연월에 따라서 추려 한 권의 책으로 만드는 것이 좋겠다. 내가 이곳에 있어 몸소 기록하지 못하는 것이 한스럽구나. 『사기』 읽기를 마쳤으면 『예기』를 읽도록 하여라.

紀年兒覽大事紀歷代年表之類, 須詳其凡例, 取國朝寶鑑作年表, 或大事紀, 又取捫海家乘作年表, 而大國年號與列朝踐阼之年, 詳攷而編比之, 庶於國朝事先世事, 知其大綱, 別其時代先後也. 先考與吾書牘, 尚在篋中否. 恐遂泯滅. 就其中有細瑣俗務之說並刪節, 取訓戒思憶之語, 亦須按其年月, 鈔出作一卷可也. 恨吾在此, 無以親自錄之耳. 讀史記訖, 須讀禮記

『與猶堂全書』, 권21, 「寄游兒」, 20b

● ···· 정약용이 유배지인 강진에서, 아버지께 문안드리러 왔던 큰아들 학연으로부터 둘째 아들 학유의 근황을 듣고 약간 실망한 듯한 내용이 담긴, 둘째 학유에게 보낸 서찰의 일부이다.

정약용은 "독서를 하려면 반드시 먼저 기초를 확립해야 한다"고 하였다. 이는 책을 읽기 전에 자신의 문제의식이나 주관이 확실하게 정립되어야지, 그렇지 않으면 아무리 많은 책을 읽어도 소용없다는 뜻이다. 말하자면 독서는 책에 쓰인 내용의 의미도 모르고 마구잡이로 그냥 읽기만 하면 아니 되는 것이다. 책을 읽어 가는 도중에 모르는 내용이 있으면 널리 고찰하고 세밀하게 연구하여 그 책의 바탕을 알아내어야 한다는 것이다.

예를 들면 『자객전』을 읽다가 '기조취도'라는 한 구절을 만나면 "조祖란 무슨 뜻인가"라는 궁금증에 스승이 "이별할 때 지내는 제사다"라고 대답했다면, "그러한 제사에다 왜 할아버지 '조'자를 사용할까"라는 궁금증이 들 것이다. 조상에 대한 "안녕을 비는 예禮이겠지"라는 생각에 그치고 말면 아니 된다. 자서에서 '조'라는 글자의 본뜻을 찾아보고 또 자서에 있는 것을 근거로 하여 다른 책을 들추어 그 글자를 어떻게 해석했는가를 고찰해 보며, 그 근본이 된 뜻만이 아니라 지엽적인 것도 초서해 두고서, 또 통전, 통지, 통고 등의 책을 참고하여 '조제의 예'를 모아 책을 만들면, 전에는 한 가지도 모르고 지냈던 사람인 네가 이제부터는 '조제'의 내력까지 완전히 알게 된다는 것이다.

이렇듯 정약용은 독서하는 방법에 대해 손에 닥치는 대로 책을 마구 읽는 남독濫讀보다는 상세히 의리를 연구하고 사물의 이름을 세밀히 분석하여 한 번 다 읽은 뒤 다시 시작해서 충분히 의미를 알아내는 정독精讀을 강조하였던 것이다. 말하자면 현학적인 취향을 가진 사람들의 독서 습관보다는 자신의 문제를 스스로 해결하고 현실적 상황을 타개할 논리를 찾는 독서 습관을 중요시한 것이다. 정약용은 더 나아가 정독의 구체적인 방법론까지 제시하고 있으니, 바로 초서지법鈔書之法이 그것이다. 다음을 보자.

독서와 초서와 저서에 힘쓰도록 하라.
勤力讀書鈔書著書.

초서의 법은 먼저 나의 학문에 주장하는 바가 있은 연후에 저울(판단 기준)이 마음에 있게 되어 취사선택이 어렵지 않게 되는 것이다.

鈔書之法, 吾之學問, 先有所主, 然後權衡在心, 而取捨不難也.

『與猶堂全書』, 권21, 「答二兒」, 1b

초서란 지금 읽고 있는 책에서 중요한 개념이나 내용을 가리어 체계적으로 정리하는 것을 말한다. 말하자면 책을 읽을 때 중요하다고 생각되는 요점과 내용을 정리, 분류해 두는 것은 학문하는 사람의 기본적인 자세라는 것이다. 이러한 기본적인 초서를 철저하게 해 두어야 앞으로 책을 만들어 두고두고 익히는 데 많은 도움이 된다는 것이 정약용의 생각이다.

특히 정약용은 역사책을 제대로 읽기 위해서는 각종 역사 문헌들에서 사적事績들의 연대를 추출하고 임금의 재위기간을 고찰하여 연표를 만들어 놓으면, 우리나라의 역사와 다른 나라들의 역사를 비교할 수 있을 뿐만 아니라 시대의 선후를 구별하는 데 도움이 된다고 생각하였다. 그리고 정약용은 자식들에게 할아버지께서 남기신 편지들 중에 훈계해 주신 이야기와 그리워하는 말만 추려 뽑아, 또한 그 연월에 따라서 추려 한 권의 책으로 만들 것을 권유하면서, 함께하지 못함을 한스럽게 생각하였던 것이다.

정약용 역시 자식들에 대한 가르침 못지않게 끊임없이 초서를 하고 시간만 있으면 정리를 하였다.

을묘년(1795) 겨울, 내가 금정에 있었는데 마침 이웃 사람에게 『퇴계집』 반 부를 얻어서 매일 새벽에 일어나 세수하기를 마치고 곧 퇴계의 사람에게 보내는 편지 한 편씩을 읽었다. 그런 후에 아전과 관속들의 인사를 받았다. 정오에 이르러 그 부연된 뜻을 한 조목씩 생각나는 대로 적어서, 스스로를 일깨우고 반성하였다. 돌아와서 '도산사숙록陶山私淑錄'이라 이름 하였다.

乙卯冬, 余在金井, 適因鄰人得退溪集半部, 每日晨起, 盥濯訖, 卽讀其與人書一篇. 然後受掾屬參謁. 至午間臨錄演義一條, 以自警省. 歸而名之曰陶山私淑錄.

조건중(남명 조식)에게 답하는 편지에 말씀하셨다. "학자가 이름을 훔치고 세상을 속이는 일에 대한 논의는 다만 그대만 근심하는 것이 아닙니다. 대저 명성을 좋아한다는 말을 피하고자 한다면 천하의 일 중에 가히 할 수 있는 것이 없습니다. 세상을 속여 이름을 훔친 자는 진실로 가증스럽지만 가벼이 이렇게 논한다면 이것은 천하의 사람을 이끌어 악으로 모는 것입니다. 반드시 술주정을 하고 욕하고, 음란하고 말이 어긋나게 하며, 재물을 탐하여 염치가 없는 뒤라야 바야흐로 이 이름을 좋아한다는 평판을 넉넉히 면할 수 있는 것입니다. 그렇지 않은 사람은 모두 애매한 사이에 놓이게 되니 어찌 옳다고 하겠습니까."

答曹楗仲書曰, 學者盜名欺世之論, 此非獨高明憂之. 大抵欲避好名之名, 則天下事無可爲者. 欺世盜名者, 固可惡, 然輕爲是論, 則是率天下而驅之惡也. 必也酗詈辛淫媟, 悖辭氣貪貨賂, 無恥沒廉而後, 方可以優免此名, 不然者, 皆在疑似之間也. 惡乎可哉.

"그 예리한 자와 둔한 자의 여러 가지 병통에 대해서 논한 것은 선생이 평소에 많은 사람을 교육하며 모두 일일이 경험했던 것들입니다. 모두 거두고 포용하여 훈도하고 고무시켜 함께 대도大道에 이르렀으니 아아, 어찌 그렇게 성대합니까. 그중에 처음에 간절하나 마지막에 소홀한 자와, 금방 그만두었다가 자주 돌아오는 자는 또한 스승이 쉽게 버리는 바입니다. 그러나 선생의 마음은 커서, 진실로 학문으로써 스스로 기약하면 모두 기꺼이 받아 주어 가르치고 기르시니 교화를 따르지 않을 사람이 오히려 있겠습니까.
이 편지를 여러 번 읽고 저도 모르게 기뻐 뛰고 무릎을 치며 감격하여 눈물을 흘리니 참으로 솔개가 날아 하늘에 오르고, 고기가 연못에서 뛰는 듯한 활발한 뜻이 있습니다."

其論銳者鈍者等諸般病痛, 是先生平日敎育多人, 皆一一經驗者也. 咸囿而並容之, 薰陶鼓鑄, 偕至大道, 嗟乎, 何其盛哉. 其中始懇而終忽者, 旋廢而頻復者, 是又師長之所易棄也. 而大哉先生之心, 苟以學問自命, 則罔不欣然樂受, 皆在涵育, 如是而人猶有不樂從化者乎. 三復此書, 不覺踊躍擊節,感激揮涕, 藹然有鳶飛戾天魚躍于淵之意.

『與猶堂全書』, 권22, 「陶山私淑錄」, 1a

정약용은 1795년, 그를 시기하고 모함하는 반대파들의 비방으로 인하여 금정찰방金井察訪(충남 홍성군 역장)으로 좌천되어 갔을 때, 이웃에서『퇴계집』 반 권을 얻었다. 정약용은 자신의 말대로 매일 새벽에 일어나 세수를 하고 그 책에 실린 편지를 한 통씩 읽었다. 그리고 편지글의 핵심 대목을 초서하여, 이에 대한 자신의 소감을 적어 작은 책자를 만들었으니『도산사숙록陶山私淑錄』이 바로 그것이다. 정약용은 이를 계기로 퇴계退溪 이황李滉(1501~1570)을 만나게 되며, 이황을 진정한 스승으로 섬기게 된다.

남명南冥 조식曺植(1501~1572)이 이황에게 학자가 천리를 담론하며 '도명기세盜名欺世'하려 한다는 등 그의 학풍을 비판하는 내용의 편지를 보낸 듯하다. 그러자 이황은 세상을 속이어 이름을 훔치는 것은 진실로 나쁜 일이긴 하지만 그렇다고 남의 일을 함부로 그렇게 쉽게 단정 지어 말할 수 있는 법이 아니라며 너그러이 감싸 안은 일이 있었는데, 정약용은 학자다운 곧고 바른 자세와 상대방을 넓은 아량雅量으로 감싸 안는 이황의 모습에 크게 감동받았던 것이다.

이렇듯 정약용은 자식들에게 할아버지의 편지를 정리하게 하고, 이황이 살아생전에 직접 찾아가서 배운 스승은 아니었지만 스스로『퇴계집』의 편지를 읽고 하나하나 메모하는 초서지법의 공부를 시범 보이기도 하였다. 강진 유배시절 정약용의 수많은 저술은 이러한 초서지법에 의하여 이루어진 것들이다. 정약용은 자식들에게도 자신의 방식처럼 하고 싶었던 것이다.

독서를 많이 하라. 그리고 중요한 내용은 그때그때 초서를 하라. 그리고 나면 물고기도 기러기도 필요에 따라 쓰이게 되므로 버리지 않게 될 것이다. 정약용이 말하고 싶은 서찰의 중심 내용이다.

●●●
1) 旣祖就道: 먼 길을 떠날 때 路神에 제사를 지내고 길을 떠나는 것.
2) 옛날 皇帝의 아들 累祖가 여행을 좋아하다가 길에서 죽었기 때문에, '祖'라는 뜻은 길에다 제사를 지낸다는 뜻으로 쓰인다.
3) 『通典』: 중국 역대의 여러 제도의 연혁을 通觀한 政書.
4) 『通志』: 중국 남송시대 학자 鄭樵가 晩年에 지은, 三皇 이후 隋까지의 종합 문화사적인 역사책.
5) 『通考』: 중국 고대부터 남송 영종 때까지의 제도와 문물에 관한 책.(『文獻通考』)

저술著述

책을 저술해 세상에 전하려고 하는 것은
단 한 사람이라도 그 책의 진가를
알아주는 사람이 있기를 바라서이다.

유향劉向은 아들 흠歆이 있었고, 두업杜鄴도 임林이라는 아들이 있었고, 양보
楊寶도 진震이라는 아들이 있었으며, 환영桓榮도 전典이라는 아들이 있었다.
훌륭한 아들로서 능히 아버지의 책을 잘 읽은 자가 적지 않았다. 내가 너희
들에게 바라노니, 행여 나의 저서에 대하여 마음으로 깊이 연구하여 그 깊
은 뜻을 통한다면 내가 비록 곤궁하더라도 걱정이 없을 것이다.

> 劉向有歆, 杜鄴有林, 楊寶有震, 桓榮有典. 佳子能讀其父書者, 不爲不多. 吾望汝
> 等, 深幸潛心硏究, 通其蘊奧, 吾雖窮無悶也.

군자가 책을 저술해 세상에 전하는 것은 단 한 사람이라도 알아주기를 바
라서이다. 온 세상의 비난은 아랑곳하지 않는다. 만약 내 책을 알아주는 이
가 있다면 연장자거든 너희들은 아버지처럼 섬기고 만일 나이가 비슷하면
너희들은 형제의 의를 맺는 것도 좋을 것이다.

君子著書傳世, 唯求一人之知. 不避擧世之嗔. 如有知我書者, 若其年長, 汝等父事
之, 倘與爲敵, 汝等結爲昆弟, 亦可也.

일찍이 선배들의 저술을 보니 그 거칠고 누추한 것들도 세상의 높임을 받는 것이 많고, 자상하고 핵심이 있으며 해박한 저술은 도리어 배척을 받아 마침내 사라져서 전해지지 않았다. 거듭 생각을 해 보아도 그 까닭을 알지 못하다가 근래에 비로소 깨달았다. 군자는 그 의관을 바르게 하고 그 시선을 높이며 과묵하게 바르게 앉아 엄연히 진흙으로 빚은 사람과 같으며 그 언론이 독후篤厚하고 엄정嚴正한 연유에야 능히 뭇사람을 위엄으로 복종시킬 수 있고 그 명예가 펴져나감이 마침내 구원久遠하게 된다.

嘗見先輩著述, 其鹵莽寡陋者, 多爲世所宗, 而詳核淹博者, 反受擯斥, 遂亦堙沒而
不傳. 反復思惟, 不得其故, 近始悟之. 君子正其衣冠, 尊其瞻視, 凝默端坐, 儼然
若泥塑人, 而其言論篤厚嚴正, 如是然後, 能威服衆人, 風聲所覃, 遂至久遠.

만약 나태하고 경박하며 농담까지 곁들인다면 비록 그가 말한 것이 이치에 깊이 들어맞는다 해도 사람들이 또한 믿지 않을 것이다. 생전에 뿌리와 바탕을 능히 세우지 못한 책이라면 사후에 자연히 날로 사라지게 될 것이니, 이는 일의 이치상 당연한 것이다. 천하에 학문이 거친 사람은 많아도 정통한 사람은 적으니, 누가 즐겨 쉽게 나타나는 위의威儀(겉모습)를 두고 따로 알기 어려운 의리義理를 추구하겠느냐.

若惰慢佻偔, 雜以諧詼, 雖其所言, 深中理窾, 人亦莫之肯信. 生前不能樹立根基,
死後自然日就泯滅. 此事理當然耳. 天下鹵莽者多, 通透者少, 孰肯捨其易見之威
儀, 別求難識之義理哉.

높고 오묘한 학문은 알아주는 이가 더욱 적으니 비록 다시 도는 주공周公과 공자孔子를 잇고 문장은 양웅揚雄이나 유향劉向을 뛰어넘어도 알아주지 않는다. 너희들은 이러한 점을 알아서 우선 학문을 연찬하는 공부를 늦추고 먼저 몸가짐을 하는 일을 힘써서 정좌靜坐하는 것을 철산鐵山이 우뚝 서 있는 것처럼 익혀야 한다. 사람을 대하고 일상의 일을 대할 때에도 먼저 자신의 기상氣像을 점검하여 자기의 본분이 확립된 것을 깨달은 뒤에 마땅히 저술에 뜻을 둔다면 한마디의 말과 단 한 자의 글자라도 남에게 소중히 여겨지게 될 것이다. 만약 자신을 땅에 버려진 흙처럼 가벼이 여긴다면 이 또한 그것으로 그칠 뿐이다.

高妙之學, 知音益少, 雖復道紹周孔, 文軼揚劉, 亦莫之見知也. 汝等知此, 姑緩鑽研之工, 首務矜持之業, 習爲靜坐, 如鐵山嶷然. 待人接物, 先須撿點氣象, 覺自己本領得立, 然後漸當留意著述, 卽片言隻字, 皆爲人所珍護. 若自視太輕如土委地, 斯亦已焉而已矣.

『與猶堂全書』, 권18, 「示二子家誡」, 8a

● ···· 정약용이 1810년 9월 유배지인 강진 다산 동암에서 두 아들에게 보내는 서찰의 일부이다. 정약용은 슬하에 6남 3녀를 두었으나 어려서 죽은 자식들이 여섯이니, 생존한 자식들은 큰아들 학연, 둘째 학유, 윤창모에게 시집간 딸 이렇게 셋이다.

정학연丁學淵(1783~1859). 아명은 학가學稼·무장武牂, 자는 치수穉修, 호는 유산酉山이다. 정약용의 맏아들로 시문詩文에 능했으며 의술에도 밝았다고 한다. 벼슬은 감역監役1)을 지냈다.

정학유丁學游(1786~1855). 아명은 학포學圃·문장文牂, 자는 치구穉求이다.

정약용의 둘째 아들로 『농가월령가農家月令歌』의 저자로 알려져 있다. 학유는 그의 아명에서 보듯이 농서農書를 즐겨 읽었으며 특히 양계養鷄에 관심이 많았다고 한다.

윤창모尹昌謨(1793~1856). 영희榮喜라고도 부른다. 자는 백우伯憂, 해남윤씨海南尹氏이며 정약용의 사위로 친구인 정언正言 윤서유尹書有(1764~1821)의 맏아들이며 정약용의 문하에서 글을 배우기도 했다.

정약용은 경세제민經世濟民보다는 항상 수기修己공부를 우선시하였다. 자식들에게 늘 바탕공부를 강조한 것도 이 때문이다. 정약용의 독후엄정篤厚嚴正한 저술의 태도는 바른 몸가짐으로 드러나는 철저한 개인의 수양을 바탕으로 한 자주적 인격자의 위의로부터 출발한다. 자신의 바름(正己) 없이 어찌 세상의 바름(正物)을 잡겠다는 것인지, 게으르고 경박한 무리들의 학문적 자세를 정약용은 경계하였던 것이다.

정약용은 귀양살이를 연찬지공研鑽之工의 기회로 삼는다. 그의 고백을 들어보자.

내가 바닷가로 귀양을 가게 되자 "유년에 학문에 뜻을 두었으나 20년 동안 세상 일에 골몰하여 선왕의 큰 도를 알지 못하였는데 이제 한가한 틈을 얻었구나"라고 생각하여 마침내 기쁘게 자축하였다. 육경六經과 사서四書를 취하여 깊이 연구하고 사색하여 무릇 한漢나라·위魏나라 이래로 명明·청淸에 이르기까지 유교의 학설로 경전經典에 보탬이 되는 것들을 널리 찾고 고찰하여 오류를 바로잡고 그 취사선택한 것을 저술하여 일가의 학설을 갖추었다.

鏞旣謫海上, 念幼年志學, 二十年沈淪世路, 不復知先王大道, 今得暇矣, 遂欣然自慶. 取六經四書, 沈潛究索, 凡漢魏以來, 下逮明淸, 其儒說之有補經典者, 廣蒐博考, 以定訛謬, 著其取舍, 用備一家之言.

『與猶堂全書』, 권16, 「自撰墓誌銘」, 12b

정약용은 정조의 비평을 받았던 『모시강의毛詩講義』 12권으로부터 시작하여 『모시강의보毛詩講義補』 3권, 『매씨상서평梅氏尙書平』 9권, 『상서고훈尙書古訓』 6권, 『상서지원록尙書知遠錄』 7권, 『상례사전喪禮四箋』 50권, 『상례외편喪禮外編』 12권, 『사례가식四禮家式』 9권, 『악서고존樂書孤存』 12권, 『주역심전周易心箋』 24권, 『역학서언易學緒言』 12권, 『춘추고징春秋考徵』 12권, 『논어고금주論語古今注』 40권, 『맹자요의孟子要義』 9권, 『중용자잠中庸自箴』 3권, 『중용강의보中庸講義補』 6권, 『대학공의大學公議』 3권, 『희정당대학강록熙政堂大學講錄』 1권, 『소학보전小學補箋』 1권, 『심경밀험心經密驗』 1권을 저술했으니, 경집經集이 232권이었다. 또 시詩 작품집 18권, 잡문雜文 전편 36권 후편 24권, 『경세유표經世遺表』 48권, 『목민심서牧民心書』 48권, 『흠흠신서欽欽新書』 30권, 『아방비어고我邦備禦考』 30권, 『아방강역고我邦疆域考』 10권, 『전례고典禮考』 2권, 『대동수경大東水經』 2권, 『소학주관小學珠串』 3권, 『아언각비我言覺非』 3권, 『마과회통麻科會通』 12권, 『의령醫零』 1권을 저술하였으며 이를 합하면 267권으로, 그의 저서는 도합 499권에 이른다.

이처럼 정약용은 양적으로 방대할 뿐 아니라 질적으로도 다양하여 철학, 종교, 윤리, 정치, 경제, 사회, 과학, 문학, 언어, 천문지리, 역사, 의학, 음악, 서화 등 다방면에 걸친 가위 백과사전적인 저술을 통하여 일가지언一家之言을 수립하게 된다. 여기에서 정약용의 독자적인 사상과 학문의 이론 체계를 엿볼 수 있다. 정약용은 자신의 저술에 대하여 다음과 같이 평하기도 한다.

육경사서六經四書로써 자기 몸을 닦게 하고 일표이서一表二書로써 천하 국가를 다스릴 수 있게 하였으니, 이는 본本과 말末을 갖춘 것이다. 그러나 아는 이는 적고, 비난하는 사람은 많으니 만일 천명天命이 허락하지 않으면 비록 일거에 불태워도 괜찮다.

六經四書以之修己, 一表二書以之爲天下國家, 所以備本末也. 然知者旣寡, 嗔者以衆, 若天命不允, 雖一炬以焚之可也.

『與猶堂全書』, 권16, 「自撰墓誌銘」, 18a

자신의 저술에 대한 자신감일까. 정약용은 자신의 양심선언서 격인 「자찬묘지명自撰墓誌銘」에서 "알아주는 이가 적고 비난하는 사람만 많으니, 만일 천명이 허락하지 않으면 비록 일거에 불태워도 괜찮다"고 자신감 넘치는 듯한 말을 서슴지 않았다. 역시 그의 저술은 군자가 책을 저술해 세상에 전하는 것은 단 한 사람만이라도 알아주기를 바라서인지, 단 한 권의 서책도 불태워졌다는 이야기를 지금까지 들은 적이 없으며, 오히려 그의 저술은 세계 여러 곳에서 발견되고 있다.

정약용은 둘째 아들 학유가 양계를 한다는 말을 듣고 양계란 참으로 좋은 일이긴 하나 양계 중에도 품위 있는 것과 비천한 것, 깨끗한 것과 더러운 것의 차이가 있으므로 농서를 열심히 읽어서 그 좋은 방법을 택하여 시험해 보도록 당부하였다. 또 닭을 색깔별로 분류하여 길러도 보고, 닭이 앉는 시렁을 다르게도 해 보면서 다른 집 닭보다 살찌고 알도 잘 낳도록 기르기도 하며, 또한 닭의 정경을 시로 지어 보기도 하고, 여러 책 중에서 닭기르는 법에 관한 설명을 취합하고 자신의 양계 경험을 잘 살려서 계경鷄經같은 책을 하나 만든다면 훌륭한 책이 될 것이라고 하였다. 양계를 하면서도 선비의 청빈한 품위를 바랐던 것이다.

다음은 아들에게 부치는 시다.

서울 소식에 항상 마음이 놀라니	京華消息每驚心
집안 편지 만금의 값에 달한다고 누가 말했나.	誰道家書抵萬金
시름은 바다에 뜬 구름인 양 개었다가 다시 일고	愁似海雲晴復起
비방은 산의 바람처럼 잔잔하다 다시 부노나.	謗如山籟靜還吟
세상이 말세라서 소곡 없다 탄식 말라	休嗟世降無巢谷
가문은 쇠미해도 채침 있어 기쁘도다.	差喜門衰有蔡沈
글공부가 이미 간찰을 통할 만하니	文字已堪通簡札
모름지기 경세치용의 학문을 원림에 부치거라.	會敎經濟着園林

『與猶堂全書』, 권4, 「寄兒」, 19a

정약용이 1801년 장기에서 귀양살이하면서 지은 시이다. 당시 큰아들 학연은 19세이고 둘째 학유는 16세였다. 정약용은 아들에게 전원田園 경영을 당부하고 있다. 훗날 큰아들 학연은 『종축회통種畜會通』이란 농서를 저술하기도 하였다.

시문 중에 나오는 소곡巢谷은 열렬한 추종자追從者를 뜻하는 것으로, 중국 송나라 미산眉山 사람이다. 소식蘇軾·소철蘇轍이 유배를 당했을 때 걸어서 소철을 찾아보고 또 소식을 찾아보기 위해 해남海南으로 가다가 도중 신주新州에 이르러 병으로 죽었다. 그리고 채침蔡沈은 중국 송나라 때 주희의 제자로, 주희가 죽은 후 선생의 뜻을 받들어 『서전書傳』의 집주集註를 완성했다.

정약용은 가문을 세워 상류의 좋은 곳에 자리한 미음渼陰(양주군에 있던 지명으로 廣州로 가는 길목을 말함)의 김씨라든지, 궁촌宮村(양주군에 있던 지명을 말함)의 이씨, 이애梨厓(梨川에 있는 지명을 말함)의 홍씨, 금탄金灘(양주군에 있는 지명을 말함)의 정씨鄭氏 등은 마치 옛날 중국의 한수 동쪽에 거주하고 살았던 이름 난

성씨들처럼 그곳을 잘 보전하고 살았다면서 "우리 가문 마현馬峴 또한 그러하다. 비록 논밭이나 물 그리고 땔나무를 얻기가 불편하긴 하지만 차마 갑자기 떠날 수 없다. 하물며 지금의 어려운 상황에 있어서랴. 정말로 재간이 있다면 그런 곳에서도 또한 가문을 일으키기에 족하다. 만약 게으르고 사치하는 일을 고치지 않는다면 비록 기름진 땅에 집을 짓고 산다고 해도 춥고 배고픔을 면하지 못할 것이니 옛터를 견고하게 지키는 일이 옳을 것이다" 라고 하여 아무리 어렵더라도 자신의 엄정한 삶의 기준을 세워, 이렇든지 저렇든지 말 많은 세상의 헛소문에 흔들리지 말고 뚜벅뚜벅 자신의 길을 갈 것을 신신당부하기도 하였다.

본 서찰에서 드러난 정약용의 독후 엄정한 저술의 몸가짐은 오늘날 판매 부수만을 의식한 수준 이하의 저술가들에게는 하나의 경종警鐘이며, 당당한 자신만의 취향, 시선, 기준을 갖지 못하고, 오로지 남의 취향, 남의 시선, 남의 기준에만 의하여 인간다운 삶의 세로世路를 잃어버린 채 허우적거리는 모든 사람들에 대한 경계警戒이리라.

●●●
1) 監役: 토목이나 건축 등의 공사를 감독하는 일.

학문學問

학문을 하는 데 있어
가장 우선적으로 마음을 기울여야 할 것은,
몸을 움직이는 것, 말을 하는 것,
얼굴빛을 바르게 하는 것이다.

새해가 밝았구나. 군자는 새해를 맞으면 반드시 그 마음과 행동을 더 새롭게 하기를 요한다. 내가 어릴 때 매번 새해 첫날을 맞이하면 반드시 일 년의 공부 과정을 정하였다. 예컨대 무슨 책을 읽고 어떤 글을 뽑아 적어야겠다고 정한 연후에 행하였다. 혹 수개월 후에 이르러 비록 사고로 뜻을 빼앗겨 실행하지 못할 때도 있었으나, 그 선을 즐기고 앞으로 향하고자 하는 뜻만은 또한 스스로 덮지 못함이 있었다.

歲新矣. 君子履新, 必其心與行, 亦要一新. 吾少時, 每遇新正, 必預定一年工課. 如讀某書, 鈔某文, 然後從而行之. 或至數月之後, 雖未免爲事故所奪, 然其樂善向前之志, 自亦有不能掩者矣.

근세의 어떤 학술은 오로지 반관反觀만을 내세워 주장하여 외모를 단정히 꾸미는 것은 허위라고 지목하는 일이 있다. 그래서 경박하고 방탕하여 마음의 구속을 싫어하는 젊은이들이 이를 들으면 모두 뛸 듯이 크게 기뻐하여 마침내 기거起居나 동작의 예절에 대해 마음대로 하고 만다. 나도 또한 예전에 깊은 이 병폐에 걸려 늙음에 이르도록 몸이 예절에 익숙하지 않으니 비록 후회한들 고치기 어려운지라 심히 후회스럽고 한스러운 일이다. 예전에 너희를 보니 모두 옷깃을 여미고 바르게 앉으려 하지 않아서 단정하고 엄숙한 안색을 혹여 한 번이라도 보지 못했으니, 이것은 나에게서 한 번 옮겨가 너희들의 습관이 된 것이다. 이러한 것은 성인이 사람을 가르칠 때 먼저 외모로부터 수습하여 가서 바야흐로 이 마음을 안정시키라고 가르친 것을 전혀 알지 못한 것이다.

近世一種學術, 專以反觀立名, 而修飾外貌者, 指之爲假僞. 年少倡蕩, 心厭拘束者, 聞此皆躍然大喜, 遂於起居動作之節, 任情眞率. 吾亦向來深中此病, 到老筋骸不習, 雖悔難改, 甚可悔恨耳. 向見汝都不肯整襟危坐, 端莊凝肅之色, 未或一見, 此吾一轉而爲汝也. 殊不知聖人敎人, 先從外貌收將去, 方纔得安頓此心.

세상에서 가만히 드러눕고 옆으로 삐딱하게 서고, 아무렇게나 말하고 시선을 어지러이 하면서 가히 경건함을 지니고 마음을 보전할 수 있는 이는 있지 아니하다. 때문에 동용모動容貌, 출사기出辭氣, 정안색正顏色이 학문을 하는 데 있어 가장 먼저 들어가는 곳이다. 진실로 이 세 가지에 대해 힘쓰지 못한다면 비록 천리에 통달하는 재주와 남보다 뛰어난 식견을 가졌다 할지라도 마침내 발뒤꿈치를 땅에 붙이고 바로 설 수 없게 되어 그 폐단이 어그러진 말씨, 그릇된 행동, 도적질을 행하고, 큰 악을 행하며, 이단, 잡술 등이 되어 안주할 것이 없게 될 것이다.

世未有偃臥側立, 胡言亂視, 而可以主敬存心者也. 故曰動容貌曰出辭氣曰正顏色, 爲學問最初入頭處. 苟不能於此三者乎用力, 則雖有通天之才絶人之識, 終無以著得跟立得脚，其敗也爲悖口爲戾行爲盜賊爲大惡爲異端雜術，無所止泊.

『與猶堂全書』, 권21, 「寄兩兒」, 13a

🕯····· 정약용이 1803년 정월 초하루, 강진에서 두 아들에게 보낸 서찰의 일부이다. 정약용은 학문을 하는 데 있어 가장 힘써야 할 세 가지가 몸을 움직이는 것, 말을 하는 것, 얼굴빛을 바르게 하는 것이라고 하였다.

먼저 학문적 자세라 하면 북송 때의 대학자인 정이程頤(1033~1107)의 사잠四箴이다. 그는 자가 정숙正叔이고, 시호는 정공正公이며, 호는 이천伊川이고 북송 하남 사람이다. 이천백伊川伯에 추봉되었고, 공자묘에 배향配享되는 대유로 『역전易傳』 4권, 『경설經說』 8권, 『이천문집伊川文集』 8권 등의 저술을 남겼다. 형인 정호程顥(1032~1085, 明道先生)와 함께 오랫동안 중국 북송의 유학자인 주돈이周敦頤(1017~1073, 호: 廉溪)에게서 수학하였으며, 철종哲宗의 시강侍講이 되었으나, 소식蘇軾(호: 東坡)과의 정치적 갈등으로 인하여 그 문하생들의 당쟁에 휘말리어 한때 유배되기도 하였다. 그는 정호와 더불어 이정자二程子라 불리며, 그 형제의 학설을 '이정지학二程之學'이라고 부르기도 하는데, 두 사람이 송대의 철학에 미친 영향은 지대하다. 정이는 관후한 성품을 지닌 형 정호와는 달리 강직하여 조정에서 직간을 서슴지 않았다. 그의 리기설理氣說은 훗날 주희朱熹(1130~1200)에게 큰 영향을 주어 주자학朱子學을 이루게 하였다.

'잠箴'은 교훈이 될 만한 뜻을 지닌 글이다. 정이의 '사잠'을 보자.

마음이란 본래부터 비어 있어 외물에 응하여 자취가 없다. 마음을 잡는 데에 요체가 있으니 보는 것이 법칙이 된다. 눈앞에 외물이 가리어 교차하면 그 마음이 옮겨가게 된다. 밖을 보는 것을 잘 제어하여 그 마음을 안정시켜야 한다. 자기를 극복하고 예로 돌아가서 오래 지속하면 성誠의 경지에 이를 것이다.

心兮本虛, 應物無迹. 操之有要, 視爲之則. 蔽交於前, 其中則遷. 制之於外, 以安其內. 克己復禮, 久而誠矣.

사람에게는 마음속에 지닌 떳떳한 도리가 있는데 천성天性에 근본을 둔 것이다. 다만 지각이 유인하고 외물이 변화시켜 마침내 그 올바름을 잃게 된다. 저 탁월한 선각자는 그칠 곳을 알아 마음을 안정시킨다. 사특함을 막고 성실함을 보존하여 예가 아니면 듣지 말라.

人有秉彝, 本乎天性. 知誘物化, 遂亡其正. 卓彼先覺, 知止有定. 閑邪存誠, 非禮勿聽.

사람의 마음의 움직임은 말로 인하여 드러나는 것이다. 말할 때에 조급하거나 거짓을 금한다면 내면이 이에 고요하고 전일하게 된다. 하물며 말이란 생활의 핵심이어서 전쟁을 일으키기도 하고 우호를 내기도 한다. 사람의 길흉과 영욕은 오직 말이 불러일으킨다.

말을 지나치게 쉽게 하면 거짓되고, 지나치게 번거로이 하면 지리支離하다. 자신이 말을 함부로 하게 되면 다른 사람도 도리에 거슬리고 나가는 말이 어긋나면 오는 말도 거슬리게 된다. 그러니 법다운 말이 아니거든 말하지 말아서 이 훈계하는 말을 공경하라.

人心之動, 因言以宣. 發禁躁妄, 內斯靜專. 矧是樞機, 興戎出好. 吉凶榮辱, 惟其所召. 傷易則誕, 傷煩則支. 己肆物忤, 出悖來違. 非法不道, 欽哉訓辭.

지혜로운 사람은 일의 기밀을 알아서 생각할 때에 정성스럽게 하고 뜻있는 선비는 행동을 갈고닦아 행할 때에 도리를 지켜간다. 이치를 따르면 여유롭고 탐욕만을 따르면 위태로우니, 다급한 순간이라도 잘 생각하여 전전긍긍해서 자신을 유지해 나간다면, 습관이 본성과 하나같이 되어 성현의 경지에 이르게 될 것이다.

哲人知幾, 誠之於思, 志士勵行, 守之於爲. 順理則裕, 從欲惟危, 造次克念, 戰兢自持, 習與性成, 聖賢同歸.

『詳說古文眞寶大全』 後集, 권10, 221

정이의 그 유명한 '시잠視箴'·'청잠聽箴'·'언잠言箴'·'동잠動箴'의 내용들이다.

첫째 글은 바르고 성실한 마음을 유지하기 위해서는 무엇보다도 눈앞에 보이는 것을 잘 제어制御할 줄 알아야 한다는 '시잠'의 내용이며, 둘째 글은 인간이 반드시 지켜야만 하는 영원불멸의 도리를 지키고 자기 자신의 마음이 사악해짐을 막기 위해서는 '비례물청非禮勿聽' 즉 예가 아닌 것은 듣지 말아야 한다는 '청잠'의 내용이다. 셋째 글은 말(言)은 신중해야 하는 것이며 또 말을 통해서 사람들의 길흉과 화복이 이루어지는 것이니, 도리에 어긋나는 말을 삼가야 한다는 '언잠'의 내용이다. 넷째 글은 인간이 올바른 행동을 유지하기 위해서는 항상 올바른 도리를 지킬 것을 유의하여, 올바른 행동이 일상생활에서 습관화되도록 노력해야 한다는 것이다. 따라서 올바른 행동은 실행코자 하는 자기 자신의 의지와 습관에 달려 있으며, 이러한 습관화된 올바른 행동이 자신의 삶 속에 체화體化되면 그는 바로 성현의 경지에까지 이를 수 있다는 '동잠'의 내용이다.

이와 같은 '사잠'은 곧 정약용이 올바른 학문을 위한 전제 조건으로 제시한 세 가지, 즉 동용모, 출사기, 정안색과 일맥상통한다고 볼 수 있다.

정약용은 몸과 마음에서 실천하고자 하는 것은 옳은 일이니 진부한 견해는 믿지 말아야 하며 단점을 감싸고 잘못을 숨기면서 지키려는 속된 학문을 경계하였다. 그의 실용지학實用之學의 독특한 학문관은 성호학과 북학의 영향 및 유배생활에서 직접 체험했던 민중의 삶과 사회적 모순의 근본 원인을 규명하고자 하는 현실적 상황에서 형성되었다.

정약용은 실학의 가치를 중시하는 실학자로서 자신의 학문과 현실을 따로 생각하지 않았으며, 현실을 떠난 공리공론적인 학문과 사상을 단호히 거절하였다. 그는 학문의 목적을 비생산적인 공리공론을 일삼는 공허한 현학적 지식의 습득이나 출세지향적인 입신양명을 구하는 데 두지 않고 자기 자신의 삶의 문제나 역사적 현실적인 모순을 해결하는 데 두었다.

정약용은 선유들의 리理니 기氣니 하는 비생산적인 공리공론, 중앙 집권층의 권력투쟁과 부귀영화, 간활奸猾한 지방관과 아전들의 온갖 수단과 방법을 가리지 않은 목전의 사리사욕, 그리고 삶과 죽음 사이에서 허덕이는 백성들의 유리표박流離漂迫을 탄식하였다. 이는 올바르지 못한 학문적 자세에서 비롯된 것으로 보았다. 정약용에게 있어서 학문은 현실적 상황에 대한 실천적이고도 실용지학적인 생명 부활의 이치로 설명된다.

정약용이 두 아들에게 보낸 서찰의 내용은, 지식·정보만이 오늘날 자신의 모든 문제를 해결해 줄 것으로 믿고 그것들을 좇기 위해 완물상지玩物喪志의 삶을 살아가는 기계화된 사람들뿐만 아니라 물질적으로 풍요로운 삶만을 추구하는 물질의 노예화된 사람들에게도 재음미해 볼 수 있기를 기대해 볼만하다.

주희朱熹의 호는 회암晦庵, 정이를 이어 송대 성리학을 대성하였다. 그를 높여 주자朱子라 부른다. 그는 성리학의 대가답게 평생 동안 쉬지 않고 공부에만 정진한 학자로서의 삶을 살았다. 그의 진지한 학자다운 모습은 다음의 글에서도 드러난다.

오늘 배우지 않으면서 내일이 있다고 말하지 말고　勿謂今日不學而有來日
올해 배우지 않으면서 내년이 있다고 말하지 말라.　勿謂今年不學而有來年
세월은 흘러가 나를 기다려 주지 않으니　日月逝矣歲不我延
아아, 늙었도다. 이는 누구의 허물인가.　嗚呼老矣是誰之愆

『詳說古文眞寶大全』前集, 권1, 9

「주문공권학문朱文公勸學文」(주문공의 학문을 권하는 글)이다. 인생의 유한함을 절감한 그는 시간의 소중함을 강조하고 있다. '시간은 나를 위해 기다려 주지 않는다'라는 뜻일 것이다. 호학인好學人으로서의 그의 속내일까. '오호노의嗚呼老矣, 시수지건是誰之愆'이라는 탄식조의 글귀가 그의 훌륭한 가르침으로 다가온다. 그는 「우성偶成」(우연히 시를 이루다)이라는 시에서도 다음과 같이 노래하였다.

소년은 늙기 쉽고 학문은 이루기 어렵나니　少年易老學難成
조그마한 시간이라도 헛되이 보내지 말라.　一寸光陰不可輕
봄날의 즐거움이 채 가시기도 전에　未覺池塘春草夢
뜰 앞의 오동잎은 벌써 쓸쓸한 가을을 알리누나.　階前梧葉已秋聲

▲문도사

다산 정약용의 영정影幀을 모신 사당이다.

실사實事

사실에 바탕을 두어라.
아무리 맛있게 보여도 내가 먹을 수 없다면
아무 쓸데없는 그림의 떡과 같은 것이다.

근래에 한두 젊은이들이 원·명 때의 경박하고 망령된 사람들의 냉소적이며 자잘한 낱말들을 모방하여 절구絶句나 단율短律을 만들어 가만히 세상에 뛰어난 문장이라 자부하고 남을 거만하게 보고 깎아내려 고금古今을 한바탕 쓸어버리고자 하니 내가 일찍이 가련하게 여겼다. 반드시 먼저 경학經學으로 밑바탕을 세운 후에 전날의 역사를 섭렵하여 그 득실과 이란의 근원을 알고 또 모름지기 실용적인 학문에 마음을 두어 옛 사람들의 경국제세經國濟世의 문자를 즐겨 보아야 한다.

近一二少年, 取元明間輕佻妄客酸寒尖碎之詞, 摹擬爲絶句短律, 竊竊然自負其爲超世文章, 傲睨貶薄, 欲掃蕩今古, 吾甞愍之. 必先以經學, 立著基址, 然後涉獵前史, 知其得失理亂之源, 又須留心實用之學, 樂觀古人經濟文字.

이 마음에 항상 만민에게 혜택을 주고 만물을 기르고자 한 뜻을 둔 연후에 바야흐로 독서하는 군자가 될 수 있다. 이와 같은 연후에야 안개 낀 아침, 달 떠오르는 저녁, 우거진 그늘, 가랑비를 내리는 날을 만나면 성대하게 뜻에 닿고 생각이 이르러 시가 자연히 읊조려지고 이루어져서 천연의 곡조가 맑게 울릴 것이다. 이것이 시인의 생기 있고 힘찬 곳이다. 나를 우활하다 여기지 말라.

> 此心常存澤萬民育萬物底意思，然後方做得讀書君子. 如是然後或遇煙朝月夕, 濃陰小雨, 勃然意觸, 飄然思至, 自然而詠, 自然而成, 天籟劉然. 此是詩家活潑門地. 勿以我迂也.

수십 년 이래로 한 가지 괴이한 의논이 있어 우리나라의 문학을 매우 배척하고 있다. 무릇 우리나라의 옛 문헌이나 문집에는 눈도 붙이려 하지 않으려고 하니 이는 큰 병통이다. 사대부 자제들이 우리나라의 옛일은 알지 못하고 선배의 의론을 보지 않았다면, 비록 그 학문이 고금을 꿰뚫고 있다고 하더라도 다만 거친 학문일 뿐이다. 다만 시집은 급히 볼 필요는 없지만 소차疏箚, 묘문墓文, 서독書牘 같은 종류에 대해서는 모름지기 그 안목을 넓혀야 한다.

> 數十年來, 怪有一種議論, 盛斥東方文學. 凡先獻文集, 至不欲寓目, 此大病痛. 士大夫子弟, 不識國朝故事, 不見先輩議論, 雖其學貫穿今古, 自是鹵莽. 但詩集不須急看, 而疏箚墓文書牘之屬, 須廣其眼目.

내가 전에 또한 여러 번 말했듯이 청족淸族은 독서를 하지 않는다 해도 저절로 존중받을 수가 있으나 폐족廢族으로서 학문이 거칠면 더욱 가증스러운 일이 아니겠느냐. 사람들이 천하게 여기고 세상이 얕잡아 보는 것도 이미 슬프거늘, 너희들 또한 스스로 자신을 천하게 여기고 낮추니 이는 스스로 가련하게 될 뿐이다. 너희들이 끝내 배우지 아니하고 자포자기한다면 내가 해 놓은 저술과 편찬해 놓은 것들을 장차 누가 수습하여 편집하고 교정을 하여 정리하겠느냐.

吾前亦屢言之矣, 清族雖不讀書, 亦自在尊重, 廢族而齒莽, 不尤可憎耶. 人賤之世鄙之, 已自可悲, 今汝輩又自賤之自鄙之, 是自作可悲耳. 汝輩遂不學自暴, 則吾所爲著述撰定, 將誰收拾編次, 刪正存拔耶.

이미 그러하지 못하다면 나의 책은 마침내 전해지지 않을 것이고 내 책이 전해지지 않는다면 후세 사람들은 다만 사헌부司憲府의 계문啓文과 옥안獄案만을 근거로 하여 나를 의론할 것이니 나는 장차 어떤 사람으로 평가될 것인가. 너희는 모름지기 생각이 이에 미쳐 분발하여 배워서 나의 한 가닥 학문의 맥을 너희들에 이르러서 더욱더 키우고 번성하게 한다면 누대에 걸친 벼슬 높은 집안이라도 우리 집안의 청귀清貴함과는 바꿀 수 없을 것이다. 무엇이 괴로워 이 일을 버리고 도모하지 않느냐.

旣不能然, 是吾書竟不傳, 吾書不傳, 則後世之人, 但憑臺啓獄案以議吾矣, 吾將爲何如人耶. 汝須思念到此, 奮勵向學, 使吾一些文脈, 至汝益大益昌, 卽奕世軒冕, 不足以易此淸貴矣. 何苦捨此不圖.

또한 나는 천지 사이에 서서 의지하여 명맥으로 삼는 것이 오로지 글과 붓일 뿐이다. 혹시 한 구절이나 한 편이라도 마음에 드는 곳을 만나면 다만 스스로 읊조리고 감상하다가 이윽고 생각하길, 천지간에는 오직 너희들에게나 가히 보이겠다 여겼는데, 너희들의 뜻은 이미 독서에서 연나라나 월나라처럼 멀리 떨어져 있어 문자를 쓸데없는 것으로 보는구나. 수년의 세월이 흘러 나이와 뼈가 장대해지고 수염이 자라 얼굴만 마주하여도 가증스럽거늘 여전히 아비의 책을 읽을 수 있겠느냐.

> 且吾子立天地, 所依爲命, 唯文墨是已. 或有一句一章, 遇得意處, 只自詠自賞, 旣
> 而思天地間, 唯汝輩可示, 而汝輩意思, 已落落燕越, 視文字爲弁髦. 駸駸至數年,
> 使其年骨壯大, 而須鬚鬑, 便對面可憎, 尙可讀父書耶.

의원醫員이 3대를 이어 오지 않았으면 그 약을 복용하지 않는 것처럼, 문장 또한 반드시 한 세대를 지난 후에 잘할 수 있는 것이다. 돌이켜 보건대, 나의 재주와 기질은 너희들에 비해서 조금 더 나으나 어릴 때에 갈 방향을 알지 못하였다. 나이 열다섯에야 비로소 서울에 유학하였으나, 방황하여 얻는 바가 없었다. 약관의 나이에 비로소 과거 학문에 전심하여 태학太學에 들어간 뒤에는 4·6변려문駢儷體에 골몰하고, 규장각으로 옮겨가서는 문장의 겉치레만 다듬고 꾸미는 일에만 몰입하는 데에 거의 10년이었다.

> 醫不三世, 不服其藥, 文章亦然, 必世而後能焉. 顧吾才氣, 比汝輩稍長, 然幼時不
> 識向方. 年十五始游京師, 顧放浪無所得. 弱冠始專心科學, 旣入太學, 又汨沒於駢
> 儷之文, 轉隸閣課, 埋頭於雕蟲篆刻之工, 殆將十年.

그 후로 또 책을 교열하는 일에 분주하다가 곡산부사谷山府使가 되어서는 백성을 다스리는 일에 마음을 다하였다. 다시 서울로 돌아와서는 신헌조·민명혁 두 사람의 탄핵을 받았고, 그 이듬해 정조 대왕이 승하하신 슬픔을 만나 서울과 시골을 분주히 다니다가 지난봄의 화(유배)를 만나기에 이르렀으니, 대개 하루도 능히 독서에만 뜻을 오로지할 겨를이 없었다. 고로 지은 시나 문장을 저 많은 은하수의 물로 세척한다 해도 마침내 과거 시험 답안의 틀을 면할 수 없고, 그 좋은 것이라 할지라도 관각체館閣體의 기미氣味를 면치 못하는 것이다. 이제 나의 수염과 머리털이 이미 희끗희끗하고 정기精

氣도 이미 시들었으니, 어찌 천명이 아니겠는가.

> 其後又忽忽於校書之役, 至谷山, 又專精牧民. 旣歸而遭申閔兩公之彈, 越明年遭
> 攀髥之慟, 奔走京鄕, 以至前春之禍. 蓋不獲一日能專志讀書. 故所爲詩若文, 用百
> 斛銀河洗滌, 終不免有場屋氣, 其善者, 又不免有館閣氣. 而吾鬚髮已種種, 精氣已
> 衰歇矣, 豈非命耶.

『與猶堂全書』, 권21, 「寄二兒」, 3a

🖤 ···· 정약용이 1802년 12월 강진에서 두 아들에게 청귀淸貴한 집안을
이루려면 실용지학實用之學에 마음을 두고, 반드시 먼저 경학經學공부를 하여
그 밑바탕을 다지라고 당부한 서찰의 일부이다. 정약용에게 있어서 모든
일은 사실에 바탕을 두고 실용을 지향하는 '실사구시實事求是'의 정신에 있
다. 무슨 일을 하든지 실속이 있어야 한다는 뜻이다. 빛 좋은 개살구처럼
겉만 번지르르하고 실제상 아무 실용성이 없다면 하지 않는 것이 좋다. 말
하자면 그림의 떡이 아무리 맛있게 보여도 내가 먹을 수 없다면 아무 쓸모
가 없는 것이다. 쓸모에 맞게 정향正向을 설정하여 그 바름에 따라 실實다운
일을 추구해 나가면서 알차고 보람된 결과를 얻는 것이니, 실사구시가 바로
그것이다.

신헌조申獻朝(1752~?), 자는 여가汝可, 정조 13년(1789) 알성문과謁聖文科에
갑과甲科로 급제하였으며, 1800년 8월에 대사간을 역임했다. 신헌조는 정조
의 정약용에 대한 많은 보살핌과 관심이 날로 깊어지자 두 사람 사이를 시
기하였으며, 심지어는 '정조와 정약용이 밤이 깊도록 야대夜對하는 것'을 옥
당에서 아전을 시켜 엿보게 하였다. 그것도 모자라서 며칠이 못 되어 계啓
를 올려 권철신權哲身[1])에 대하여 논죄하고 이어서 정약종丁若鍾의 일을 아뢰

는 등 다산가茶山家를 괴롭힌 자이다. 정조는 계를 올린 신헌조를 오히려 꾸짖었다고 한다.

민명혁閔命爀(1753~1818), 자는 명여明汝, 1795년 정시문과庭試文科에 병과丙科로 급제하였으며, 1817년 형조판서를 지냈다. 민명혁은 정약용이 서교의 혐의를 무릅쓰고 벼슬살이하고 있다는 상소를 올리기도 하였다.

본문에 나오는 변려문은 4자·6자의 구句를 대구로 많이 쓰는 한문 문체의 하나이다. 중국의 육조六朝 시기와 우리나라 고려 때 성행하였으며, 변체문騈體文이라고도 하고 사륙문四六文이라고도 한다. 관각체는 어떤 기관 또는 주요 건물 이름이나 누각, 정자의 이름 등을 쓰는 한문 문체의 하나이다.

정약용은, 변려문이나 관각체는 과문科文이나 이문吏文의 틀을 벗어날 수 없는 것이라고 말하면서, 바탕공부 즉 경학공부를 밑바탕으로 튼튼하게 다진 후 고문古文을 섭렵하여 옛 성인들의 정치의 득실과 선정善政의 이유, 불선정不善政의 근원을 잘 따져 볼 뿐만 아니라, 모름지기 실학에 마음을 두고 옛 사람들이 나라를 바르게 다스리고 세상을 구했던 글들을 많이 읽어 안목을 넓혀야 한다고 두 아들에게 당부한 것이다. 말하자면 쓸데없이 지나친 미사여구美辭麗句에 흐르기 쉬운 변려문이나 관각체 수준의 공부를 경계한 것이다.

다음은 1802년 새해에 두 아들의 편지를 받고 즐거운 마음을 담은 정약용의 「신년득가서新年得家書」(새해에 집안 편지를 받고)라는 시다.

해가 가고 봄이 와도 아득히 모르다가	歲去春來漫不知
새소리 날로 달라 의아스러웠네.	鳥聲日變此堪疑
고향 생각 비 내리면 등나무처럼 얽히고	鄕愁値雨如藤蔓

겨울 지낸 야윈 몸 댓가지인 듯.　　　　　　　　　　瘦骨經寒似竹枝

세상도 보기 싫어 방문을 늦게 열고　　　　　　　　厭與世看開戶晚
오는 손님 없을 줄 알아 이불 더디 개네.　　　　　知無客到捲衾遲
아이들도 또한 무료함을 없애는 법 아는지　　　　兒曹也識銷閒法
의서에 따라 술 한 단지 부쳐 왔네.　　　　　　　鈔取醫書付一鴟

천리 먼 길 종아이가 편지 전하니　　　　　　　　千里傳書一小奴
초가집 등잔 아래 홀로 길게 탄식하네.　　　　　短檠茅店獨長吁
어린 아들 학포조차 능히 아비를 탓하지만　　　稚兒學圃能懲父
병든 아내 옷 꿰매 보내니 여전히 지아비를 사랑하누나.　病婦縫衣尙愛夫

음식 기호 생각해 멀리 붉은 찰밥 보내고　　　　憶嗜遠投紅糯飯
굶은 사람 구하려고 새로이 철투호를 팔았네.　救飢新賣鐵投壺
곧 답장 쓰니 다른 말 하지 않고　　　　　　　　旋裁答札無他語
산뽕나무나 수백 그루 심으라 재촉했네.　　　勸種檿桑數百株

『與猶堂全書』, 권4, 「新年得家書」, 25b

　　정약용이 강진으로 유배된 이듬해, 집에서 보낸 약술과 편지를 받고 이
런저런 생각에 가슴이 메어 반가운 마음을 이기지 못하고 읊은 시다. 그때
큰아들 학연은 스무 살이고 둘째 학유는 열일곱 살이었는데, 학연을 무장武
牂, 학유를 문장文牂이라고 하여, 무아武兒, 문아文兒라는 애칭으로 부르기도
하였다고 한다. 어린 아들 학유는 귀양 가는 아버지를 탓하고, 병든 아내는
남편이 그리워 잊지 못하고 옷을 꿰매 보내면서 거기에다 평소에 즐기던
찹쌀밥을 해 보냈으니, 얼마나 가슴 저리도록 눈물겨웠겠는가.
　　이 시는 귀양살이 초기의 고통스런 삶을 있는 그대로 숨김없이 노래한

것이다. 몸을 댓가지처럼 여위게 만든 그 매서운 엄동설한, 아침 일찍 일어나 이불을 갤 필요도 없고, 세상이 보기 싫어 방문을 일찍 열 필요가 없었으니, 정약용의 유배살이 신세가 어느 정도인가를 가히 짐작하게 한다. 세상으로부터 손가락질 당하며 버림을 받은 중죄인인 정약용, 이런 와중에서 그를 돌봐 주고 염려해 줄 사람은 역시 가족뿐이었다. 아들과 아내의 보살핌은 말로 다할 수 없으며, 특히 삼촌 중부仲父 정재운과 숙부叔父 정재진이 정약용의 귀양살이를 몹시 걱정했다고 한다.

정약용은 스스로 글 좋아하고 학문하다가 폐족이 되었다고 하면서 "문장文章하는 선비 때문에 집안은 망해가고, 골육처럼 정情이 깊던 친구들도 등 돌리네"(門衰正出文章士, 友棄方深骨肉情)라는 다소 자책적自責的인 시를 읊기도 하였으나, 세련되고 교양을 갖춘 청족의 집안이 되려면 무엇보다도 사실事實에 바탕을 둔 기본에 충실해야 한다는 것이 정약용의 생각이며, 서찰의 중심 내용이다. 실용주의는 정직과 성실을 바탕으로 한다.

●●●
1) 權哲身(1736~1801): 호는 鹿庵으로, 신헌조는 권철신이 천주교인이라며 정조에게 계를 올렸지만, 정조는 오히려 신헌조의 품계를 박탈하면서 서학사건을 거론하지 못하게 하였다. 그러나 정조 사후, 서교와 관련하여 죽음을 당하였다.

삼근三勤

뜻을 정성스럽게 하고
마음을 다잡아 일에 몰두하여,
부지런하고 부지런하고 부지런해라.
그러면 못할 일이 없는 것이다.

네 동생 학유學游의 재주는 형인 너에게 비하면 조금 부족하다. 그러나 올해 여름에 고시古詩와 산부(운이 안 달린 부)를 짓게 하였더니 좋은 작품들이 많았다. 가을에 『주역』을 베끼는 일에 골몰하느라 비록 능히 독서하지 못했지만 그의 견해는 거칠지가 않았고, 요즈음 『좌전左傳』을 읽는데, 선왕의 전장典章이라든지 대부大夫들의 언어와 문사의 법을 많이 배워 매우 볼만하였다. 하물며 너는 본래 타고난 재주가 동생에 비해 매우 뛰어나고 초년에 읽고 익힌 것이 동생에 비해 대강 갖추어졌으니, 이제 만일 용맹하게 뜻을 세우고 분발하여 향학한다면 서른이 지나지 않아 마땅히 큰선비의 명예를 얻을 것이니 그렇게 되면 나라에 쓰이거나 버려지거나 혹은 나아가 도를 행하거나 물러나 은거하는 것은 어찌 말할 필요가 있겠는가. 자질구레한 시 짓는 일은 비록 명성을 얻는다 해도 쓸모없는 일이다.

汝弟才分, 比於乃兄稍遜一籌. 今年夏令作古詩散賦, 已多佳作. 秋間汩於周易繕
寫之工, 雖不能讀書, 其見解不至鹵莽, 近日讀左傳, 頗學先王典章之餘, 大夫辭令
之法, 已蔚然可觀. 況汝本來才分, 比弟頗勝, 初年讀習, 比弟粗備, 今若猛然立志,
奮然向學, 不過三十, 當以大儒得名, 用舍行藏, 何足言哉. 零瑣詩律, 雖或得名,
不足有用.

모름지기 이번 겨울부터 내년 봄까지 『상서尚書』와 『좌전』을 읽어야 한다.
비록 글귀가 읽기 어렵고 의미가 난삽하고 깊은 곳일지라도 이미 주해가
있으니 마음을 집중하여 탐구하면 읽을 수 있을 것이다. 그리고 여가에 『고
려사高麗史』, 『반계수록磻溪隨錄』, 『서애집西厓集』, 『징비록懲毖錄』, 『성호사설星
湖僿說』, 『문헌비고文獻備考』 등의 책들을 읽고 그 요점과 쓸모 있는 부분을
추리는 것도 그쳐서는 안 된다.

須自今冬以至來春, 讀尚書左傳. 雖佶屈聱牙, 艱險淵深, 旣有注解, 潛心玩究, 可
以讀之. 以其餘力, 觀高麗史, 磻溪隨錄, 西厓集, 懲毖錄, 星湖僿說, 文獻備考等
書, 鈔其要用, 不可已也.

너의 학문은 점점 때를 넘기고 있는데 집안 사정으로 봐서는 마땅히 밖에
서 유학을 해야 할 것 같으니, 이곳에 와서 함께 지내는 것이 매우 마땅하
지만, 부녀들은 대의大義를 모르니 반드시 놓아주려 하지 않는 마음이 있을
것이다. 네 동생의 학문과 식견이 바야흐로 봄기운에 만물이 움터 번성할
기세가 있으니, 형을 우려하여 그 동생을 보내는 것도 또한 차마 하지 못할
바이다. 지금 생각으로는 경오庚午년 봄에나 비로소 가히 보낼 수 있겠다.
그 전이라도 허송세월을 할 것이냐. 백번 잘 헤아려 집에서 학습할 희망이
있다면 머물러 너의 동생을 기다렸다가 만나보고 교대하여라.

汝之學問, 漸漸過時, 家間情地, 宜於出游, 來此同過, 萬萬得當, 而婦女不知大義,
必有難捨之情. 汝弟文學識見, 方有春噓物苗之勢, 恤其兄而遣其弟, 亦所不忍. 今
意庚午之春, 始可還送. 其前汝將虛送日月耶. 百回商量, 有在家學習之望, 則留待
汝弟, 面看交代.

만일 사정이 전혀 희망이 없으면 명년 봄이 화창해진 뒤에 온갖 일을 떨치
고 내려와서 같이 공부하자. 단연코 그만두어서는 안 된다. 첫 번째로 마음
씨가 날로 무너지고 행동거지가 날로 비루해지니, 이곳에 와서 가르침을
받는 것이 좋겠다. 두 번째로 안목이 짧고 뜻과 기상이 꺾이고 잃어가니
이곳에 와 배우는 것이 가하다. 세 번째로는 경학이 거칠고 재주와 식견이
공소空疎하여 이곳에 와 배우는 것이 가하다. 그 외에 소소한 사정은 돌아보
거나 우려할 가치가 없다.

如其事情, 萬無一望, 明年春和之後, 抛却百千萬事, 下來同業. 斷不可已. 第一心
術日壞, 行己日卑, 來此聽受可也. 第二眼力短促, 志氣沮喪, 來此聽受可也. 第三
經學鹵莽, 才識空疎, 來此聽受可也. 小小事情, 有不足顧恤耳.

저번에 성수醒叟 이학규李學逵의 시詩를 읽어 보았다. 그가 너의 시를 논평한
것은 절실히 너의 병폐에 들어맞으니 너는 마땅히 명심해야 한다. 그의 자
작시는 비록 좋기는 하나 내가 좋아하는 바는 아니다. 후세의 시는 마땅히
두보杜甫의 시를 모범으로 삼아야 한다. 대개 두보의 시가 모든 시인의 으뜸
인 까닭은 『시경』의 시 삼백 편의 의미를 이었기 때문이다. 『시경』에 있는
삼백 편의 시는 다 충신, 효자, 열부, 양우良友의 간절하고 충후한 마음의
발로發露이다.
두보의 시는 옛일을 응용함이 자취가 없어서 얼른 보면 스스로 지은 것

같지만 자세히 살피면 모두 근본과 출처가 있으니, 이 때문에 시성詩聖이라고 하는 것이다. 한유韓愈의 시는 글자 쓰는 법이 모두 근본을 둔 곳과 출처가 있으나 그 구절은 대부분 스스로 지어냈으니, 이 때문에 대현大賢이 되는 것이다.

> 向來醒叟之詩見之矣. 其論汝詩, 切切中病, 汝當服膺. 其所自作者雖佳, 亦非吾所好也. 後世詩律, 當以杜工部爲孔子. 蓋其詩之所以冠冕百家者, 以得三百篇遺意也. 三百篇者, 皆忠臣孝子烈婦良友, 惻怛忠厚之發. 杜詩用事無跡, 看來如自作, 細察皆有本有出處, 所以爲聖. 韓退之詩, 字法皆有所本有出處, 句語多其自作, 所以爲大賢也.

모름지기 『삼국사기三國史記』, 『고려사高麗史』, 『국조보감國朝寶鑑』, 『신증동국여지승람新增東國輿地勝覽』, 『징비록』, 『연려실기술燃藜室記述』 및 기타 우리나라의 서적을 취하여 사실을 채집하고 지방을 고찰하여 시에 인용한 연후에야 세상에 이름을 날리고 훗날에 전할 수 있는 것이다. 혜풍惠風 유득공柳得恭의 『십육국회고시十六國懷古詩』는 중국 사람들도 간행하였으니, 이것으로 가히 증험할 수 있는 것이다. 『동사즐東史櫛』은 본디 이를 위하여 만든 것인데, 이제 대연大淵이가 너에게 빌려 줄 리가 없으니, 우선 십칠사十七史에 있는 「동이전東夷傳」 가운데서 이름난 자취를 뽑아 모아야만 가히 쓸 수 있을 것이다.

> 須取三國史, 高麗史, 國朝寶鑑, 輿地勝覽, 懲毖錄, 燃藜述及他東方文字, 採其事實, 考其地方, 入於詩用, 然後方可以名世而傳後. 柳惠風十六國懷古詩, 爲中國人所刻, 此可驗也. 東事櫛本爲此設, 今大淵無借汝之理, 十七史東夷傳中, 必抄採名跡, 乃可用也.
>
> 『與猶堂全書』, 권21, 「寄淵兒」, 8b

⬤···· 정약용이 1808년 겨울, 강진 유배지에서 큰아들 학연에게 보낸 서찰의 일부이다. 무슨 일을 하든지 마음을 확고하게 붙들어 정성精誠을 다하라는 가르침이다. 성의誠意 없이 건성으로 해서는 아무것도 성취成就할 수 없다는 뜻이다.

조선시대에 교육의 내용은 주로 중국에서 온 전적典籍에 의존하였다. 경학뿐만 아니라 사서史書까지도 중국에서 온 것이었다. 이로 인하여, 우리의 국사는 도외시될 수밖에 없었다.

정약용은 국학에 대한 관심이 많았을 뿐 아니라 자식들의 교육에서도 국사를 매우 중요시하였다. 그래서 그는 강진 유배지에서 큰아들 학연에게 시간이 있는 대로 『고려사』1), 『반계수록』2), 『서애집』3), 『징비록』4), 『성호사설』5), 『문헌비고』6), 『국조보감』7), 『연려실기술』8), 『여지승람』9) 등의 역사서를 읽고 지방에 대해서 공부하라고 당부한 것이다.

자식들에 대한 정약용의 당부는, 항상 자식들을 가까이서 가르치지 못함을 안타까워하면서 때론 잔소리라고 싶을 정도의 세세한 일까지 아주 구체적이다. 다시 말해서, "자질구레한 시율에 집착 마라", "기본 경전을 읽었으면, 『상서』와 『좌전』을 읽어라", "어렵더라도 성심성의誠心誠意를 다하여 읽어라. 그리고 여력餘力이 있으면 우리나라 사서史書를 읽고 중요한 부분을 베껴 쓰라"는 것이다. 사서를 읽고 중요한 내용을 초록抄錄하라고 권유한 것은 실제에 적용할 수 있는 많은 예시를 구하고자 함이었을 것이다.

다음은 「장학가재보은산원將學稼在寶恩山院」(보은산방에서 학연이와 함께)이라는 시의 일부이다.

늙으니 세시歲時의 느낌도 가벼워   老覺歲時輕

슬픔이나 기쁨도 둘 다 없네.   戚歡兩無有
쉼 없이 흐르는 세월 속에   袞袞流年中
초하루가 우연히 시작되네.   一日偶爲首

우두커니 제야(섣달 그믐날)를 보낸 것은   兀兀送除夜
멀리 신유년(1801)부터였네.   邈焉自辛酉
내 마음이 호탕하게 트여   浩蕩心界寬
세속에 끌리지 않는구나.   不被謠俗誘

머리를 움츠리고 깊숙한 방에 앉아   縮首坐深房
아버지와 아들만 쓸쓸히 마주하네.   父子冷相守
깜빡이는 잔등殘燈은 병든 눈 같고   殘燈似病眼
산바람은 종이로 된 문을 뚫는구나.   山風穿紙牖

네 얼굴빛이 처량함을 머금었으니   汝色含凄楚
나의 마음 진실로 부끄럽네.   我懷良自怩
이로써 아노니 이런 밤은   因知此夜中
뛰어난 자식도 못난 벗에 미치지 못함을.   俊男遜劣友

학문에 힘을 다하여   竭力典籍內
백세후나 기다리자.   以俟百世後
둥근달도 오래도록 적막하고   玉環久寂寞
서글픈 바람만 시들은 버들나무에 부는구나.   悲風吹衰柳

죽을 날이 언제일까   乘化亦幾時
집안 대대로 수명도 인색한데.   家世嗇年壽
너희들은 학문의 뿌리가 없는데   汝輩學無根
경전 한 권도 가르치지 못했구나.   一經嗟未授

기름진 땅에 마늘을 심고	肥壤蒔葫蒜
부드러운 땅에는 파나 부추를 심어라.	酥地植葱韭
미개한 사람은 친하지 말고	蠻蜑不可親
친구는 신중히 취하여라.	交游愼所取
몰락한 선비의 몇 마디 말이다만	枯槁數句語
가까이 잠언으로 삼을 수 있으니.	亦足箴左右
네 돌아가 집안일을 잘 맡아 하면	汝歸能幹蠱
아마 내 허물도 없어지리라.	庶幾我無咎

『與猶堂全書』, 권5, 「將學稼在寶恩山院」, 13b

학가學稼는 큰아들 학연學淵이다. 학연이가 1805년 귀양지 강진에서 아버지를 뵙고 공부하고 있을 때이다. 학연의 나이 23세였다. 정약용은 학연을 데리고 보은산방에서 섣달그믐을 맞는다. 정약용은 유배지에서 오랫동안 혼자서 그믐밤을 보내다가 오랜만에 아들 학연과 함께 새해를 맞으며 느낀 심경 및 돌아가면 자신을 대신하여 농사를 지으며 가정을 잘 보살피라는 당부를 시에 남겼다. 또한 "너희들은 학문의 뿌리가 없는데, 경전 한 권도 가르치지 못했구나"라는 시의 구절에서 알 수 있듯이, 정약용은 항상 자식들을 가까이에서 가르치지 못함을 안타까워하였다.

삼근계三勤戒하면, 정약용이 가장 아끼고 사랑한 제자 황상黃裳(1788~1863 또는 1870)의 이야기를 빼놓을 수 없을 것이다. 황상의 삶을 바꾸어 놓은 정약용의 가르침에 대한 글 한 편을 보자. 다음은 『다산선생 지식경영법』이라는 책에서 재인용한 것이다.

다산은 황상에게 문사文史를 공부하라고 권유했다. 그는 쭈뼛쭈뼛하더니 부끄러운 빛으로 사양하며 말했다.

황상: 선생님, 제가 세 가지 병통이 있습니다. 첫째는 너무 둔하고, 둘째는 앞뒤가 꽉 막혔으며, 셋째는 답답한 것입니다.

다산: 배우는 사람에게 큰 병통이 세 가지 있다. 네게는 그것이 없구나. 첫째 외우는 데 민첩한 사람은 소홀한 것이 문제다. 둘째 글 짓는 것이 날래면 글이 들떠 날리는 것이 병통이다. 셋째 이해理解가 재빠르면 거친 것이 폐단이다. 무릇 둔한데도 계속 파고드는 사람은 구멍이 넓어지고, 막혔다 소통이 되면 그 흐름이 탁 트이게 되는 것이다. 답답한데도 꾸준히 연마하는 사람은 그 빛이 윤택하게 되는 법이다. 파고들어가는 것은 어떻게 하느냐, 부지런히 해야 한다. 소통시키는 것은 어떻게 하느냐, 부지런히 해야 한다. 연마하는 것은 어떻게 하느냐, 부지런히 해야 한다. 네가 어떤 자세로 부지런히 해야 하느냐, 마음을 확고하게 다잡아야 하는 것이다.

황상의 『치원유고巵園遺稿』「임술기壬戌記」에 실린, 정약용이 황상에게 공부하는 방법을 써 준 글이다. 황상의 나이 15세였다. 나는 중학교 다닐 때 영어 선생님으로부터 영어를 잘 하는 방법으로 '첫째도 외우기, 둘째도 외우기, 셋째도 외우기'라고 들었으며, 나 또한 그렇게 했다. 과연 외우기만이 능사였을까. 정약용은 공부하는 방법으로써 외우고 글 짓고 이해하기를 재빨리 하는 것은 장점이 아니라 오히려 폐단이 된다고 하였으며, 둔하고 막히고 답답함을 극복하기 위하여 삼근을 강조하였다. 특히 '부지런함'의 조건으로 '마음가짐을 확고하게 다잡아 성의를 다할 것'을 공부하는 방법의 근본적인 전제로 제시, 제자들을 가르치고 이끌었던 것이다. 황상은 스승인 정약용의 삼근의 가르침을 평생 가슴속 깊이 새기며 살았다.

자신 없어 머뭇거리는 현대인들이여, 삼근계를 내려주노니, '부지런하고, 부지런하고, 부지런해라.' 그러면 못할 일이 없을 것이다. 이는 정약용의 고苦함이다.

●●●
1) 『고려사』: 조선 세종 때, 정인지 등이 편찬한 고려의 역사책.
2) 『반계수록』: 실학자 유형원이 제도개혁, 田制에 관하여 지은 책.
3) 『서애집』: 선조 때 유성룡의 시문집.
4) 『징비록』: 조선 선조 때 유성룡이 지은 임진왜란의 원인 및 전황에 대한 기록.
5) 『성호사설』: 실학자 성호 이익이 학문과 사물에 대한 제자들과의 질의응답을 모아 엮은 책.
6) 『문헌비고』: 중국 송나라의 법제, 경제 등 제도에 관한 기록으로 이를 모방한 우리나라의 『동국문헌비고』가 있다.
7) 『국조보감』: 조선시대 역대 임금의 사적을 기록한 편년체 역사책.
8) 『연려실기술』: 조선 정조 때 학자 이긍익(1736~1806, 호: 연려실)이 태조 때부터 현종 때까지 역대 사실의 전말을 여러 책에서 뽑은 역사책.
9) 『여지승람』: 조선 성종 때 지은 지리서.(『東國輿地勝覽』)

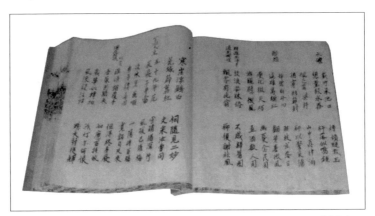

▲『다산시고』

『다산시고茶山詩稿』는 다산 정약용이 쓴 시의 초고이다.

남양주시 다산기념관 제공

관직官職

벼슬살이는 머슴살이이다.
이런 머슴을
백성이 어찌 존경하지 않을 수 있겠는가.
이미 존경한다면
어찌 신뢰하지 않을 수 있겠는가.

내가 벼슬하기 전부터 어질고 밝으신 임금의 지우知遇를 입었고 조정의 벼슬에 나아간 뒤로는 임금께서 나를 알아줌이 더욱 깊었다. 나와 임금의 마음과 뜻이 긴밀하게 합치되어 관계없는 다른 사람들이 능히 알지 못하는 일이 많았다. 그러나 마침내 나의 계획과 꾀한 것들이 역사의 기록에 실리거나 종묘의 그릇에 명문으로 새겨지지 않는 것은 무슨 까닭이겠는가. 옛 성인이 말씀하시기를, "그 지위에 있지 않고서는 그 정사政事를 도모하지 않는다"고 하였고, 『주역』에서 말하기를 "군자는 생각하는 것이 그 지위에서 벗어나지 않는다"라고 하였다. 다만 식견이 얕은 젊은이들이 이 뜻을 알지 못하는구나. 아아, 그러하니 후회한들 어찌 미칠 수 있겠는가. 임금을 섬기는 법은 요컨대 임금에게 존경을 받는 신하가 되어야 하지 임금의 사랑을 받는 사람이 되어서는 안 되며, 임금의 믿음을 얻어야지 임금이 기뻐하는 사람이 되어서는 안 된다. 아침저녁으로 가까이 모시는 자는 임금이 공경하는 것이 아니오, 훌륭한 시와 글솜씨로 자신의 예능을 드러내는 것도 임금이 공경하는 것이 아니오, 글씨를 민첩하게 잘 쓰는 사람도 임금이 공경한다고 할 수 없다. 임금의 안색을 잘 받드는 사람이라도 공경하지 않고 관직을 버리기를 어려워하는 신하들도 임금이 공경하지 않는다. 위의가 의젓하지 못한 자도 임금이 공경하지 않을 것이요, 이리저리 줄을 서서 부여잡으려고 하는 자도 임금이 공경하지 않을 것이다.

> 吾自布衣時, 遭遇聖明, 旣通籍, 受知益深. 密勿契合, 多有外人所不能知者. 畢竟謨猷籌略, 無可以載之竹帛, 銘之鼎彝, 斯何故也. 前哲有言, 不在其位, 不謀其政, 易曰, 君子思不出其位. 顧年少識淺, 不知斯義也. 嗟乎悔將何及. 事君之法, 要爲君所敬, 不要爲君所愛, 要爲君所信, 不要爲君所悅. 朝夕昵侍者, 君不敬也, 詞賦奏技者, 君不敬也, 筆翰敏捷者, 君不敬也. 善承顔色者, 君不敬也, 重棄官職者, 君不敬也, 威儀不莊者, 君不敬也, 左右攀援者, 君不敬也.

비록 잔치하는 자리에서 술잔을 온화하게 주고받고, 중요한 일의 즈음에서 비밀리에 맡기고, 임금이 심복으로 의탁하며, 임금 자신을 지키는 사람으로 곁에 두어 서찰이 빈번히 왕래하며 하사품이 많이 내려질지라도 그런 것을 모두 믿어 영광이나 총애로 여겨서는 안 되는 것이다. 뭇사람들이 노여워하고 시기하여 재앙이 몸에 미칠 뿐 아니라 또한 한 단계의 승진도 더하는 바가 없게 되니 무엇 때문이겠는가. 임금도 또한 혐의를 피할 수 없기 때문이다. 그런 신하는 임금이 첩같이 다루고 노예처럼 부려 먹으므로 대체로 수고로운 일은 홀로 많지만 크게 등용되어 쓰이는 것은 쉽지 않다.

雖復筵席之間, 酬酢溫和, 機宜之際, 付囑秘密, 心膂是託, 爪牙是備, 書札絡續, 賜
與便蕃, 都不足恃之爲榮寵. 不唯衆怒群猜, 菑害逮身, 抑其一資半級, 無所增益 何
者. 人主亦未嘗不隱嫌也. 畜之如妾媵, 使之如僕從, 蓋勞頓獨多, 而登庸未易也.

무릇 사군자로서 초야草野에서 몸을 일으켜 조정에 나아간 자가 가장 좋은
때는 임금이 그에 대해서 잘 알지 못하며, 문자만을 바쳐서 논論이나 책策을
올릴 때 그 글이 충성스럽고 강직하거나 간절해도 해가 없는 때이다. 문장
을 화려하고 아름답게만 꾸미는 솜씨는 비록 한 세상에 회자膾炙된다 해도
이는 다만 광대가 무대에 올라 놀이하는 것에 지나지 않을 뿐이다.

凡士君子之起跡草野者, 最好是時君不識何狀, 文字進呈, 唯論策等忠鯁剴切者无
害. 若雕蟲篆刻之技, 雖膾炙一世, 是唯俳優之登場演戲者耳.

미관말직微官末職에 있을 때도 신중하고 부지런하게 정성을 다하여야 한다.
언관言官의 자리에 있을 때는 모름지기 날마다 바른 말과 강직한 의론을 올
려서 위로는 임금의 잘못을 다스리고 아래로는 백성들의 고통을 전달해야
하며 관리들의 그릇된 일을 공격하여 제거해야 한다. 모름지기 지극히 공
정한 마음으로 행하여 대의명분을 잡아서 마땅히 탐욕스럽고 비루하고 음
탕하고 사치스러운 곳으로부터 손을 쓰되, 한쪽의 의리만 치우쳐 근거하여
자기편만 들고 다른 편을 공격해서 사람들을 구덩이나 함정으로 몰아가서
는 안 된다.

在微官末職, 宜恪勤盡誠. 在言地, 須日進格言讜論, 上攻袞闕, 下達民隱, 或擊去
官邪. 須以至公之心爲之, 執言宜從貪鄙淫侈中下手, 不可偏據義理, 黨同伐異, 以
毆人於坑阱.

벼슬에서 풀려나면 그날로 고향으로 돌아가야 하며, 비록 절친한 벗들이나 동료들이 간절하게 머무르기를 권하더라도 듣지 말아야 한다. 집에 있을 때는 오로지 독서하고 예禮를 강독하며 꽃을 심고 채소를 가꾸고 샘물을 끌어다 연못을 만들며 돌을 쌓아 동산을 만드는 것을 일삼는다. 혹 외직으로 나가 군郡이나 현縣을 맡아 다스릴 때는 자애로움과 믿음과 청렴결백함을 힘써서 아전들이나 백성들을 모두 편안하게 해 주어야 한다. 혹 나라의 큰일을 만나게 되면 쉬운 일이나 어려운 일을 꺼리지 말고 목숨을 바쳐 충절을 다하여야 한다. 이와 같은 신하를 임금이 어찌 공경하지 않을 수 있겠는가. 이미 공경한다면 어찌 신뢰하지 않을 수 있겠는가.

解官卽日還鄉, 雖有切友同德, 懇懇勉留, 勿聽也. 居家唯讀書講禮, 蒔花種菜, 引泉爲沼, 累石爲山. 或出典郡縣, 務慈良廉潔, 吏民俱便. 或値國家大事, 不憚夷險 孝死盡節. 若是者人主庸得不敬. 旣敬矣, 庸得不信.

『與猶堂全書』, 권18, 「示學淵家誡」, 4a

🔴 ···· 정약용이 1810년 처서에 다산의 동암에서 큰아들 학연에게 보내는 서찰의 일부로, 벼슬살이에 대한 교훈이다.

정약용은 1794년 7월 23일 아버지의 탈상을 마치고 성균관 직강直講(정5품)에 임명되어 성균관에 들어간다. 당시, 정약용의 심경을 짐작해 볼 수 있는 시 한 편을 보자.

나의 게으름으로 버려졌다 여겼더니   放棄從吾懶
기대 밖에 거두어 주셨네.   甄收異所期
참으로 거미줄에 묶여서   故多蛛布網

재갈 물린 말 신세 면하지 못하리.   未免馬銜羈

친한 벗들 계속 멀어져만 가고   錯落親交遠
세상살이 구불구불 위태롭네.   迂回世道危
작은 새처럼 본성을 따르며 살지   肯鷦共順性
억지로 애쓴들 무엇하리오.   黽勉竟何爲

『與猶堂全書』, 권2, 「除國子直講赴館」, 5b

정약용은 다시 시작한 벼슬살이의 영예로움보다는 헝클어지고 뒤틀린 교우 관계, 시파·벽파의 싸움, 당파 간의 사건에 대한 트집 등 앞날의 불안한 속내를 떨치지 못하고 있었던 것이다.

이 무렵 정약용은 좌랑인 남고南皐 윤지범尹持範(1752~1821), 도사都事로 있던 이유수李儒修(1758~1822), 헌납獻納으로 있던 한치응韓致應(1760~1824) 그리고 윤지눌尹持訥(1762~1815) 등과 깊은 교우 관계를 맺고 있었다. 이들 중 이유수·한치응·윤지눌은 훗날 죽란시사 결성에 참여한다.

같은 해 10월 27일 정약용은 홍문관 교리에 임명되어 부임했는데, 29일 임금에게 불려가 경기도 암행어사 발령을 받는다. 발령을 받은 암행어사는 10명인데 정약용은 그 가운데 한 사람으로, 담당 고을은 적성積城(지금의 파주시), 마전麻田(지금은 이북), 연천漣川(지금의 연천군), 삭령朔寧(지금은 이북)의 네 지역이었다.

정조는 암행을 떠나는 어사들에게 "수령의 잘잘못을 조사하고 백성들의 고통을 찾아내는 것이 암행어사의 직책이다. 따라서 너희들은 직책을 신중히 수행하되 관청, 시장, 촌락 사이에 출몰하면서 세밀하게 민정民情을 주워 모아 조정으로 돌아올 때 하나하나 조목별로 열거해 아뢰어라"라고 간곡하게 당부한다.

정약용의 암행은 탐관오리들에 대한 준엄한 비판으로 시작된다. 다음은 정약용의 「경기암행어사논수령장부계京畿暗行御史論守令臟否啓」라는 내용의 일부이다.

전 연천현감 김양직은 5년 동안 버슬살이를 하면서 백성들에게 나쁜 짓을 다했습니다. 그는 정신이 흐리멍덩한데다가 일상생활을 술로 보내면서 탐관오리 짓을 일삼으며, 연방緣房(기생집, 첩실)에 출입을 하는 등 허다하게 법을 기만하여 많은 범죄 행위를 저지른 자로서 많은 사람들의 지적을 받고 있습니다. 일설에 의하면 환곡 3500석을 사용하였으며, 51결(551석)의 사용처가 불분명하고, 2100여 석의 미수한 곡식을 허위 보고, 직책을 팔아 자기 배를 채우고, 신역身役을 무수하게 면제해 주거나 노비를 풀어 주어 돈을 받았으며, 전 삭령군수 강명길은 노년기의 탐욕이 극에 달했고 하는 일마다 야비하고 인색함이 극심했으며 백성의 소송이나 공무에는 관심이 없었고, 식사 비용이나 녹봉을 후려쳐서 차지하고 마음대로 거두며, 표절사表節祠라는 사당에 들이는 곡식을 부자들에게 강제 징수하고 화전민에게는 세금을 지나치게 부과하여 거두었으며, 향임鄕任에게는 뇌물의 문이 항상 개방되었고, 퇴임 시에는 귀향길의 짐이 어찌나 많은지 운반하기가 버거울 정도였습니다.

『與猶堂全書』, 권10, 「京畿暗行御史論守令臟否啓」, 26a

정약용은 위와 같이 비판하면서 강력한 처벌을 요구하였다.

그러나 일의 처리는 그리 쉽지 않았다. 강명길[1]은 임금 가족의 질병을 돌보는 궁중의 어의 출신이고, 김양직은 왕가의 묏자리를 잡는 지사地師 출신으로, 이들은 왕가의 인연을 악용하여 막강한 권세를 누린 자들이니, 이들의 처벌을 어느 대신들이 동의하겠는가. 처벌되지 않았다.

정약용은 강력한 상소를 다시 올려 처벌할 것을 요구하였다. 다음은 정약용이 임금께 올린 「경기어사복명후론사소京圻御史復命後論事疏」라는 내용의 일부이다.

대신이 삭령 전 군수 강명길, 연천 전 현감 김양직을 의법처리해서는 안 된다는 상주上奏를 했다고 전해 들었습니다. 신은 실로 이 일에 대하여 지극히 의아스러움을 금치 못하겠습니다. 무릇 강명길은 어의이고, 김양직은 지사였습니다. 만약에 그들이 범하는 것이 신이 논한 바와 같이 부정한 방법으로 재물을 탐하지 않고 가혹하리만큼 과중한 세금을 거두어들이지 않았다면, 그 공을 생각해서 그 과오를 용서하지 않을 수 없습니다. 그런데 지금 이 두 사람의 과오는 정말로 수령이라는 제도가 생긴 이래 들어본 적이 없습니다. 민생을 소중히 하는 일은 법을 지키는 도의에 있다고 생각하오니, 대체로 법의 적용은 마땅히 임금의 가장 가까운 사람들로부터 시작해야 합니다. 신이 아뢰옵건대, 이 두 사람은 극형을 내릴 수 있는 왕부王府로 하여금 의법처리하게 해서 민생을 소중히 여기고 국법을 존엄하게 해 주시면 더욱 다행이겠습니다.

『與猶堂全書』, 권9, 「京圻御史復命後論事疏」, 42a

이처럼 정약용은 "법의 적용은 임금의 측근부터 시작해야 하며, 민생을 소중하게 여기고 국법을 존엄하게 해야 한다"라고 하여 세도가들의 잘못을 징치懲治할 것을 강력하게 주장하면서, "위로는 임금의 잘못도 따져야 하며 아래로는 백성들의 고통이 알려지게 하여야 하고, 때론 잘못된 짓을 하는 관리들도 당연히 물러나야 한다"고 하였다.

정약용은 자신의 가문을 폐족이라고 하면서도 자식들에 대한 기대를 숨기지 않았다. 벼슬살이는 어떻게 해야 하며, 몸을 세워 세상에 나아가 성공하거나 출세해도 반듯한 모습을 쉽게 바꾸어서는 안 된다는 것이 이 서찰의 중심 내용이다. 오늘날 벼슬 버리기가 어려워 상사의 얼굴빛이나 살펴 비위를 맞추거나 세속적인 명예에 집착, 권력자에게 이리저리 붙어 입신출세의 영달에만 매달리는 벼슬하는 자들에 대한 정약용의 충언이리라.

●●●

1) 강명길(1737~1801): 정조의 병환을 잘못 치료하였다고 하여 의관들이 처벌될 때 사형당하였다.

벼슬살이라고 하면, 퇴계 이황(1501~1570)의 상소문이 유명하다. 이황은 1558년 그의 나이 59세에 정계를 은퇴하겠다는 상소문을 올린다. 그가 자신의 『퇴계집』 「무오사직소戊午辭職疏」에서 밝힌 벼슬을 할 수 없는 이유는 바로 '휘우절위諱愚竊位'1), '병폐시록病廢尸祿'2), '허명기세虛名欺世'3), '지비모진知非冒進'4), '부직불퇴不職不退'5) 이 다섯 가지이다. 오늘날의 모든 공직자에게 시사하는 바가 크다.

●●●
1) 諱愚竊位: 어리석음을 감추고 벼슬자리를 도둑질하는 것.
2) 病廢尸祿: 질병으로 폐인이 된 사람이 봉급만 축내는 것.
3) 虛名欺世: 헛된 이름으로 세상을 기만하는 것.
4) 知非冒進: 잘못됨을 알면서도 마구잡이로 나아가는 것.
5) 不職不退: 직분상의 책임을 감당할 수 없으면서도 물러나지 않은 것.

▲다산초당

　다산초당茶山草堂은 다산학의 산실로서, 초당의 남동쪽에는 동암東菴을, 서쪽에는 서암西菴을 짓고, 정약용은 동암에, 학동들은 서암에 거처했다고 한다. 1958년 강진 다산보존회에서 허물어진 초가를 치우고 그 자리에 다시 기와집을 지은 것이다. '다산초당' 현판은 추사秋史 김정희金正喜(1786~1856) 선생의 친필을 집자하여 모각한 것이다. 초당을 중심으로, 앞마당에 놓여 있는 차를 끓이는 데 사용한 반석인 '다조茶竈', 동쪽 연못 중앙에 돌을 쌓아 산처럼 만든 '석가산'(蓮池石假山), 서북쪽 모퉁이에 있는 차를 끓이는 데 사용한 샘인 '약천藥泉', 그리고 정약용이 직접 서쪽 석벽에 새긴 '정석丁石'의 다산사경茶山四景이 있다. 이처럼 네 가지 경물을 조성하고 이를 즐기는 모습을 담은 네 편의 시도 전해 오고 있다.

▲ 다조

푸른 돌 반반하게 갈아 붉은 글자 새겼으니	靑石磨平赤字鐫
차 달이는 조그만 부뚜막 초당 앞에 있구나.	烹茶小竈草堂前
반쯤 다문 고기 목구멍 같은 아궁이엔 불길 깊이 휩싸이고	魚喉半翕深包火
짐승 귀같이 뚫린 두 굴뚝에선 가느다란 연기 오르네.	獸耳雙穿細出煙

솔방울 모아다가 새 숯불 갈으며	松子拾來新替炭
매화꽃 걷어내고 뒤늦게 샘물 더 붓네.	梅花拂去晩調泉
정기精氣의 흐트러짐이야 끝내는 농담일지니	侵精瘠氣終須弄
앞으론 단약의 화로 만들어 신선되길 배우겠네.	且作丹爐學做仙

다산사경, 강진군 정다산유적지관리사무소 제공

▲ 연지석가산

모래 갯가의 괴석 모아 산봉우리 만들며	沙灣怪石聚爲峯
본래의 산처럼 실어다 멋있게 꾸몄다네.	眞面還輸飾假容
가파르고 묘하게 안정된 삼층탑 모양에	巖峭巧安三級塔
오목한 바위틈에 소나무 한 그루 심었네.	谼谺因揷一枝松
서리고 휘감긴 묘한 모양 봉황이 쭈그린 듯하며	蟠廻譎態蹲芝鳳
뾰족한 곳 얼룩 문양은 죽순이 솟은 듯하네.	尖處斑文聳籜龍
다시 산 샘물 끌어다 연못을 빙 둘렀으니	復引山泉環作沼
물밑 고요히 바라보니 푸르름이 더하구나.	靜看水底翠重重

다산사경, 강진군 정다산유적지관리사무소 제공

◀약천

옹달샘엔 흐레 낀 진흙은 없고 모래만 깔려 있으니	玉井無泥只刮沙
한 바가지 물을 떠 마시면 찬하1)보다 좋다오.	一瓢斟取來餐霞
처음에는 돌 틈에서 물구멍 찾았는데	初尋石裏承漿穴
마침내는 산중에서 약탕 끓이는 사람이 되었네.	遂作山中煉藥家

연한 버들은 길을 가리고 잎은 비껴 물에 떠 있으며	弱柳蔭蹊斜汎葉
작은 복숭아 이마 맞닿은 채 거꾸로 꽃이 피었네.	小桃當頂倒開花
가래도 삭이고 묵은 병도 나아 몸에도 좋겠으니	消痰破癖身堪錄
남은 일이야 물 길어다가 벽간다2) 끓이기에 알맞다오.	餘事兼宜碧磵茶

다산사경, 강진군 정다산유적지관리사무소 제공

●●●
1) 餐霞: 안개를 먹고 사는 신선.
2) 碧磵茶: 차 이름.

◀ 정석

대나무 집 서편머리에 바위로 된 층계	竹閣西頭石作層
부용성1) 꽃 주인은 이미 정씨丁氏에게 돌아왔네.	蓉城花主已歸丁
학 날아와 그림자 내리듯 이끼 문양 푸르고	鶴飛影落苔紋綠
기러기 발톱 자국처럼 글자 흔적이 뚜렷하네.	鴻爪痕深字跡靑
미불米芾2)은 절할 때도 오만함을 보이고	米老拜時徵傲物
도잠은 술 취해서도 꾸민 행위 잊지 않네.	陶潛醉時憶忘形
부열傳說3)의 바위와 우禹임금의 굴도 모두 흔적이 없는데	傳巖禹穴都蕪沒
어찌하여 구구하게 또 글자를 새기려 하는가.	何用區區又勒銘

다산사경, 강진군 정다산유적지관리사무소 제공

●●●
1) 부용성: 신선이 산다는 城.
2) 米芾: 중국 북송 때 화가.
3) 傳說: 은나라 賢相.

애민愛民

조정은 백성의 심장이고
백성은 조정의 사지이니,
혈맥의 유통은 순간의 막힘이나
끊김이 있어서는 아니 되는 것이다.

지금 호남의 일도(一路)에 근심스런 일이 두 가지 있으니, 그 하나는 백성들의 소요이고, 다른 하나는 아전의 탐학입니다. 요 몇 해 사이에 명망 있는 집안과 부유한 가정에서 깊은 산골로 이사한 자가 몇 천 명입니다. 무주·장수 사이에는 초가집이 산골짜기에 가득하고, 순창·동복 사이에는 유민이 길을 메웠으며, 바닷가의 여러 마을에는 촌락이 쓸쓸하고 전원이 값이 없어서, 그 모습을 보니 황황하고 들리는 소리는 흉흉합니다. 가난하고 허약하여 옮겨가지 못한 자들은 모두 그 사전社錢을 헐고 그 문화門貨를 흩어서 다투어 술과 고기를 사고 악기를 지니고 산에 오르기도 하고 물에 배를 띄워서 낮과 밤을 다하여 술 취하여 떠들고 허벅지와 손뼉을 치며 즐기고 있으니 이는 즐거워서가 아니고 장래에 닥칠 불행을 슬퍼하는 것입니다.

今湖南一路, 有可憂者二, 其一民騷也, 其一吏貪也. 數三年來, 望族豪戶之遷徙入深者, 幾千人矣. 茂朱長水之間, 芰舍彌滿山谷, 淳昌同福之際, 流民充塞道路, 沿海諸堰, 則井落蕭然, 田園無價, 觀其貌, 遑遑如也, 聽其聲, 恟恟如也. 其貧弱不能徙者, 又皆毁其社錢, 破其門貨, 競買酒肉絲管, 登山泛水, 窮晝達夜, 酣呼叫呶, 搏髀拍手以爲樂, 非樂也, 謂將哀也.

그런데도 고을 수령은 귀를 막은 듯 전혀 들으려 하지 않고 또 안찰사도 막연히 마음에 개의치 아니하니, 이는 자녀가 미친병에 걸려서 고함치고 어지러이 달리는데도 부모와 형이 되어서 그 어디가 아픈가 한 번도 묻지 않는 것과 같습니다. 조정은 백성의 심장과 간이요, 백성은 조정의 사지이니, 힘줄과 경락이 이어지고 혈맥이 흐르기를 한순간의 막힘이나 끊김이 있어서는 안 됩니다. 이제 백성이 근심하고 두려워하는데도 위로하고 편안케 하지 못하고, 한 도(路)가 소요하는데도 진정시키고 어루만짐을 도모하지 않고서 오직 다투고 번복하는 것을 급히 여기니, 이는 큰 집이 한 번 무너지면 제비나 참새도 깃들 곳이 없음을 알지 못하는 것입니다.

然而守土之官, 褎如充耳, 按道之臣, 漠不經心, 此猶子女病癲, 狂叫亂走, 而父母兄長, 不一問其何痛也. 朝廷者, 生民之心肝, 生民者, 朝廷之四體也, 筋絡連湊, 血脈流通, 不能一息容有隔絶. 今百姓憂畏, 而無所安慰, 一路騷擾, 而不圖鎭撫, 唯傾軋翻覆是急, 不知大廈一傾, 燕雀亦無所啁啾也.

탐관오리가 불법을 자행함이 해마다 늘어나고 달이 더하여 갈수록 더욱 심해집니다. 근래에 위아래 6, 7년 동안 수백 리를 돌아다녀 보니 갈수록 더욱 기발하고 고을마다 모두 그러하여 더러운 소문과 악취가 넘쳐 참혹해서 차마 들을 수가 없었습니다. 수령이 아전과 더불어 장사를 하며 아전을 멋대로 놓아주어 간악한 일을 하게 하니 온갖 상처로 백성들이 생업을 즐길 수가 없습니다. 법 아닌 법이 달마다 생겨나서 이제는 한둘이 아닙니다. 조그만 고을에 지위가 낮은 아전들도 교제를 맺지 않는 자가 없어서, 재상의 편지가 막 내려오면 그 기세가 산처럼 용솟음쳐 그 위세를 팔아 과장하여 위아래로 과시하는데, 수령이 두렵고 위축되어 감히 가벼운 형벌도 가하지 못하고 사민士民들은 겁이 나고 두려워서 감히 그 흠을 말하지 못하기 때문에 권세를 세워 침탈하고 학대하기를 뜻대로 합니다.

> 貪官汚吏之恣行不法, 歲增月加, 愈往愈甚. 上下六七年, 縱橫數百里, 來來彌奇, 邑邑皆然, 穢聲惡臭, 慘不忍聞. 與吏同販, 縱之爲奸, 千瘡百瘠, 民不聊生. 非法之法, 式月斯生, 今不能一二計也. 下邑小吏, 無不締交, 宰相尺牘纔降, 氣焰山聳 藉賣鋪張, 上下誇耀, 守令畏縮, 不敢略施其箠楚, 士民恐怯, 不敢訟言其瑕疵, 威權旣立, 侵虐唯意.

헤아려 보면, 한 고을 안에 이와 같은 자가 5, 6명을 밑돌지 않으니, 양 떼속에서 범을 제거하지 아니하고 벼 싹에서 가라지를 제거하지 않는다면, 그 어찌 능히 양이 잘 크고 곡식 싹이 자랄 수 있겠습니까. 매번 감사가 고을을 순행할 때에 이르는 군현마다 반드시 5, 6인을 불러서 부드럽게 대해 주고 음식을 대접하는데, 이러한 은혜를 얻은 자가 물러나서 하늘과 땅을 업신여기며 악행을 행하니, 그 깨닫지 못함이 안타깝습니다. 한 도가 이러하니 여러 도를 알 수 있고, 여러 도가 이러하니 나라가 장차 어찌 되겠습니까. 이 몸은 풍비가 점점 심해지고 온갖 병이 침범하고 얽혀서, 죽을 날이 멀지 아니하니 즐겨 장강漳江[1]에 뼈를 던지겠으나, 다만 우국의 정성만은 마음에 사라지지 않고 염려되어 발설할 길이 없어 점차 응어리가 되어 가므로, 이에 약간 술에 취한 김에 붓 가는 대로 마음을 털어놓았으니 바라건대 밝게 살피시어 나의 미치고 어리석음을 용서하시기 바랍니다.

計一縣之中, 如是者不減五六, 羊不去虎, 苗不去莠, 其何能苗壯長也. 每監司行部, 所至郡縣, 必招是五六人, 賜之顏色, 饋以食桌, 凡得是賜者, 退而行惡, 無天無地, 惜乎, 其不悟也. 一路如此, 諸路可知, 諸路如此, 國將何爲. 此身風痺轉甚, 百病侵纏, 死亡無日, 甘捐瘴江之骨, 唯是憂國之誠, 耿耿在心, 無以發洩, 轉成痞結, 於是乘其小醉, 信筆輸寫如此, 伏惟照察, 恕其狂愚.

『與猶堂全書』, 권19, 「與金公厚」, 15a

● ···· 정약용이 1809년 호남지방에 큰 가뭄이 들어 백성들이 유망流亡하고 있는 참상과 세도정치에 나라가 병들고 관리들이 부패한 모습을 가감없이 공후公厚 김이재金履載에게 보낸 서찰의 일부이다. 정약용의 애민정신을 보다 더 깊이 느낄 수 있는 내용이다.

김이재(1767~1847)는 조선의 정치가로서, 자는 공후公厚, 호는 강우江右, 본관은 안동, 1790년(정조 14) 문과에 급제하여 제학을 거쳐 이조판서를 지냈다. 김이재는 정약용보다 다섯 살 아래이나 서찰을 주고받을 정도로 교분자별交分自別하였다고 한다.

정약용의 애민정신이 잘 드러난 「조승문弔蠅文」(파리를 조문한다)은 너무나 유명하다. 조승문은 기사년(1809) 호남지방에 극심한 가뭄이 들어 백성들은 유리표박流離漂泊하고, 이로 인해 많은 백성들이 굶어 죽어 시체가 산야에 즐비했는데, 그 이듬해인 경오년(1810)에 쉬파리가 극성을 부리자 쉬파리를 굶어 죽은 백성들의 전신轉身으로 보고 그들의 넋을 위로하기 위해 지은 글이다.

1809년 기근으로 인해서 전염병이 돌게 되었고 게다가 또다시 가혹한 수탈이 이어져, 시체가 쌓여 길을 가로막고 그 시체를 담은 들것이 언덕을 덮었으며, 수의도 관도 없이 시체에 훈훈한 바람이 불고 날씨가 더워지자, 피부와 살이 썩어 문드러져 괴인 물과 엉겨서 가득하고 그것이 변하여 구더기가 되었는데, 이 구더기가 날개를 가진 수많은 파리로 변해 인가로 날아든 것이다.

정약용은 이 파리 떼를 보고, "아아, 이 쉬파리가 어찌 우리 같은 유類가 아니겠는가. 너의 삶을 생각하면 눈물이 줄줄 흐른다. 이에 밥과 음식을 갖추어 널리 청하여 모여들게 하니 서로 알려 이것을 먹도록 하라"라고 하면서 조문하였다.

그러면 내용의 이해를 돕기 위하여 「조승문」을 원문 그대로 소개하고자 한다.

1810년(순조 10) 가경 경오년 여름에 쉬파리가 크게 불어나 온 집안에 가득 차고 모여 번식하여 산과 골짜기에까지 가득하였다. 고루거각高樓巨閣에서도 일찍이 동사하지 않더니 술집과 떡집에도 구름처럼 모여들고 우레처럼 윙윙거렸다. 노인들은 탄식하며 괴변이라 지적하고, 소년들은 발분하여 쳐 없앨 것을 생각하였다. 혹은 통발을 설치하여 거기에 걸리게 하고, 혹은 독약을 놓아서 어지럽게 하여 섬멸하려 했다.

嘉慶庚午之夏, 蒼蠅大作, 充牣室屋, 聚肴蓄息, 漫山蔽谷. 層構架閣, 曾莫癡東, 酒戶餅市, 雲屯雷閧. 耆老歎嗟, 指爲怪變, 少年發憤, 思與搏戰. 或設笱筒, 使其離胃, 或置酖毒, 殲以瞑眩.

나는 말하기를 아아, 때가 여름이라 죽여서는 안 되니, 이는 굶어 죽은 자의 전신轉身이다. 아아, 기구하게 삶을 얻었구나. 애처롭게 지난해 큰 기근을 겪고 또 추운 겨울을 겪었다. 염병이 겹치고 가혹한 수탈이 이어져, 시체가 쌓여 길을 가로막고 그 시체를 담는 들것이 언덕을 덮었다. 수의도 관도 없어 따뜻한 바람이 불고 날씨가 더워지자, 피부와 살이 썩어 문드러져 옛 추깃물과 새 추깃물이 고여 가득하고 그것이 변하여 구더기 되어 강의 모래보다도 만 배나 많았는데,

이에 파리로 변해 날갯짓하여 인가로 날아드는 것이다. 오호라, 이 쉬파리가 어찌 우리 같은 유類가 아니겠는가. 너의 삶을 생각하면 눈물이 줄줄 흐른다. 이에 밥과 음식을 갖추어 널리 청하여 모여들게 하니 서로 알려 이것을 먹도록 하라. 이에 조문하여 말한다.

余日噫噫時不可殺, 時惟餓莩之轉身. 嗟乎崎嶇而得活. 哀去年之大饑, 又苦寒之栗烈. 因之以瘟疫, 承之以剝割, 積尸橫路, 載顚載連, 藁梩被皐. 不殮不棺, 風薰暑歊, 肌肉腐壤, 舊淋新歷, 淳滴翳薈, 化而爲蛆, 萬倍河沙, 迺羽迺翼, 飛入人家. 嗚呼蒼蠅, 豈非我類. 念爾之生, 汪然出淚. 於是具飯爲殽, 普請來集, 傳相報告, 是嗺是啖. 乃弔曰.

파리야, 날아와서 이 음식 소반에 모여라. 수북이 담은 쌀밥에 국도 간 맞춰 놓았고, 술과 단술도 익어 향기로우며 면과 만두도 섞어 놓았으니, 그대의 마른 목구멍과 그대의 타는 창자를 축이라.
파리야, 날아와 훌쩍훌쩍 울지만 말고 너의 부모를 이끌고 처자와 함께하여 배불리 먹고 슬퍼하지 말라. 그대의 옛집을 보니, 쑥 덩굴이 가득하고 서까래는 무너지고 벽은 허물어졌으며 문도 기울어졌고, 박쥐가 밤에 날고 여우가 낮에 운다. 그대의 옛 밭을 보니, 가라지만 자랐다. 금년에 비가 많이 내려 흙이 매끄럽건만, 마을에 거처하는 사람들이 없어 황무지가 되어 일구지를 못했도다.

蠅兮飛來, 歠盂盤只. 有饛白飯, 和羹酸只, 酒醴釀薰, 雜麪饅只, 沾君之渴喉, 潤君之焦肝只. 蠅兮飛來, 無嗷泣只, 挈爾父母, 妻子合只, 聊玆一飽, 無於悒只. 觀君之故室, 蓬藋盈只, 崩榱敗壁, 戶敧傾只, 伏翼夜飛, 狐晝鳴只. 觀君之故田, 童梁苗只. 今年多雨, 泥滑滑只, 徬無居人, 蕪而不墾只.

파리야, 날아와서 이 기름진 고깃덩이에 앉으라. 살진 소 다리의 그 살집도 깊으며, 초장에 파도 쪄 놓고 농어 생선회도 갖추어 놓았으니 그대의 허기진 창자를 채우고 얼굴을 활짝 펴라. 도마에 남은 고기가 있으니, 너희의 무리를 대접하라. 너의 몸뚱이를 보니 밭두둑에 종횡으로 흩어져 옷과 이불로 덮여지지 아니하고 거적으로만 싸였구나. 비 뿌리고 햇볕 쬐자 모두 이물異物로 변하여 꿈틀꿈틀 솟아나와 어지러이 움직여서 옆구리에 넘치고 콧구멍까지 가득하다. 이에 매미가 허물을 벗듯 질곡에서 벗어나고, 길에는 오직 시신만 있어 행인이 놀란다.

어린아이는 가슴에 기대어 여전히 젖을 물고 있다. 마을에서는 시체를 묻지 않아 산에는 무덤이 없고, 골짜기만 채워서 잡초만이 무성하다. 이리가 와서 뜯어 먹으며 기뻐 날뛰고 해골만이 굴러다니는데 구멍이 송송 뚫렸구나. 그대는 이미 나비 되어 날고 번데기만 남겨 놓았구나.

蠅兮飛來, 麗以腴只. 肥牛之臄, 霧倫膚只. 酻醬葱渫鮐鱻鱸只, 塞君之荸腸, 顔色敷只. 砧有餘腥, 饗君徒只. 視君之恒幹, 衝從魋只, 無所衣被, 薪草籠只. 雨淋日炙, 化異種只, 詰屈沸騰, 紛毳動只, 氾濫脅幹, 滿鼻孔只. 於玆蟬蛻, 脫梏莽只, 惟路有僵, 行人竦只. 嬰孩據胸, 猶吮渾只. 里不埋胔, 山無塚只, 壙坑塞壓, 雜草翁只. 狸來撥食, 喜跳踊只, 髑髏齾轉, 多穴孔只. 君旣蛾飛, 有遺蛹只.

파리야, 날아서 고을로 들어가지 마라. 굶주린 사람만 엄격히 가리는데 아전들이 붓대 잡고 그 얼굴을 살펴본다. 대나무처럼 빽빽이 늘어서서 다행히 한 번 뽑힌다 하여도 물 같은 멀건 죽을 겨우 한 번 목에 넘길 뿐인데도 날아다니는 쌀벌레는 위아래로 어지럽구나. 돼지처럼 살찐 건 위세 부리는 아전들인데, 서로 함께 공적을 아뢰면 수령이 가상히 여겨서 견책하지 않는다. 보리가 익으면 진휼賑恤을 파하고 연회를 베푸는데, 북소리가 둥둥 울리며 피리 소리가 울려 퍼지고 아름다운 여인들이 춤추며 빙빙 돌고 교태를 부리면서 비단 부채로 얼굴을 가린다. 비록 풍성한 음식이 있어 남아돌아도 너는 바랄 수가 없구나.

蠅兮飛來, 無入縣只. 鵠形棻色, 嚴簡選只, 胥吏握管, 察其面只. 立如密竹, 幸一揀只, 淡霧如水, 纔一咽只, 有飛者蟲, 上下眴只. 膚如脂豕, 是豪豢只, 敷同奏功, 嘉而無譴只. 登麥罷賑, 張筵宴只, 擊鼓其鏜, 簫管嘽只, 曼睩蛾眉, 舞回旋只, 含嬌作態, 遮紈扇只. 雖有豐膳, 君不可流羨只.

파리야, 날아서 관청으로 들어가지 마라. 깃대와 창대가 삼엄하게 벌려 꽂혀 있다. 돼지고기, 쇠고깃국이 눈에 가득히 번들거리고 메추리구이와 붕어지짐에 오리 국, 그리고 꽃무늬 아름다운 중배끼 약과를 실컷 먹고 즐기며 어루만지고 구경하지만, 큰 부채를 흔들어 날리므로 그대는 엿볼 수도 없단다. 장리長吏가 주방에 들어가 음식을 살피는데 쟁개비에 고기를 지지며 입으로 불어 숯불을 피운다. 계피물, 설탕물에 칭찬도 자자하나, 호랑이 같은 문지기가 의젓하게 막아서서 애처로운 하소연을 물리치며 소란을 피우지 말라고 한다. 안에서는 조

용히 앉아 음식을 먹으며 즐기고 있고 아전 놈은 주막에 앉아 사람을 시켜 판결
문을 지어 역마를 달려 마을이 편안하다고 보고하면서 길에 버려진 시체나 굶
주린 자가 없어 태평하여 걱정이 없다고 한다.

蠅兮飛來, 無入館只. 旂纛森張, 楽戟攅只. 餚覈盈望, 爛璀璨只, 黏鶉煎鯖, 臐鼇雁只, 粗粃蜜餌,
雕花蔓只, 滿志喜悅, 撫以玩只, 揮翤巨扇, 君無所窺覰只. 長吏入廚, 祺饎豐只, 倭銚熱肉, 口吹炭
只. 桂釀蔗漿, 騰稱讚只, 虎豹守閤, 毅防捍只, 麾斥哀籲, 無雜亂只. 寂而不譁, 飮食衎衎只, 吏坐
酒家, 倩題判只, 馳驛飛書, 閭里晏只, 道無捐瘠, 太平無患只.

파리야, 날아와서 혼이 돌아오지 마라. 네가 무지하여 영원히 어리석음을 축하
한다. 죽어도 재앙은 남아 형제에게 미치게 되니, 6월에 이미 조세를 독촉하여
아전이 문을 차는데 그 소리가 사자의 울음같이 산악을 뒤흔든다. 그 가마솥을
사사로이 차지하고 송아지와 돼지도 끌어간다. 그리고 붙잡아 끌어다 관가에
들어가 주릿대로 볼기를 치는데, 돌아와 쓰러지면 염병에 걸린 듯하여 풀이 베
어지듯 고기가 썩어가듯 죽어가서 많은 사람이 원통하지만 천지사방에 호소할
데도 없고 백성들이 모두 위태로워도 슬퍼할 수가 없다. 뛰어난 선비들은 억울
하여 위축되어 있고 여러 아전들이 질투하니 봉황은 입을 다물고 까마귀만 시
끄럽게 우는 꼴이다.

파리야, 날아서 북쪽으로 가라. 북쪽 천리를 날아가 궁궐 문에 들어가서 너의
충정을 하소연하고 깊은 슬픔을 전달하라. 강어強禦를 토해 내지 않으면 시비가
없다. 해와 달이 밝게 빛나 그 빛을 펼치니, 바른 정치를 펴서 인仁을 베풀고
규圭를 써 신명에 고한다. 천둥같이 울려서 임금님의 마음을 감격시키면 곡식도
풍성하여 백성들이 굶지 않게 되리라. 파리야, 그때에 남쪽으로 날아오라.

蠅兮飛來, 無還魂只. 賀君之無知, 長昏昏只. 死有餘殃, 詒弟昆只, 六月催租, 吏打門只, 聲如獅吼,
山岳掀只. 私其錡釜只, 曳犢豚只. 驅之入縣, 株困臀只, 歸而委頓, 遘癘瘟只, 草薙魚爛, 群煩寃只,
天地四方, 無所告只, 民莫不怗, 不可悼只. 彥聖負屈, 衆胥媢只, 鳳凰噤口, 烏鵶噪只. 蠅兮飛來,
又北飛只. 北飛千里, 入金扉只, 愬君之衷情, 宣深悲只. 不吐彊禦, 無是非只. 日月昭明, 舒光輝只,
發政施仁, 告用圭只. 如雷如霆, 激天威只, 禾黍穰穰, 民無饑只. 蠅兮飛來, 乃南歸只.

『與猶堂全書』, 권22, 「甲蠅文」, 16b

이 서찰을 읽고 있노라면, 아파트 15층에서 일곱 살 난 아이를 밀어 떨치고, 세 살 난 아이를 품에 안고 떨어져 삶을 마감하는 한 여인의 모습이 아른거리니, 현대판 「조승문」은 아닐는지. 위정자爲政者들이여, 벼슬을 지내며 부귀영화를 누렸던 이들이 벼슬살이에서 물러나 자신의 해관解官을 아쉬워하며 지난날의 환상에 빠지는 치욕적恥辱的인 삶을 보라. 일찍이 정약용의 애민정신을 알아보았다면 이 지경에 이르렀을까.

이 서찰의 내용에서 드러난 애민정신은 비록 시대를 달리할지라도 오늘날의 모든 벼슬하는 자에게 전하여 주고 싶은 것이 글쓴이의 솔직한 심정이다.

●●●
1) 瘴江: 풍토병이나 전염병 같은 사나운 기운이 생기는 곳이라는 의미.

▲절구

다산 정약용의 생가에 있는 통나무로 만든 절구. 곡식을 찧거나 빻는 데 쓰인다.

삼염三廉

염은 밝음을 낳나니
사물이 정을 숨기지 못할 것이요,
염은 위엄을 낳나니
백성들이 모두 명령을 따를 것이요,
염은 곧 강직함이니
상관이 감히 가벼이 보지 못할 것이다.

옛날에 소현蕭縣1)의 현령이 부구옹浮丘翁2)에게 고을 다스리는 방법을 물으니, 부구옹이 이르기를 "나에게 6글자의 비결이 있는데, 그대는 3일 동안 목욕재계해야 들을 수 있을 것이다"라고 하였다. 현령이 그 말과 같이 하고서 청하니, 옹이 먼저 한 글자를 주었는데 '염廉'자였다. 현령이 일어나 두 번 절하고 얼마 있다가 다시 한 글자를 주기를 청하니, 옹이 또 한 글자를 주었는데 '염'자였다. 현령이 두 번 절하고 말하기를 다시 가르쳐 주기를 청하니, 옹이 마지막으로 한 글자를 가르쳐 주었는데 '염'자였다.
현령이 다시 두 번 절하고 말하기를 "청렴함이 이와 같이 중요합니까?"라고 하니, 옹이 말하기를 "자네는 그중 한 글자는 재물에 실행하고, 또 한 글자는 여색女色에 실행하고, 또 한 글자는 직위에 실천하라"고 하였다.

현령이 말하기를 "여섯 글자를 모두 받을 수 있겠습니까?"라고 하니, 옹이 말하기를 "또 목욕재계를 3일 동안 하여야 들을 수 있다"고 했다. 현령이 그 말에 따라 하니, 옹이 말하기를 "그대는 듣고자 하는가. 염·염·염이다"라고 했다. 현령이 말하기를 "이와 같이 중요합니까?"라고 하니, 옹이 말하기를 "앉으라. 내가 그대에게 말하리라. 청렴함은 밝음을 낳나니 사람이 그 마음을 숨기지 못할 것이요, 청렴함은 위엄을 낳나니 백성들이 모두 명령을 따르지 않을 수 없을 것이요, 청렴함은 곧 강직하게 되니 상관上官이 감히 가벼이 보지 못할 것이다. 이러한데 능히 다스리지 못할 것인가"라고 하였다. 현령이 일어나 두 번 절하고 허리띠에 써서 떠났다.

昔蕭縣令, 問治於浮丘翁, 翁云, 予有六字閟詮, 子其三日齋沐, 乃可聞也. 令如其言而請之, 翁先授一字曰廉. 令起再拜, 有間復請, 翁復授一字曰廉. 令起再拜, 而復請, 翁卒授一字曰廉. 令再拜曰, 若是其重乎. 翁曰, 子以其一施於財, 以其一施於色, 又以其一施於職位. 令曰, 六字可遂受乎. 翁曰, 又齋沐三日, 乃可聞也. 令如其言, 翁曰, 子欲聞之乎. 曰廉廉廉. 令曰, 若是其重乎. 曰坐吾語子. 廉生明, 物無遁情, 廉生威, 民莫不從令, 廉則剛, 上官不敢傷. 是猶不足以爲治乎, 令起再拜書諸紳而去.

상관이 나를 엄한 말로 위협하는 것은 무엇 때문인가. 내가 이 녹봉과 지위를 보전하고자 한다고 생각하기 때문이다. 간리奸吏가 조작한 비방으로써 나를 겁주는 것은 무엇 때문인가. 내가 이 녹봉과 지위를 보전하고자 한다고 생각하기 때문이다. 현재의 재상이 청탁으로써 나를 더럽히는 것은 무엇 때문인가. 내가 이 녹봉과 지위를 보전하고자 한다고 생각하기 때문이다. 무릇 녹봉과 지위를 해진 신발처럼 여기지 않는 자는 이 지위에 단 하루라도 거처해서는 안 된다. 흉년에 백성들 조세의 면제와 구휼하기를 요구하여 듣지 아니하면 떠나고, 상사가 요구하는 일이 있어 거절했으나 들어주지 않으면 벼슬을 떠나며 예로 대하는 것이 흠이 있으면 떠나간다. 상관이 항상 나를 훌쩍 날아가 버릴 새처럼 여긴다면 내가 말하는 바를 감히 따르지 않을 수 없을 것이며, 나에게 행하는 것이 감히 무례하지 못할 것이다. 그러면 내가 정치를 하는 것이 물이 아래로 흐르듯 순조로울 것이다. 만약 두려워하고 조심만 하여 보배를 품은 자가 힘센 사람을 만나 오직 빼앗길까 두려워하듯이 한다면 또한 그 지위를 보전하기가 어려울 것이다.

上官威我以嚴詞何也. 謂我欲保玆祿位也. 奸吏怵我以造謗何也. 謂我欲保玆祿位也. 時宰浼我以付囑何也. 謂我欲保玆祿位也. 凡不以祿位爲敝蹝者, 不可一日居此位. 凶年求蠲惠而不聽則去, 上司有徵求, 拒之而不聽則去, 禮貌有缺則去. 上官常以我爲䮐然將飛之鳥, 則所言不敢不從, 所施不敢無禮. 我之爲政也. 沛然若夫夔夔栗栗, 若懷璧者之遇强人, 唯恐其遭攘焉則, 亦難乎其保位矣.

관직에 있으면서 형벌을 쓰는 데는 마땅히 세 가지 등급이 있어야 한다. 무릇 민사民事에는 상형을 쓰고 공사公事에는 중형을 쓰고 관사官事에는 하형을 쓰되, 사사로운 일에는 형벌이 없어야 한다. 무엇을 민사라고 이르는가. 무릇 이속吏屬(衙前)과 향청鄕廳3)이 법을 어기거나, 백성을 수탈하거나 해치고, 힘없는 백성을 속이고 침탈하는 자들에게 마땅히 무거운 벌을 내려야 한다. 무엇을 공사라고 하는가. 무릇 공납을 바치는 기한을 어기거나 조정의 명령과 상사의 명령을 받들어 행함에 있어 삼가지 않는 자는 마땅히 다음 형률을 적용해야 한다. 무엇을 관사라고 하는가. 무릇 관속 가운데 나를 돕고 받드는 자가 또한 일상적인 직무에 태만함이 있으면 마땅히 벌이 없을 수 없다. 오직 내가 제사 지내고 손님을 맞이하거나 부모와 처자를 봉양하는 것은 모두 사사로운 일이다. 관서에 아전과 노예를 두는 것은 이런 일을 위해서가 아니라 내가 빌려 부리는 것이니, 그들을 빌려 부린다면 비록 그들이 삼가지 않는 일이 있더라도 가히 심하게 질책할 수 있겠는가.

居官用刑, 宜有三等. 凡民事用上刑, 凡公事用中刑, 凡官事用下刑, 私事無刑可也. 何謂民事. 凡吏鄕犯科, 由剝民害民, 欺詐侵虐, 在小民者, 宜施重杖. 何謂公事. 凡貢輸愆期, 奉行朝令, 上司之令, 有不謹者, 宜施次律. 何謂官事. 凡官屬之所以供奉我者, 亦其常職, 其有怠慢, 不宜無罰. 唯我之所以祭祀賓客, 及父母妻子之養, 皆私事也. 官署設置吏隷, 非爲是也, 我借而使之也, 借而使之, 雖有不謹, 其可輒行督責乎.

아전들은 그 직업을 세습하며 또 종신토록 한 가지 일에 마음과 뜻을 오로지 하여 자신의 일에 깊이 들고 익숙하여 가만히 앉아 관장官長을 거치기를 마치 여관 주인이 나그네를 익숙히 대하는 것처럼 한다. 관장이 된 자가 어려서 문장과 활쏘기를 익히고 한담과 여러 가지 놀이만을 일삼다가 하루아침에 부절符節4)을 차고 일산을 펴고 여기에 이르니, 이는 나그네가 우연히 지나가는 것과 같다. 저 아전들이 허리를 굽히고 아첨하여 뛰어다니면서 공손함을 삼으니, 속 모르는 수령은 스스로 잘난 체하여 그들을 벌레 보듯이 내려다보지만, 어깨를 나란히 하고 땅에 엎드린 아전들이 낮은 소리로 소곤거리는 것이 모두 수령을 비난하고 비웃는 말임을 알지 못한다. 곡식 장부와 전정에 있어서도 그 이치를 자세히 알지 못하는 사람들은 또한 마땅히 앞에 불러 놓고 분명히 묻고 자세하게 배워서 그 농간을 살펴야 한다. 매번 보니 한 무리의 어리석은 사람들은 아랫사람에게 묻기를 부끄럽게 여겨서 본디 잘 아는 것처럼 행세하여 신중하게 서명한다고 하지만, 교활하고 간악한 아전들이 수령을 이미 익숙히 헤아려서 허실과 명암을 귀신처럼 알아채니, 장차 무슨 도움이 되리요 또 혹은 일의 본말을 그르치고

농락하는 것을 스스로 권변으로 여겨서, 갓양태 아래에서 비웃는 소리를
듣지 못한다. 따라서 마땅히 수령은 아전을 지성으로 이끌어야 한다.

吏胥世襲其業, 又終身一職, 專精壹志, 馴習閑熟, 坐閱官長, 如逆旅之貫於行人.
爲官者, 少智觚墨弧矢, 閒談雜戲以爲業, 一朝佩符張蓋而至是, 客之偶過者也. 彼
且屈躬曲脊, 趨走脅息以爲恭, 不知者岸然自尊, 俯視如蟲蟻, 不知連肩伏地者, 低
聲呫囁, 皆譏笑官家語也. 穀簿田政, 有未詳其理者, 且當招之至前, 審問而詳學之
以察其奸. 每見一等愚惑, 恥於下問, 凝然爲素知也者, 署之惟謹, 不知老奸, 揣測
已熟, 虛實明闇, 度之如神, 將何益矣, 又或顚倒牢籠, 自以爲權變, 不知帽簷之底,
哂其笑矣. 且當以至誠御之.

『與猶堂全書』, 권17, 「爲靈巖郡守李鍾英贈言」, 37a

🔵···· 정약용이 영암군수로 있는 이종영李鍾英에게 목민관으로서의
처신에 대한 일곱 가지 사항을 적어 준 글의 일부이다. 고식적이고 의례적
인 글이 아니라 다분히 실학자로서의 정약용의 모습이 드러난 실천 요목이
다. 이종영李鍾英은 정약용의 친구인 문산文山 이재의李載毅의 아들이다.

이종영(1791~1836)은 1809년 겨울 직부直赴5)로서 경과慶科6)에 참여하여
호방虎榜7)에 든다. 같은 해 특별 교지로 별군직別軍職, 즉 임금을 시위侍衛하
고 적간摘奸하는 일을 담당하는 무직武職에 임명되어 6품으로 승진하였다.

이종영은 1812년 영암군수로 발령 받았으며 1816년 평안도 함종부사로
승진·전근되었으나 부임하자마자 전임했던 영암의 일 때문에 암행어사의
서계書啓에 들었고 그것이 빌미가 되어 대흥大興(충남 예산군 대흥면을 말함)으로
유배되었다. 1817년에 사면되었으며, 6월에는 관자官資가 올라 경기중군京畿
中軍이 되었다. 1819년에 부녕富寧부사가 되었으며, 1822년에 부녕부사의 임

기를 마치고, 같은 해 도목정사都目政事⁸⁾에서 철원 방어사에 제수되었다. 같은 해 전임했던 부녕에서의 일로 암행어사의 서계에 들어 진천鎭川(충북 진천군을 말함)에 유배되었으나 얼마 후 사면되었다. 1823년 10월 전라우도 수군 절도사로 제수되었으나 얼마 후 교체, 1824년 겨울 전라도 병마절도사에 승진·제수되었으며 1828년 교동수사喬桐水使로 승진되었다. 그러나 1835년 감사의 장계狀啓로 파면되어 갈리더니, 여름에 또 우의정 박종훈이 사신 행차에 갔다가 복명하면서 평산(황해도 평산, 동생 鍾和가 평산 부사로 재직했던 곳)에 있었던 일로 임금께 보고함에 즉시 의금부 관리의 심문을 받더니 결국 양구현楊口縣으로 귀양, 이듬해인 1836년 병으로 적소에서 삶을 마감하였다.

이재의(1772~1839)는 조선의 학자로, 본관은 전주, 자는 여홍汝弘, 호는 문산, 1801년(순조 1) 생원시生員試에 합격한 후 학문에 전심전력, 만년에는 주역을 전공하였으며 시문詩文에도 능하였다고 한다. 사망 후 아들 이종영의 공으로 호조참판戶曹參判에 추증되기도 하였다.

서찰을 통한 정약용과 이재의의 인성 논쟁은 지금까지도 후학들에게 좋은 본보기가 되고 있다. 이재의는 1812년 여름에 큰아들 이종영이 낭주朗州(지금의 영암)의 군수로 발령되자 그 이듬해인 1813년 여름에 영암으로 거처를 옮겨 우거하던 중, 1814년 강진 다산에 유배 온 정약용을 만덕사萬德寺에서 만나 그의 거처로 옮겨 토론을 시작하였다. 그것을 시작으로 두 사람의 교유는 그 후 20여 년간 지속된다.

정약용과 이재의는 소수 세도가의 벌열閥閱들이 권력을 독점하던 19세기 전반기에 노론과 남인이라는 당파의 차이에도 불구하고 서로 간에 흉금을 터놓고 사심 없이 교유하였으며, 그 과정에서 드러난 토론의 내용들이 문답 형식으로 오늘날까지 전해 오고 있다. 특히 1818년 해배 이후 고향에 돌아온 정약용과 서울의 세거지로 옮긴 이재의의 지속되는 교유는 당파를 초월, 근기지방의 많은 학자들에게 좋은 귀감이 되었다고 한다.

이재의의 『자찬연보自撰年譜』를 보면, "두릉斗陵(정약용의 본가가 있는 馬峴)으로 가서 여유옹與猶翁(정약용)과 함께 경서經書와 예서禮書를 4~5일 읽다가 다시 집으로 돌아오다. 얼마 있다가 다시 두릉斗陵으로 가다. 여유옹과 함께 배를 타고 춘천으로 가는 물길 수백 리에 경승들을 지나가니 참으로 장쾌한 놀이라고 할 만하다. 서울 집으로 가면서 길이 마현으로 경유함으로 정약용의 집에 며칠 머무르다. 1832년 61세, 여름에 두릉으로 가다. 춘수春水 김생金生과 조카 철협이와 함께 두포豆浦(豆毛浦. 지금의 신촌과 용산 사이임)에 배타고 가며 서로 시를 주고받다. 밤에 학여울에 배를 대고 어촌 민가를 빌려 자는데 갑자기 밤 소동이 있어 마지못해 행장을 꾸려 배 안으로 되돌아오다. 다음날 순풍을 만나 돛 하나 달고 곧장 열상洌上으로 가다. 주인옹主人翁(정약용)과 여러 친구와 더불어 여러 날 동안 노는 것이 지나쳐서 방탕에 가까울 정도로 놀다"라고 이재의 스스로가 적고 있다.

이러한 기록에서도 보듯이, 이재의는 정약용보다 열 살 아래이면서도 틈만 나면 열상의 정약용을 찾아 며칠 동안 머무르면서 경서와 예서에 대하여 논하였으며, 또한 정약용과 함께 배를 타고 춘천으로 가는 물길 따라 수백 리의 경승景勝을 지나 장쾌한 놀이를 즐기기도 하였다. 그리고 정약용은 1832년 이재의의 회갑지시回甲之詩를 지어 그들의 우정을 드러내기도 하였다.

목숨에 아득히 귀한 것은　　　　　　　　　　　攸貴乎壽
해 그림자를 길게 늘이는 것으로.　　　　　　　脩暴其延

아침이라 나아가지 않음이 없고	靡昕不進
저녁이라 앞서지 않음이 없으랴.	靡夕不前
높은 산을 우러르며 큰 길을 따르듯	高山景行
가고 감이 끊임없이 이어져야지.	行邁綿綿
여든이 되든 아흔이 되든	侯耋侯耄
오직 천명대로 편안히 살아야 하리.	安息維天
아는 것에 걱정하지 마라	毋患于知
그대의 앎은 이미 족하시니.	汝知旣足
알고도 실천하지 않으면	知而勿踐
이를 논독이라고 일렀다오.	時謂論篤

『與猶堂全書』, 권6, 「文山李汝弘回甲之詩」, 25a

정약용이 지은 「문산 이여홍 회갑지시文山李汝弘回甲之詩」의 일부이다. 본문 중에 나오는 논독論篤은, 실천은 못하면서 언론만 독실한 것, 공자가 이르기를 "언론이 독실한 것만 가지고는 그가 군자인지, 외모만 그럴듯하게 꾸민 사람인지 알 수 없으므로 허여許與할 수가 없다"고 한 데서 온 말이다.

이러한 정약용과 이재의의 남다른 교우관계로 보아 영암군수로 있는 이재의의 아들인 이종영에 대한 정약용의 관심은 마땅하다. 정약용은 "자기에게 없는 것을 남에게 줄 수는 없다. 그러므로 나에게 있는 것을 주는 것보다는 빼앗지 않는 것이 낫다. 무릇 관고官庫에서 훔친 것으로는 조상의 제사를 지내거나 부모를 봉양하는 일에도 감히 쓸 수 없는 것이다"라고 하여, 겉으론 백성을 사랑하고 잘 다스리는 체하면서 뒷구멍으로 포흠逋欠 짓을 하는 수령을 경계하였다. 이러한 경계는 영암군수로 있는 친구 아들인

212

이종영뿐만 아니라 오늘날 모든 공직자에게로 이어지는 것이 당연하다 할 것이다.

정약용에게 있어, 수령의 도道는 첫째 청淸이요, 둘째 신愼이요, 셋째 근勤이니, 청은 맑음이요, 신은 삼가는 것이요, 근은 부지런함이다. 다시 말해서 목민관牧民官은 남부끄럽지 않게 항상 마음을 깨끗이 하여 매사에 삼가 부지런해야 함이니, 오늘날 벼슬하는 자들이여, 서찰의 내용을 잘 살피어 '벼슬살이는 머슴살이'임을 명심할 지어다.

●●●
1) 蕭縣: 중국 浙江省에 있는 현의 이름.
2) 浮丘翁: 漢初 齊나라의 浮丘伯을 지칭하는 듯하다.
3) 鄕廳: 수령의 정사를 보좌했던 지방 출신 인원으로 座首·別監 등이 있다.
4) 符節: 옥이나 대나무로 만든 符信으로, 주로 사신이 가지고 신표로 썼다.
5) 直赴: 武科의 殿試에 나갈 수 있는 자격을 획득하는 것.
6) 慶科: 나라에 경사가 있을 때 임시로 행하는 과거로서, 특별히 대궐 뜰에서 시험을 보기 때문에 庭試라고도 한다. 문과와 무과 두 가지가 있다.
7) 虎榜: 진사에 급제한 사람들의 성명을 제시한 공고문. 준재들이 과거에 급제하는 것을 용과 같고 범과 같다고 하여 비유한 말로 龍虎榜의 준말이다.
8) 都目政事: 관원의 치적을 심사하여, 그 결과에 따라서 영전, 좌천, 파면 등의 인사를 단행하던 일.

▲ 백련사

원래 이름은 만덕사萬德寺였으나, 지금은 백련사白蓮寺라고 부른다. 백련사는 강진군 도
암면 만덕산에 있다. 다산 정약용은 백련사 주지로 있던 혜장과의 교분이 남달랐다고
한다. 두 사람은 다산초당과 백련사를 서로 왕래하면서 주역과 다도를 논했으며, 차茶와
시詩가 오고 가기도 하였다.

개성個性

권위에 짓누름을 당하지 말고
그 그늘에 잠기지 말 것이며,
남의 생각에 끌려다니지도 말라.

지난번 망령되고 경솔함으로 인하여 선배와 어른들께 질책을 받은 뒤로 밤낮으로 송구스러워 어찌 할 바를 모르겠더니, 오늘 주신 편지를 받드니 마음이 환히 열리고 깨쳐 다시 조그마한 응어리도 없어졌습니다. 진실로 넓은 아량과 큰 용서가 아니라면 어찌 관대함이 이에 이르겠습니까.

저는 지극히 감격하고 기뻐하는 마음을 이길 수 없습니다. 다만 저번 일에 대한 제 본마음을 아직 한 번도 드러내지 못해 끝내 억울하기로 문득 감히 저의 충심을 완곡히 아뢰고자 하니 바라건대 잘 살피고 버리지 마소서.

嗟緣妄率, 見尤於先輩長者, 日夕悚懼, 不知所出, 卽日伏蒙賜書, 釋然開誨, 無復纖豪忿懣於中. 苟非宏量大恕, 安得寬假至此區區. 不勝感激欣躍之至. 第唯向來事, 本情尙未一暴, 終是抑鬱, 輒敢曲陳衷素, 庶幾亮察無遺薆矣.

새로 문과에 급제한 사람의 얼굴에 먹물을 칠하는 놀이는 그 유래가 오래

되었습니다. 고려 말엽에 귀한 벼슬아치의 자제가 어린 나이에 과거에 급제하면 붉은 분가루로 얼굴을 칠했습니다. 그것이 오래되어 놀이가 되었고 드디어 먹물로 교체가 되었으니, 대개 좋지 않은 풍습입니다.

그러나 먹칠한 얼굴로 진퇴하는 것은 자신이 어찌할 수 없는 일이기에 저도 또한 일찍이 편안히 받아들였습니다. 그러나 하늘을 우러러 크게 웃고 절뚝거리며 게를 줍는 시늉을 하고 부엉이의 소리를 내는 것은 모두 제가 해야 하는 것입니다.

> 新恩墨塗之戲, 其來久矣. 高麗之末, 貴宦子弟, 幼年擢科, 輒用紅粉飾面. 久而爲戲, 遂代以墨, 蓋敝俗耳. 然墨面進退, 由不得自己, 鏞亦嘗安而受之. 至於仰天大笑, 蹇行拾蟹偶鵩之鳴. 此由我所爲.

비록 애써 받들어 행하고자 하였지만, 천성이 졸렬하여 소리가 목구멍에서 나오지 않고 발이 땅에서 떨어지지 않으니 어찌하겠습니까. 진실로 공경하고 삼가는 마음을 가슴에 보존하여 나태하고 광대 같은 모습을 겉으로 드러낼 수 없기 때문입니다.

제가 이에 있어 일찍이 조금이라도 게으르거나 소홀하여 불공한 뜻이 있겠습니까. 이렇듯 제 본마음이 이렇게 뚜렷한데도, 바야흐로 그때에는 노여움이 풀리지 않으시어 감히 스스로 아뢰지 못했습니다. 이제 이미 풀리신 듯하여 이에 외람되이 아뢰니 송구한 마음을 이기지 못하겠습니다.

> 雖欲黽勉奉承, 奈天性拙縮, 聲不敢出嚨, 足不敢拳起何哉. 誠以敬謹之心存乎中, 而慢劇之容, 不能施諸外耳. 鏞於此, 何嘗有一毫半釐怠忽不恭之志哉. 此其本情皦然而方威怒未弛, 不敢自陳. 今旣釋然矣, 玆有瀆冒, 無任悚仄.
>
> 『與猶堂全書』, 권18, 「上權判書㦲書」, 18b

●···· 정약용이 판서 권엄權欌(1729~1801)에게 보낸 서찰이다. 이 편지는 정약용이 문과에 급제한 1789년경에 쓴 것이다. 정약용의 나이 28세였다. 그러니까 권엄과의 나이 차이는 33세가 된다.

권엄의 자는 공저公著, 호는 섭서欒西이다. 본관은 안동, 1765년 문과에 급제하여 1773년에 지평持平이 되었으며, 과거를 빈번히 실시하지 말 것을 상소했다가 추자도楸子島로 유배, 곧 풀려났다. 정조 때 대사간, 공조와 형조 판서를 역임하였으며, 한때 강계부사, 전라도 관찰사, 강화부 유수 등으로 좌천되었으나 병조판서로 기용, 비교적 순탄한 삶을 살았던 인물이다. 신유박해 때 이가환, 이승훈, 정약용 등 서학에 물든 천주교도들을 극형에 처해야 한다고 강력하게 주장했던 사람이다.

조선시대에 새로 과거에 급제한 사람들이 의례적으로 거쳐야 하는 신참례新參禮(免新禮)에 관한 글이다. 정약용은 권엄에게 '먹칠한 얼굴로 진퇴하는 것은 자신이 어찌 할 수 없는 일이기에 저도 또한 일찍이 편안히 받아들였습니다. 그러나 하늘을 우러러 크게 웃고 절뚝거리며 게를 줍는 시늉을 하고 부엉이 소리를 내는 짓은 자신의 천성이 졸렬해서 할 수 없는 일'이라고 솔직하게 말했다. 정약용은 선배들의 통과의례적인 면신례라는 관행을 따르지 않았던 것으로 보인다. 그러한 이유로 해서 선배들에게 고통을 받은 듯, 자신의 행위에 대해 사과하면서도 자신의 천성이 졸렬하여 어쩔 수 없었다며 당당하게 처신한다. 그리고 신참례에 대한 역사적 고찰을 통해 그 유래까지 언급하면서 나쁜 풍속이라고 하는 등 자신의 생각을 스스럼없이 드러내기도 한다.

정약용은 잘못된 것은 그냥 지나가는 법이 없는, 꼼꼼하고 깐깐하게 따지기 좋아하는 사람이다. 정약용의 꼼꼼한 성격에 대하여 정약전이 "내 아

우가 특별히 흠잡을 데가 없지만 그릇이 작은 것이 흠이다"라고 말했을 정
도로, 정약용은 한번 따졌다 하면 일을 내고 만다. 신참례가 바로 그것이다.
정약용이 이런 관행을 따랐을 리가 만무하다. 이 소식을 들은 권엄은 정약
용의 태도에 몹시 진노하였던 것이다. 정약용은 신참례를 이해할 수 없는
괴이하고 짓궂은 장난으로 보았으며, 적당히 타협할 줄 모르는 고지식한
사람이었다. 그의 이러한 모습은 다음의 서신에서도 그대로 드러난다.

> 이제 편지를 보내 안부를 물으니 좋은 뜻이 아닐 수 없습니다. 또한 마땅히 많
> 은 이야기가 있어야 하는데도 싹 털어버리고 하나도 점검함이 없으니, 그대는
> 능히 노부老夫로 자처하여 흉중에 본디 한 가지 일도 없어 오동나무에 걸린 달
> 이나 버들가지에 부는 바람처럼 맑고 비어 시원스럽겠지만, 또 이것을 저에게
> 도 기대하였습니까. 저는 비루하고 인색하여 능히 여기에 이를 수가 없고 그대
> 또한 그러하지 않을까 생각됩니다.
>
> 今致書相問, 未嘗非好意也. 亦宜有多少話說, 而脫然刊落, 都無點檢, 足下能自處以老夫, 胸中本無
> 一事, 梧月楊風, 淸虛洒落, 而又以是待之於鏞耶. 鏞則鄙吝, 不能到此, 而竊恐足下亦全未全未也.
> 『與猶堂全書』, 권18, 「答李基慶」, 37a

정약용과 이기경은 친구였다. 1791년 전라도 진산에서 부모의 위패位牌
를 불태운 사건1)이 있었는데, 그 사건을 조사하는 동안에 홍낙안이 조선에
서 천주교 서적이 간행되었다고 주장하여 그 진위를 파악하게 되었다. 그
과정에서 윤지충과 권상연은 1791년 11월 13일 전주 풍남문 밖 형장에서
참수당했으며, '이기경은 홍낙안보다 열 배는 음험하다'는 이기경에 대한
이승훈의 진술은 정조의 분노를 샀다. 정조는 '영세를 받았다'라든지 '무군
무부無君無父'라든지 또는 천주교도들이 '임금보다 천주가 더 크다'라는 내
용 등을 설사 귀로 들었더라도 글로 옮겨서는 아니 된다는 것이었다. 이기

경은 유배길에 오른다. 이기경은 함경도 경원으로 유배 갈 때, 사전赦典2)에 끼이지 못한 인물이었다.

앞에서도 언급한 바 있듯이, 정약용은 때때로 이기경의 집을 찾아가서 어린 자식들이나, 그의 어머니 소대상 제사 때에 많은 도움을 주기도 하였다. 정조는 1795년에 대사면을 단행했으나 이기경은 '사전'에서 제외되었기 때문에 석방되지 못하였다. 그러나 정약용의 생각은 달랐다. 정약용은 승지 이익운李益運을 찾아가 "이기경이 비록 마음은 불량하나 송사訟事에는 억울함이 있었습니다. 일시적으로는 통쾌한 일이나 훗날의 우환이 될 것입니다. 들어가 상감께 고하여 풀어 주게 하는 것만 같지 못합니다"라고 했더니 이익운도 동의하였다. 이익운은 정조에게 이 일에 대해 건의하였고 정조는 이기경을 풀어 주었다. 그러나 이기경은 더 이상 옛날의 친구가 아니었다. 더군다나 이승훈은 "이기경이 홍낙안보다 열 배는 음험하다"고 하였으니, 이기경과는 평생의 원수가 된 것이다.

이승훈李承薰(1756~1801)은 서장관書狀官3) 이동욱李東郁의 아들이며, 이가환李家煥의 생질로 정약용의 손위매형이다. 그는 1783년 아버지를 따라 북경에 가서 천주교 영세 교인이 되었고 진사 시험에도 합격, 당대의 선비들과 교유 관계가 넓었다. 한편 1784년 3월 24일에 귀국하면서 많은 천주교 문서와 관계된 성물, 성구, 서적 등을 가지고 돌아왔는데, 그 일이 계기가 되어 신유박해가 일어나게 되었으며 참형을 당했다. 이기경은 이승훈뿐만 아니라 정약용에게까지 적으로 돌아선 것이다.

그런데 이기경이 늘그막에 하는 지난날에 대한 사과일까. 정약용에게 안부편지를 전한 듯하다. 이기경이 1819년에 세상을 떠났으니, 이 편지는 정약용이 강진 유배지에서 고향에 돌아온 후에 쓴 것으로 추측된다. 정약용의 답서答書를 보면, 안부를 물으니 좋지만, 지난날의 앞뒤 이야기가 없으며, 노부老夫로 자처하면서도 가슴속에 아무 거리낌도 없어 오동나무에 걸린 달이나 버들가지에 부는 바람처럼 텅 비어 맑고 시원스럽겠지만, 저는 비루하고 인색하여 그렇게 하지 못한다는 내용이다. 이를 보더라도 정약용의 올곧은 성격을 짐작하게 한다. 정약용은 자신의 일생을 괴롭힌 이기경의 안부편지를 그냥 넘길 수 없었던 것이다. 정약용의 삶은 다 그랬다. 암행어사로 나갈 때도 그랬고, 벼슬길에 있으면서도 상관의 잘못된 점에 대해서는 그냥 스치는 법이 없었다. 자신의 기준을 엄격히 하여 옳고 그름을 분명히 하였다. 어찌 적이 없었겠는가. 하지만 이러한 정약용의 개성個性은 '실천實踐'을 근본 개념으로 하는 실용지학實用之學의 창의적인 새로운 학문관을 정립하였다. 그는 실천적 삶과 창의적 학문을 일관된 질서로 연결했던 것이다. 이러한 개성이 가정교육으로 이어지는 것은 당연하다.

용勇이란 삼덕三德의 하나다. 성인이 개물성무開物成務[4]하고 천지의 일을 도와 행하는 것이 모두 용이 하는 것이다. "순舜은 어떤 사람인가. 열심히 노력하는 자는 또한 이처럼 될 것이다"라고 말하는 것이 용이다. 세상을 경영하고 백성을 구제하는 학문을 하고자 할 때에 "주공周公은 어떤 사람인가. 열심히 하면 이와 같다"라고 말하며, 뛰어난 문장가가 되고자 하면 "유향劉向과 한유韓愈는 어떤 사람인가. 열심히 하면 이와 같다"고 말한다. 서예의 명가가 되고 싶으면 "왕희지와 왕헌지는 어떤 사람인가"라고 말하며, 부자가 되고자 하면 "도주공陶朱公과 의돈猗頓은 어떤 사람인가"라고 말하여 무릇 한 가지 소원이 있을 때마다 문득 한 사람을 표준으로 삼아 반드시 그와 어깨를 나란히 하기를 기약한 후에야 그칠 것이니 이것이 용기를 가진 자가 하는 바이다.

勇者三德之一. 聖人之所以開物成務, 彌綸天地, 皆勇之所爲也. 舜何人也. 有爲者亦若是, 勇也. 欲爲經濟之學, 則曰周公何人也. 有爲者亦若是, 欲爲文章鉅工, 則曰劉向韓愈何人也. 有爲者亦若是.

欲爲書法名家, 則曰羲獻何人也, 欲爲富則曰陶朱猗頓何人也, 凡有一願, 輒以一人爲準的, 期於必齊而後已, 此勇德之所爲也.

집안을 다스리는 법은 위로는 주인 내외로부터 남자, 여자, 어른, 아이, 형제, 동서, 남녀노비의 아이들에 이르기까지 무릇 5세 이상은 각각 할 일을 나누어 주어 잠시라도 노는 일이 없게 하면, 가난하고 군색함을 근심하지 않을 것이다.
御家之法, 上自主翁主母, 以至男女長幼昆季姉娌之倫, 下逮婢奴之雛, 凡過五歲以上, 各有職業分授, 無一刻游息, 則不患其貪(貧)窘也.

『與猶堂全書』, 권18, 「贐學游家誡」, 12b

정약용이 1808년 봄 강진 다산 동암에서 아들 학유에게 노자路資 삼아 준 가계의 일부이다. 당시 학유는 강진에서 아버지와 함께 있었던 것 같다. 정약용에게 있어서 개성個性은 용기를 필요로 하였다. 정약용은 지智·인仁·용勇을 삼덕이라 하고, 그 가운데 사람에게 가장 필요한 덕목으로 용을 들었다. 정약용은 자신이 하고자 하는 목표를 분명하게 세워 전심전력을 다하면 그렇게 될 수 있다고 하였다. 그러나 나의 개성 없이 남의 권위에 눌려 시키는 대로 하고 남을 따라 모방만 해서는 이룰 수 있는 일이 아무것도 없다는 것이 정약용의 생각이다. 다시 말해서, 정약용은 자신의 기준 없이 현실적 논리에 적당하게 타협하는 것을 경계하였으며, 남의 것을 아무 생각 없이 그대로 답습踏襲하는 것은 결국 자신의 개성을 죽이는 일로 보았던 것이다.

또한 정약용은 학유에게 어른에서부터 5세에 이른 어린이에게 이르기까지 가족 구성원으로서 각자 해야 할 일을 나누어 행해야 한다고 하였다. 노동의 신성함과 상부상조의 협동정신을 일깨워 주었던 것이다.

노동은 가정교육에서 빼놓을 수 없는 필수적인 덕목이다. 사람의 올바른 심정성心情性을 가꾸는 데 토대가 되기 때문이다. 노동은 언제 어디서나 누구든지 쉽게 접할 수 있는 기초 교육에 해당하며, 놀이, 학습으로 이어진다. 물론 놀이, 학습, 노동은 단계적이 아니라 동시에 이루어져야 한다. 그런데 오늘날 초등교육에 노동은 거의 없다. 아니, 아예 없다고 보아야 옳다. 노동은 인성교육의 중심에 있어야 한다.

이런 점에서 볼 때, 노동을 신성시하는 정약용의 가정교육은 그 시대적 상황을 아무리 달리 생각한다고 할지라도 오늘날의 인성교육에 있어서 시사하는 바가 크다 하겠다.

당신, 혹시 조직사회에서 권위에 위축되고 부질없는 남의 취향에 홀리어 자신의 개성을 잃지 않았는지 찬찬히 생각해 볼 일이다. 첨단 과학기술에 주눅 들지 말지어다.

●●●

1) 1791년 전라도 진산에서 부모의 위패를 불태운 사건: 진사 윤지충의 어머니 권씨 장례 때 일로, 윤지충은 정약용의 외종 육촌이며, 권상연은 윤지충의 내외종 사촌이다. 이기경, 홍낙안, 목만중 등이 이 사건을 천주교 공격의 계기로 삼았다.
2) 赦典: 국가 경사 시에 죄인을 용서해 놓아주던 일.
3) 書狀官: 중국에 보내는 사신을 수행하던 임시 벼슬인 기록관.
4) 開物成務: 사물의 이치를 열고 할 일을 이룸.

우지愚智

대우大愚는 대지大智로 통한다는 말이 있듯이,
하하下下의 바보도 날 때부터
상상上上의 지혜를 가지고 있다.
다만 그것을 촉발시켜
드러내기만 하면 되는 것이다.

명철보신明哲保身 네 글자는 이제 세상을 그르치는 부적이 되었습니다.『시경詩經』의 해석이 잘못되었다고 분명히 알기 때문에 매번 글자의 뜻이 그렇지 않다고 말하였지만 다만 이 이야기를 할 곳이 없었습니다. 이제 보내주신 편지를 읽으니 정신이 깨어나고 기운이 용솟음쳐 의기가 투합하니 어찌 말해야 할지 모르겠습니다.

선악善惡의 분별함을 명明이라 하고(鄭玄의 箋註의 뜻 - 원주), 시비是非를 분별함을 철哲이라 하고(孔穎達의 注疏의 뜻 - 원주), 어리고 약한 것을 붙들고 잡아줌을 보保라 하니(說文의 뜻 - 원주), 보保라는 것은 태呆입니다(아들이 양 곁에서 부축하여 주는 것을 형상하였다 - 원주). 대신大臣의 의리는 인재로써 임금을 섬깁니다. 때문에 선악을 밝혀 어진 선비를 천거하고 시비를 분별하여 뛰어난 인재를 선발하는 것입니다. 그리하여 이 어질고 뛰어난 선비로서 나의 몸을 부지 (자신을 보존한다─원주)하고 내 몸을 부지하여 한 사람을 섬기는(왕을 보존한다─원주) 것이 대신의 직분입니다.

현재 세속에서 이 시를 해석하기를 이해利害를 분별하는 것을 명이라 하고 침묵할 줄 아는 것을 철이라 하고 몸을 온전히 하고 화를 면하는 것을 보라고 합니다. 정현의 주석과 주자의 집전集傳에는 이러한 영향이 없는데도 많은 사람들이 부화뇌동하여 그 견고함을 깨뜨릴 수 없습니다. 이로써 한 몸을 온전히 하고 가문을 보존하는 것이 지극한 비결이기는 하지만, 이러한 뜻이 세워지고 나면 임금이 장차 누구와 더불어 나라를 다스리겠습니까.

明哲保身四字, 於今爲敗世之元符. 明知詩訓有誤, 每云字義不然, 顧此說無處開口. 今讀來喻, 神動氣湧, 針投契合, 不知所以爲喻也. 辨別善惡曰明鄭箋意, 辨別是非曰哲孔疏意, 扶持幼弱曰保說文意, 保者呆也象子之兩旁有扶持者. 大臣之義, 以人事君. 故明辨善惡, 以進賢士, 明別是非, 以拔俊乂. 於是以此賢俊, 扶持我身, 以保身扶持我身, 以事一人, 以保王此大臣之職也. 今俗解此詩, 別於利害曰明, 知所語默曰哲, 全軀免禍曰保. 鄭箋朱傳, 無此影響, 而萬口和附, 牢不可破. 以之全一軀保一門, 誠爲至訣, 而此義旣立, 人主將誰與爲國也.

제가 앞서 논한 영무자甯武子의 어리석음과 지혜에 관한 하나의 안건은 세상의 교화에 크게 관계가 됩니다. 보내 준 편지에서도 중산보仲山甫의 명철보신의 한 구절로 세교世敎를 보존하려 하였으니 어찌 이렇듯이 지견智見이 잘 맞습니까. 원래 중산보의 덕德은 오늘날의 이른바 명철보신이 아닙니다. 위에서 "이 천자를 보호하도록 중산보를 내셨도다"(保는 마땅히 신체를 보호한다는 保의 뜻으로 읽어야 한다─원주)라고 하였고, 또 "이 제후들의 본보기가 되고 왕의 몸을 보호한다"고 일렀으니, 이 두 '보'자는 결코 보존保存의 '보'자가 아닙니다. 그런즉 보신의 '보'자는 어찌 보포保抱의 '보'자가 아니겠습니까. 중산보는 달면 삼키고 쓰면 뱉지 않았으며 강하고 사나운 자들을 두려워하지 않았습니다. 중산보는 부족한 것을 보충하고 빠뜨린 것을 수습하여 임금의 일을 보좌輔佐하였습니다. 중산보는 들어가서는 후설喉舌[1]을 맡고 나가서는 정사를 폈으며, 요직을 마다하지 않았고, 혼자만의 수고로움을 꺼리지 않았습니다. 가만히 그 사람을 보건대, 몸을 온전히 하고 처자를 보호하려는 술책이 아닙니다.

> 鄙人前論甯武子愚智一案, 大關世敎. 來敎以仲山甫明哲一案, 欲存世敎, 何知見之相入至是也. 原來仲山甫之德, 非今之所謂明哲保身. 上云保玆天子, 生仲山甫, 保當讀之如保其身體之保, 又云式是百辟, 王躬是保, 亦扶持之意, 此二保字, 決非全保之保. 則以保其身之保, 亦豈非保抱之保乎. 仲山甫茹剛吐柔, 不畏彊禦. 仲山甫補闕拾遺, 以佐衰職. 仲山甫入而司喉, 出而賦政, 不辭樞要, 不憚賢勞. 默觀其人, 非全軀保妻之術也.

오늘날의 군자君子, 그 지위가 낮은 사람은 권세를 탐하고 즐기다 스스로 멸망을 취하니 이는 논할 것이 없거니와, 행실을 닦고 몸을 삼가 대강 예의禮義를 아는 사람도 또한 '명철보신' 이 네 글자를 몸을 온전히 보존하고 해를 멀리하는 으뜸의 오묘한 비결로 여깁니다. 그리하여 침묵으로 영합하여 무리와 어울려 나가고 물러나, 집안의 일을 먼저 하고 나라는 뒤로 하며 사사로움에 따라 공익을 없애서 스스로 영무자의 도회韜晦[2]를 행한다고 하며 뉘우칠 줄을 모릅니다. 때문에 나라가 한 번 기울어 일으켜 세울 수 없고 세속이 한 번 무너져 돌이킬 수 없으니 모두 이 해설(명철보신에 관한 세속의 해설)이 그렇게 한 것입니다. 당신의 편지에서 양웅楊雄이 잘못 해석한 것으로부터 그 본래의 뜻을 잃었다고 하였는데, 주자의 집전에서도 또한 이르기를 이치에 따라 몸을 지켜야 한다고 하였지, 이를 따르고 해를 피하여 구차하게 살아 몸을 온전히 함을 일컫는 것이 아니었습니다. 말류末流의 폐단을 주자가 먼저 알았던 것입니다. 다만 전야에 쫓겨난 사람은 직책이 없으니, 해를 피하여 구차히 사는 것을 허물할 수 없는 것입니다.

今之君子, 其下焉者貪權樂勢, 自取滅亡, 斯固勿論, 卽修行飭躬, 粗知禮義者, 又以明哲保身四字, 爲全身遠害之第一玄訣. 含默取容, 旅進旅退, 先家而後國, 徇私以滅公, 自以爲甯武子之韜晦而莫之悔焉. 國之所以一傾而不可起, 世之所以一壞而不可興, 皆此說使之也. 來喩謂自楊雄誤解, 失其本義, 卽朱子集傳, 亦云順理以守身, 非趨利辟害, 而偸生全軀之謂. 末流之弊, 朱子其先知之矣. 但廢黜在田野者, 身無職責, 不可以辟害偸生爲咎也. 壬午二月.

『與猶堂全書』, 권20, 「答金德叟」, 32b

📖···· 정약용이 1822년 2월 김매순金邁淳(1776~1840)이 보내 준 서찰에 대해 답한 편지(答書)이다.

김매순은 조선의 문관이며, 학자이다. 자는 덕수德叟, 호는 대산臺山, 본관은 안동安東이다. 1795년 문과에 급제, 검열檢閱, 사인舍人을 거쳐 초계문신抄啓文臣에 이르렀으며 문장과 덕행으로 세상에서 칭송이 자자했다. 고종 때 상경上卿의 벼슬과 시호가 추증되기도 하였다.

명철보신이란 『시경詩經』「대아大雅·증민烝民」편에 나오는 말이다. "현명하고도 어질게 그의 몸 보전하여, 일찍부터 늦게까지 꾸준히 임금님만을 섬기네"(旣明且哲, 以保其身. 夙夜匪解, 以事一人)라는 시어이다. 주나라 선왕宣王 때의 재상 중산보의 덕망을 칭송한 내용의 시이다.

정약용은 김매순에게 보낸 편지에서 본래의 의미를 상실한 '명철보신'

에 대하여 명확하게 분석하고 있다. 말하자면, '명' 즉 현명하다는 말은 어떤 일에 대한 나의 이해利害 관계를 잘 판단하는 것이 아니라 그 일에 대하여 옳은 일인지 그른 일인지를 잘 판단한다는 뜻이고, '철' 즉 밝다는 말은 옳고 그름을 잘 판단한다는 뜻이지 손익損益에 따라 입을 다물고 아부하여 용납되기를 구하는 것이 아니라는 뜻이며, '보' 역시 내 한 몸을 온전히 보전한다는 뜻이 아니라 내 부족한 점을 붙들어 세운다는 뜻이다. 즉 명철보신은 날쌔게 제 한 몸과 제 가족을 챙기는 기회주의적 처신만을 일삼는 그런 현명함과는 거리가 멀다.

그런데 사람들은 명철보신을 마치 복지부동伏地不動과 같은 뜻으로 엉뚱하게 해석, 안전한 듯하면 슬슬 기고 위험한 듯 보이면 땅 위에 엎드려 제 한 몸과 제 집안만을 지키는 자들을 슬기롭다고 하였고, 이런 현실을 정약용은 개탄스럽게 생각했던 것이다.

이 편지를 받고 김매순은 다음 같은 답장을 보냈다.

일러 주신 '명철' 두 글자의 뜻은 글자 뜻과 경전의 의미가 분명히 이와 같습니다. 가슴속에서 나온 의론이 성대하여 가히 몸을 닦고 임금을 섬기며 이미 어두워진 천리를 밝히고, 시들어가는 나라의 운명을 늘릴 수가 있으니 참으로 훌륭한 말씀으로 오늘날 듣지 못한 바입니다.

所喩明哲二字之義, 字訓經旨, 分明如此, 而胸襟所出, 議論沛然, 可以修身, 可以事君, 可以明天理
於旣晦, 可以壽國命於將萎, 善哉言乎, 今世之所未聞也.

『與猶堂全書』, 권20, 「答金德叟」 別紙, 41b

김매순은 정약용의 서찰을 받고, 세상에서 지금까지 들어본 적이 없는 훌륭한 말씀이라고 크게 감동했다고 한다.

이 밖에도 정약용은 나이로 보아도 14세나 아래인 김매순에게 자신의 저술을 보내 질정質定을 청할 정도로 둘 사이의 토론은 진지眞摯하였다. 다음은 정약용이 김매순에게 보낸 편지의 일부이다.

여러 가지 이르신 말씀은 모두 잘못된 논리를 잘 지적해 주셨습니다. 삼가 마땅히 고쳐서 감히 머뭇거리지 않겠습니다. 다만 바빠서 자세하게 보지 못하였기 때문에 짚어낸 것이 오히려 적을까 두렵습니다. 만약 종일토록 자세히 점검했다면 저는 몸이 온전하지 못했을 것입니다.

『상기별喪期別』 7책을 또 계속해서 보냅니다. 이 책은 잘못된 부분이 더욱 많을 것이니 바라건대 더욱 세심히 유의하여 이리저리 고찰하고 점검하여 저의 어리석음을 깨뜨려 주십시오. 혹 의미는 바르나 표현이 거슬리는 것은 일일이 지적하여 잘못을 알게 하신다면 참으로 다행이겠습니다. 종법宗法에 관한 여러 의론은 한 친구가 책머리에 찌3)를 붙인 곳이 모두 수십 군데나 되는데, 제 마음에 잘못되었다고 느껴지는 곳도 있습니다.

指摘諸喩, 恐中病理. 謹當點改, 勿敢留滯. 但恐忽忽未經細閱, 故所捉猶少. 若永日詳檢, 吾恐全體無完膚也. 喪期別七冊, 又妓續呈. 此書益多疵類, 望益留神細心, 左右考撿, 以擊蒙蔽. 其或秉義雖正, 而辭氣悖慢者, 一一句勒, 俾卽知罪, 不勝幸甚. 其宗法諸論, 有一友付籤於書頂, 共數十處, 鄙心有覺非處.

『與猶堂全書』, 권20, 「答金德叟」, 30a

정약용은 둘 사이의 토론에 만족하지 않으면 또 다른 사람에게 보내어 자신의 관점을 확인해 보려는 우직愚直하다 할 정도로 치열한 학술 논쟁을 좋아하는 학자다. 김매순에게 보낸 편지의 내용도 그렇다. 정약용은 자신의 『상기별』 7책의 남은 공간에다가 자신의 생각을 적은 찌를 붙여 김매순에게 보내어 논평과 지적을 부탁한 것이다. 정약용은 오직 김매순만이 자신의 논문에 대한 심판자라고 생각한 듯하다.

다음은 이에 대한 김매순의 답서이다.

이제 고찰하신 여러 의론을 읽어 보니 마치 칼을 잡으면 반드시 베고 활을 쏘면 틀림없이 적중하는 것 같아서 조금도 애매하고 어긋난 모습이 없었습니다. 그 조예가 심오한 것은 말할 것도 없고 참으로 명쾌하여 기뻤습니다. 그러나 그 중에 지나치게 통쾌한 곳에 있어서는 혹 다시 마땅히 점검해야 할 듯합니다. 今讀案說諸論, 如操刀必割, 舍矢必中, 無一點包籠枝梧之態. 未論造詣深奧, 最是明快可喜也. 然就其太快處, 或恐更合點檢.

『與猶堂全書』, 권20, 「金德叟書」又書, 39b

이처럼 김매순의 답장은 정약용의 관점에 대해 대부분 긍정적이었으나, 그는 "종이 위쪽에 찌를 붙여 대략 부족한 제 견해를 밝혔습니다. 먼저 찔러둔 찌는 누가 지은 것인지는 모르겠지만, 의론이 순수하고 근실하여 채택할 만한 것이 많은 듯합니다. 어떠신지요"(紙頭付籤, 略效淺見, 而前籤未知誰作, 議論醇謹似多可採, 如何如何)라고 하여 중간 중간 의심스런 대목에 가서는 찌를 붙여 자신의 생각을 드러내어 보이기도 하였다. 이후 둘 사이의 학술 논쟁은 계속 이어진다.

정약용은 김매순과 '영무자의 우지愚智'에 대하여 논한 듯하다. 영무자는 중국 제나라 대부 또는 위나라 대부라고도 하였던 영무를 말한다. 이름은 유兪, 시호는 무武이다. 그는 나라에 도道가 있을 때 볼만한 일을 하지 않은 것을 지智라 하였으며, 나라에 도가 없을 때 힘을 다하여 험난한 일을 피하지 않고 하는 것을 우愚라 하였다. 『논어』「공야장公治長」편에서 공자는 다음과 같이 이르고 있다.

영무자는 나라에 도가 있으면 지혜로웠고, 나라에 도가 없으면 어리석었다. 그의 지혜로움은 누구나 따를 수 있으나, 그 어리석음은 따를 수가 없구나.

甯武子, 邦有道則知, 邦無道則愚. 其知可及, 其愚不可及也.

세상이 제대로 다스려질 때는 나가서 벼슬하고 활동하지만, 제대로 다스려지지 않는 세상에서는 '명철보신'해야 한다는 것이 동양인의 일반적인 사고였다. 다만 어지러운 세상에서 명철보신하자면 어리석은 듯이 행동해야 한다. 말하자면 도가 있는 좋은 세상에서 일하기보다는 도가 없는 어지러운 세상에서 어리석은 듯이 지내기가 더 어렵다는 뜻일 것이다. 정약용은 '우지'에 대해 "세상의 교화敎化와 관계되는 바가 크다"고 하였다.

정약용의 유배流配, 황현의 자결自決, 김시습의 광기狂氣, 석가의 고행苦行, 소크라테스의 독약毒藥, 예수의 광야曠野. 이들의 삶은 과연 어리석었을까. 어리석었다면 이제 와서 우리는 왜 그들의 삶과 만나고자 안달인가. 우愚는 지智로 통하기 때문일 것이다. 어리석은 듯 지혜로운 삶은 어떨까. 인간답게 사는 아름다운 삶은 바로 거기에 있지는 않을지. 필자의 생각이다.

●●●

1) 喉舌: 王命出納과 조정의 중대한 언론을 맡은 承旨의 職任. 왕의 가까이에서 보필하는 책임 있는 자리를 뜻한다.
2) 韜晦: 자기의 재능, 지위 같은 것을 숨기어 감춤.
3) 찌(籤): 부연 설명하고자 하는 내용을 적어 책장 사이에 끼운 메모지.

빈사貧士

선비, 당신은 비록 가난하다고 하나
그것을 걱정하지 말라.

세상의 모든 사물은 대개 허망하여 부질없는 것이 많다. 풀과 나무, 꽃 약초들은 바야흐로 번성하여 활짝 피면 어찌 진실한 것이라 여기지 않겠는가. 급기야 초췌하여 시들면 진실로 허망한 것이다. 비록 소나무와 잣나무가 오래 산다고 해도 수백 년에 불과하고, 그것도 쪼개져서 불에 타지 않으면 또한 바람에 넘어지고 좀이 먹어 사라지게 되니, 이러한 이치를 지혜로운 선비는 알고 있다. 유독 토지나 밭의 허망함에 대해서는 알고 있는 자가 드물다. 세속에서 밭을 사고 집을 마련하는 것을 가리켜서 진실하고 튼튼하다고 여긴다. 사람들은 토지나 밭을 바람이 날려버릴 수도 없고 불이 태울 수도 없고 도둑이 훔칠 수도 없어서, 천년 백년이 지나도록 파괴되거나 손상되지 않는다고 여기기 때문에 이것을 마련하는 사람을 든든하다고 여긴다.

世間諸物, 槩多幻化. 草木花藥, 方其榮鬯之時, 豈不至眞至實. 及其瘁然衰隕, 誠幻物耳. 雖松栢稱壽, 不過數百年之間, 非斫而火之, 亦風隕蠹齕而滅. 此類之然,

通士知之. 獨土田之幻, 鮮有知者. 世俗指買田置莊者, 爲朴實牢固. 人以土田者,
風不能飄之, 火不能燒之, 盜不能攘之, 歷千百年不弊裏損傷, 故凡置此者, 其人爲
牢實云耳.

그러나 내가 다른 사람들의 토지 문서를 보고 그 내력을 조사해 보니, 100
년 내에 주인이 바뀐 것이 항상 대여섯 번은 되었고 심한 경우에는 일고여
덟아홉 번은 되었다. 그 땅의 본성이 흘러 움직이고 잘 달아나는 것이 이와
같다. 그러니 어찌 유독 남에게는 가볍게 움직이지만 나에게만은 오래 머
물러 있기를 바라서 두드려도 깨어지지 않는 물건이기를 믿을 수 있겠느
냐. 창녀나 기생, 노는 여자는 자주 남자를 바꾼 뒤에 나에게 이르렀으니
유독 오래도록 나에게만 정조를 지키기를 바랄 수 있겠는가. 땅을 믿는 것
은 기생의 정조를 믿는 것과 같은 것이다. 부자들은 논밭이 동서남북으로
이어져 있으며 반드시 뜻이 차고 기운이 성대하여 베개를 높이 베고 자손
을 보며 말하기를 만세에 살 터전을 내가 너희들에게 준다고 하지만 진시
황秦始皇이 당시에 아들 호해胡亥[1]에게 전한 것은 이 부자 정도에 그칠 뿐이
아니었으니 이 땅 물려주는 일이 어찌 믿을 만한 것이겠는가?

然余觀人土田之券契, 査其來歷, 每百年之內, 易主輒至五六, 其甚者七八九. 其性
之流動善走如此. 獨安冀其輕於人而久忠於我, 恃之爲損撲不破物乎. 娼妓冶游之
女, 屢更其夫, 以至於我. 獨安冀其久守我乎. 恃土田, 猶恃妓之貞烈耳. 富者田連
阡陌, 必滿志盛氣. 高枕視子孫曰, 萬歲之基, 予以授汝, 不知始皇當年, 其傳之胡
亥, 不止於是, 此事豈足恃耶.

내가 현재 나이가 적지 않아 겪어 본 일이 많다. 무릇 재산이 있어 자손으
로 하여금 누리게 한 자는 천이나 백 가운데 한두 사람뿐이다. 형제의 자식

을 취하여 재산을 준 자도 그 운이 좋은 사람이며, 간신히 소목(昭穆[2])을 따져 몸을 굽혀 거적자리를 깔고 애걸하여 그 재산을 먼 친척에게 주기도 한다. 그런데 평소의 행동은 한 끼의 저녁밥도 아끼는 자들이 천하에 넘친다.

> 余今齒數不尠, 歷事多矣. 凡有財而令子孫享之者, 千百蓋一二人而已. 取兄弟之
> 子予之者, 其倖者也, 僅計昭穆, 屈躬席藁. 以獻于疏遠之族. 平日所爲之惜一夕之
> 餐者滔滔焉.

그렇지 않으면 불초한 자식을 낳아서 애지중지하여 꾸짖거나 매를 때리지도 않는다. 급기야 성인이 되어서는 마음으로 부모가 늙기를 바란다. 삼년상이 막 끝나면 마조나 강패 같은 노름 등 몸에 삼충(三蟲[3])의 기예를 갖추고 이 때문에 재산을 그릇되게 낭비하는 자가 줄을 잇는다. 이로 말미암아 보건대, 이른바 부자라고 어찌 부러워할 것이며, 가난하다고 어찌 슬퍼할 것이랴.

> 不然産不肖孩兒, 愛之重之, 不呵不撻. 及其壯也, 心冀父母之耉. 逮夫三霜甫畢,
> 馬弔江牌, 身具三蟲之技, 以之悖出者, 又項背相望. 由是觀之, 所謂富者豈足羨,
> 所謂貧者豈足悲哉.

가난한 선비가 정월 초하룻날 앉아서 1년의 양식을 계산해 보면, 참으로 망연자실하여 머지않아 굶주려 죽음을 면하지 못할까 생각한다. 그러나 한 해의 마지막 날에 이르러 보면, 여전히 여덟 식구가 모두 살아서 한 사람도 줄어든 이가 없다. 고개를 돌려 회상해 보아도 그러한 까닭을 알 수가 없다. 너는 이러한 이치를 능히 깨달았느냐. 누에가 껍질에서 나오면 뽕나무 잎이 나오고, 아이가 어머니 뱃속에서 나와서 울음소리를 한 번 내면 어머니의 젖이 아래로 흘러내리니, 양식을 어찌 근심할 것이랴. 너는 비록 가난하나 근심하지 말지어다.

貧士於月正元日, 坐算一年糧饟, 誠茫然, 意不日不免乎餓莩. 然及至除夕, 依然八
口都存, 一個不損. 回頭溯想, 莫知其所以然. 汝能覺此理否. 蠶出殼而桑葉吐, 孩
兒出母胎, 啼聲一發, 而母乳已瀝然注下, 糧又安足憂哉. 汝雖貧其勿憂.

『與猶堂全書』, 권17, 「爲尹鐘心贈言」, 42a

🐌···· 정약용이 1813년 8월 강진 다산 주인의 제자諸子인 윤종심尹鐘心
(1793~1853)에게 주는 글이다.

윤종심의 자는 공목公牧, 호는 감천紺泉이다. 윤종심은 다산초당茶山草堂의
주인인 윤단의 작은 아들 윤규하尹奎夏의 아들이니, 그는 윤단의 손자가 된
다. 윤종심은 윤종수尹鐘洙로 부르기도 하였으며, 어릴 때의 이름은 동峒으
로, 일찍부터 학덕學德이 높아 정약용의 남다른 총애를 받았다고 한다.

윤단尹慱(1744~1821)은 해남윤씨海南尹氏로 호는 귤림처사橘林處士, 정약용
의 외가와 같은 씨족이다. 정약용은 1801년 10월 강진 유배령을 받고, 11월
에 강진에 도착하여 사숙私塾을 정하려 하였으나, 모두 거절하고 받아들이
지 않았는데, 다만 가난한 주가酒家(즉 東門賣飯家)의 노파가 그를 가련히 여겨
아무도 '불허안접不許安接'(편히 머무르기를 허락하지 않았던)의 역적 죄인 정약용
을 재워 주고 먹여 주며 돌봐 주었던 것이다. 비좁고 복잡한 토담집이지만
정약용은 모든 불편을 잊으며 "이제야 내가 겨를을 얻었다"면서 본격적인
학문의 정진精進에 몰두, 배우고 가르치는 선비의 본분을 잃지 않았다. 그리
고 1802년 초봄쯤일까. 그들이 찾아온 시기가 언제인지에 대한 분명한 기록
은 보이지 않으나, 정약용에게 글을 배우기 위해서 아전의 자식들이 찾아오
기 시작했으니, 훗날 당대의 석학으로 성장한 황상黃裳·이청李晴 등이 대표

적인 인물들이다.

생각해 보라. 말을 걸어 주기는커녕 묻는 말에도 대답이 없는 유배지에서, 자신을 찾아 준 학동들에게 글을 가르치고 말벗이 되어 주는 일이 얼마나 기뻤겠는가. 그래서 정약용은 1803년 11월 초열흘, 자신의 방을 사의재四宜齋라 이름하고 학문의 요람搖籃으로 삼았던 것이다.

> 사의재란 내가 강진에서 귀양살이하던 방이다. 생각은 마땅히 맑아야 하니, 맑지 않은 바가 있으면 곧 맑게 해야 한다. 용모는 마땅히 의젓해야 하니, 의젓하지 못하면 곧 의젓하게 해야 한다. 말은 마땅히 어렵게 해야 하니, 어렵게 여기지 않음이 있으면, 곧 그쳐야 한다. 움직임은 무거워야 하니, 무겁지 않으면 천천히 해야 한다.
> 이에 그 방을 사의재라 이름 하였다. 마땅하다(宜)라는 것은 의롭다(義)는 것이니, 의義로 규제함이다. 나이가 들어가는 것이 염려되고 뜻과 학업이 쇠퇴하여 가는 것이 슬퍼 스스로 반성하기를 바라노라.
> 四宜齋者, 余康津謫居之室也. 思宜澹, 其有不澹, 尙亟澄之. 貌宜莊, 其有不莊, 尙亟凝之. 言宜訒, 其有不訒, 尙亟止之. 動宜重, 其有不重, 尙亟遲之. 於是乎名其室曰四宜之齋. 宜也者義也, 義以制之也. 念年齡之遒邁, 悼志業之頹墮, 冀以自省也.
>
> 『與猶堂全書』, 권13, 「四宜齋記」, 42a

이는, 생각, 용모, 언어, 행동 등 선비가 지녀야 할 학문적 자세에서 조금의 소홀함이 있으면 철저한 자기 성찰을 통하여 올바르게 규제하면서 학자적인 양심으로 돌아가겠다는 정약용 스스로의 다짐이자, 선언이다.

정약용은 4년 동안 노파의 주가를 비좁고 불편하게 여기기는커녕 훌륭한 서재로 여기면서 학동들과 재미를 붙이고 살다가 1805년 겨울에 보은산방寶恩山房4)에서 기식寄食했고, 1806년 가을에는 이청李晴(1792~?, 자: 鶴來)의 집으로 옮겨와 우거해 오다가 임시 거소居所를 옮겼는데, 그곳이 바로 윤단의 산정山亭(다산초당)이었다. 그러니까 1808년 봄에 다산초당으로 이사를 한 것이다.

정약용은 다산초당을 자신의 집처럼 아끼면서 다산(지금의 강진군 도암면 만덕리 귤동 뒷산의 이름)의 4경(四景)5)에 애착을 갖는다. 4경이란 다조茶竈, 약천藥泉, 정석丁石, 석가산石假山의 네 가지 경치를 말하는 것으로, 이들은 정약용이 직접 만든 솜씨이다.

정약용의 명성이 퍼지자 그에게 글을 배우기 위하여 훌륭한 제자들이 다산초당으로 모여들기 시작했으며, 특히 사족의 집안 자제들이 다산초당을 가득 메웠다고 한다. 그 대표적인 제자들을 18제자라고 하는데 그들의 명단을 『다산 정약용 유배지에서 만나다』라는 책에서 재인용해 보면, 다음과 같다.

이유회李維會(1784~1830, 본관: 廣州)·이강회李綱會(1789~?, 이유회의 아우) 형제
이기록李基祿(1780~?, 본관: 廣州)
정학연丁學淵(1783~1859)·정학유丁學游(1786~1855) 형제
정수칠丁修七(1768~?, 본관: 靈光)
윤종문尹鍾文(1787~?, 윤두서의 후손)
윤종영尹鍾英(1792~?, 호: 敬菴)
윤종기尹鍾箕(1786~1841)·윤종벽尹鍾璧(1788~1873, 호: 醉綠堂)·윤종삼尹鍾參(1789~1878, 호: 星軒)·윤종진尹鍾軫(1803~1879, 호: 淳菴) 4형제
윤종심尹鍾心(1793~1853, 호: 紺泉)·윤종두尹鍾斗(1798~1852, 윤종심의 아우) 형제, 윤자동尹慈東(1791~?, 호: 石南)·윤아동尹我東(1806~?, 호: 栗亭) 형제
이택규李宅逵(1796~?, 李承薰의 아들)
이덕운李德芸(1794~?)

정학연·정학유 형제는 정약용의 아들이며, 윤종기·윤종벽·윤종삼·윤종진의 4형제는 다산초당의 주인인 윤단의 큰아들 윤규노의 아들이고, 윤종심·윤종두 형제는 윤규노의 아우 윤규하의 아들이니, 모두 윤단의 손자들이다. 특히 윤종심은 학연·학유와 더불어 정약용의 측근에서 그의 경서 연구에 많은 도움을 주었던 인물이다. 그리고 윤종문과 윤종영은 정약용의 외가 쪽으로 외종사촌의 아들들이다. 정약용의 사위인 윤창모와 외손자 윤정기尹廷琦(1814~1879, 윤창모의 아들)는 높은 수준의 학자였으나 18제자에는 들지 못했다.

18제자 이외에도 읍성제생6)인 6명의 제자가 있었는데, 그들은 황상, 이청, 손병조孫秉藻(생몰 미상), 김재정金載靖(생몰 미상), 황취黃聚(1792~1867, 황상의 아우), 황지초黃之楚(1793~?)이다. 이들을 포함하여 정약용의 24제자라고 부르기도 한다.

다음은 다산초당에서 공부하던 학생들에게 내리는 정약용의 당부이다.

글에는 많은 종류가 있다. 과문科文이 가장 어렵고 이문吏文이 그 다음이요, 고문古文은 가장 쉬운 것이다. 그러나 고문의 지름길로부터 들어가는 사람은, 이문이나 과문은 따로 공부하지 않아도 파죽지세와 같이 쉽게 할 수 있다. 과문을 통해 문장에 들어가는 사람은 벼슬하여 관리가 되어 공문서를 작성할 때도 모두 남의 손을 빌려야 한다. 서문序文이나 기문記文 혹은 비명碑銘의 글을 구하는 사람이 있으면, 몇 글자 쓰지도 않아서 이미 추하고 졸렬함이 다 드러난다. 이로 보건대, 과문을 짓기가 참으로 어려운 것이 아니라 그 하는 방법을 잊었기 때문이다.

내가 예전에 아들 학연에게 과시科詩를 가르쳤었다. 먼저 한위漢魏의 고시부터 하나하나 본받게 하고 나서 점차 소동파나 황산곡의 솜씨를 알게 하였더니 수법이 점차 매끄러워지는 것을 알 수 있었다. 그래서 그로 하여금 과시 한 수를 짓게 했더니, 첫 작품에서 이미 여러 선생의 칭찬을 받았다. 그 뒤로 남을 가르칠 때도 이 방법을 썼더니 학연과 같지 않음이 없었다. 가을이 깊어 가면 열매가 익어 떨어지고, 물이 흐르면 도랑이 만들어지는 것처럼 이치가 그런 것이다. 여러 학생들은 모름지기 지름길을 찾아서 가야지, 자갈땅이나 덩굴 속을 향해 가서는 안 된다.

文有多種. 而科文最難, 吏文次之, 古文其易者也. 然自古文踐逕入頭者, 卽吏文科文不復用功, 勢如破竹. 自科文入頭者, 仕而爲吏, 判牒皆藉人手. 有求序記碑銘者, 不數字已醜拙畢露. 由是觀之, 非科文之果難, 而爲之失其道爾. 余昔敎子淵科詩. 先從漢魏古詩, 寸寸摸擬, 漸識蘇黃門路, 覺手法稍滑. 令作科詩一首, 初篇已被諸先生獎詡. 後來敎人用此法, 無不如淵也者. 秋熟子落, 水到渠成, 理所然也. 諸生須求捷逕去, 勿向犖确藤蔓中去.

『與猶堂全書』, 권18,「爲茶山諸生贈言」, 3b

정약용이 제생諸生들에게 고문공부의 중요성을 강조한 것이다. 다시 말해서 그는, 과문은 과거 시험용으로 격률이나 형식이 까다롭고 많은 연습과 훈련을 필요로 하며, 이문은 관리들이 문서에 쓰는 행정적인 전문용어가 많아 일반적으로 사용하기가 그리 쉽지 않고, 고문은 옛 고전에서 쓰고 있는 누구나 쉽게 접근할 수 있는 보통의 글이라 말하면서, 과문과 이문을 잘하려면 먼저 고문공부를 익히라고 당부한다. 여기서 말하는 지름길이란 돌아가는 길이다.

정약용이 해배되어 고향에 돌아온 뒤에도 다산초당의 제생들이 찾아와서 정담情談을 주고받았다고 한다. 정약용은 찾아온 제자들과 안부 인사가 끝나자 '절(白蓮寺)로 가는 길가에 심은 동백나무', 그리고 '붉은 복숭아나무의 싱싱함', '연못가에 쌓아 놓은 돌들', '연못 속의 잉어 두 마리', '다산의 차의 말림', '동암(정약용이 거처했던 집) 지붕의 이영' 등을 물으며, 제자들에게 "죽은 사람이 다시 살아나더라도 부끄러운 마음이 없도록 해야 하고, 내가 다시 다산에 갈 수 없음은 또한 죽은 사람이 다시 살아나지 못하는 것과 같을 것이다. 그러나 혹시 다시 간다고 하더라도 결코 부끄러운 모습이 없도록 해야 옳은 일이 되리라"라고 하였으니, 이때(1823년 4월)에 정약용을 찾은 제자는 다산초당의 주인인 윤단의 큰아들 윤규노의 셋째 아들인 윤종삼과 넷째 아들인 윤종진이다. 윤종진은 훗날 벼슬에 나가 이름을 날렸다고 한다.

선비의 삶은 안빈낙도安貧樂道에 있는 것이지, 탄빈歎貧하는 것에 있지 않다. 정약용 역시 그렇게 살았으리라. 정약용이 다산을 다시 찾아갔을까? 기록에는 보이지 않는다.

●●●

1) 胡亥: 진의 2세. 진시황이 죽자 趙高가 호해를 내세워 진의 2세로 삼았는데 진나라는 호해에서 멸망하였다.
2) 昭穆: 사당에 조상의 신주를 모시는 차례.
3) 三蟲: 道家에서 이르는 사람의 뱃속에 있는 세 마리의 벌레.
4) 寶恩山房: 강진 읍내의 북쪽 5리 지점에 있는 보은산의 고성사에 있다. 고성사는 백련사에 속했던 암자였으며, 창건연대는 1413~1475년으로 추정하고 있다. 고성사 스님에 의하면 보은산방의 원래 위치는 현 대웅전과 안심료 사이에 있었다고 한다. 정약용은 1805년 겨울부터 1년 가까이 이곳에 머물면서 6제자들과 함께 『주역』과 『예기』를 논하였으며, 큰아들 학연도 함께하였다.
5) 四景: 茶竈(초당 앞마당에 있는 널따란 바위, 차를 끓이는 부엌이라는 뜻), 藥泉(초당의 왼쪽 모퉁이에서 솟아나는 약수가 흐르는 샘), 丁石(초당 곁에 있는 정약용이 직접 정석이라고 새긴 석벽), 石假山(초당 곁에 있는 인공으로 만든 연못 중앙에 바닷가에서 주어 온 돌로 만든 석산).
6) 읍성제생: 유배 초 강진읍 동문매반가에서 글을 배우던 여러 학생.

▲ 사의재 전경

오른쪽 초가집이 '사의재四宜齋'이며, 왼쪽 초가집(길가 쪽)이 '동문매반가東門賣飯家'이다. 사의재는 다산 정약용이 1801년 11월부터 1805년 겨울까지 만 4년간 기거하였던 곳이다. 사의재는 '네 가지를 올바로 하는 이가 거처하는 집'이라는 뜻으로, 즉 '생각·용모·언어·행동'의 바름을 말한다. 2007년 초여름 원형 그대로 복원하였다.

본지 本旨

본지를 헤아리지 않는 것은
마치 썩은 땅에서 맑은 샘물을
걸러 내려는 것과 같은 것이다.

항상 봄바람이 불기 시작하여 초목이 싹트고 나비가 홀연히 방초芳草에 가
득 모여들 때면, 법승法僧 몇 사람과 함께 술을 가지고 옛 무덤 사이에 노닐
었다. 쑥대 우거진 구덩이와 말갈기 같은 무덤이 모여서 총총한 것을 보고
술 한 잔 따라 붓고 말하였다. "어두운 곳에 묻힌 그대여, 능히 이 술을 마
실 수 있겠는가. 그대가 옛날 세상에 있을 때 또한 일찍이 조그마한 이익을
다투고 티끌 같은 재물을 모으느라 눈썹을 치켜 올리고 눈을 부릅뜨며, 분
주히 수고하고 애써, 오직 손에 굳게 쥐려고 하지 않았는가. 또한 일찍이
짝을 사모하고 찾아 육체의 욕망은 불같이 타오르고 음욕은 샘처럼 용솟음
쳐서 따스한 고향에 친근하고 부드러운 보금자리에 파묻혀 천지간에 다시
무슨 일이 있었는지 모르지 않았는가. 또한 일찍이 가세家勢를 빙자하여 남
을 오만하고 가볍게 대하며 외로운 사람에게 으르렁거리며 스스로를 높이
지 않았는가. 알지 못하겠구나, 그대가 죽어 떠날 때 능히 손에 한 푼의

돈이라도 지녔는지. 이제 그대의 부부가 합장되어서 능히 예전과 같이 즐거움을 누리고 있는가. 내가 이제 그대를 이와 같이 피곤하게 하는데 그대는 능히 나에게 한 마디 꾸짖을 수 있는가."

이와 같이 수작酬酢하고 돌아오는데, 해는 서쪽 산봉우리에 걸렸더라.

每春風始動, 草木萌芽, 胡蝶忽然滿芳草, 與法侶數人, 攜酒游於古塚之間. 見蓬科馬鬣, 纍纍叢叢, 試酌一琖澆之曰. 冥漠君能飮此酒無. 君昔在世, 亦嘗爭錐刀之利, 聚塵利之貨, 撑眉努目, 役役勞勞, 唯握固是力否. 亦嘗慕類索儷, 肉情火熱, 淫慾水涌, 晤晤於溫柔之鄕, 顚顚於軟煖之窠, 不知天地間. 更有何事否, 亦嘗憑其家世, 傲物輕人, 咆哮矜獨, 以自尊否. 不知君去時, 能手持一文錢否. 今君夫婦合窆, 能歡樂如平昔否. 我今困君如此, 君能叱我一聲否. 如是酬酢而還, 日冉冉掛西峯矣.

시라는 것은 뜻을 말하는 것이다. 뜻이 본디 낮고 더러우면 비록 억지로 맑고 고상한 말을 지어도 이치가 이루어지지 않는다. 뜻이 본디 작고 비루하면 비록 애써 광달曠達한 말을 하여도 사정事情에 절실하지 않게 된다. 시를 배움에 그 뜻을 잘 살피지 않는 것은 썩은 땅에서 맑은 샘물을 걸러내고, 냄새나는 가죽나무에서 빼어난 향기를 구하는 것과 같아서 세상을 마칠 때까지 얻지 못할 것이다. 그렇다면 어찌 해야 하는가. 천인天人과 성명性命의 이치를 알고 인심人心과 도심道心의 분별을 살펴서, 찌꺼기를 맑게 하고 청진淸眞을 발현시키면 이에 옳은 것이다.

詩者言志也. 志本卑汙, 雖强作淸高之言, 不成理致. 志本寡陋, 雖强作曠達之言, 不切事情. 學詩而不稽其志, 猶瀝淸泉於糞壤, 求奇芬於臭樗, 畢世而不可得也. 然則奈何. 識天人性命之理, 察人心道心之分, 淨其塵滓, 發其淸眞, 斯可矣.

그러면 도잠陶潛과 두보杜甫 같은 분들은 모두 이와 같이 노력하였던가. 말하기를, 도잠은 정신과 몸이 서로 부리는 이치를 알았으니 더 말할 게 있겠는가. 두보는 천품이 본디 높아서 충후忠厚하고 측달惻怛한 인仁에다가 호탕하고 강직한 기질을 겸하였다. 범상한 무리들은 평생 마음을 다스려도 그 본원의 맑고 깨끗함은 쉽게 두보에 미칠 수 없다. 이 도잠과 두보의 아래 시인들도 또한 당해 낼 수 없는 기상과 모방할 수 없는 재사才思가 있다. 이는 하늘에서 부여받아 얻은 것이요, 배워서 미칠 수 있는 바가 아니다.

然則陶杜諸公, 皆用力由此否. 曰陶知神形相役之理, 可勝言哉. 杜天品本高, 忠厚
惻怛之仁, 兼之以豪邁黥悍之氣. 凡流平生治心, 其本源淸澈, 未易及杜也. 下此諸
公, 亦皆有不可當之氣岸, 不可摹之才思. 得之天賦, 又非學焉者所能跂也.

『주역』이라는 책은 일자一字 일구一句라도 괘상卦象으로 말미암지 않은 것이 없다. 만약 성인聖人이 마치 선가禪家의 화두참선話頭參禪처럼 임의로 한 사물을 가리켜 가공架空하여 설법하였다고 말한다면 곧 이해하기 어렵게 된다. 왕보사王弼가 설괘說卦를 버리고 『역경易經』을 이해하려고 하였으니 또한 어리석지 아니한가.

易之爲書, 無一字一句不由掛象. 若云聖人懸空說法, 如禪家參禪話頭, 任指一物,
便自難通. 王輔嗣乃欲棄說卦以解易, 不亦愚乎.

천책선사天頙禪師가 말하기를, "혹 시전市廛을 지나다가 좌상이나 행상을 보면 다만 조그만 엽전을 가지고 시끌시끌 떠들면서 시장의 이익을 독점하려고 다툰다. 이는 수많은 모기가 한 옹기 속에서 어지러이 우는 것과 무엇이 다르겠는가"라고 하였다. 다만 그가 빠져든 것이 선禪이지만 말인즉 옳다.

天頙禪師云, 或經過市廛, 見坐商行賈, 只以半通泉貨, 哆哆謹謹, 罔爭市利. 何異
百千蚊蚋在一甕中, 啾啾亂鳴耶. 適其所溺者禪, 言則是也.

천책선사가 말하길 "부잣집 아이가 평생 한 글자도 읽지 않고 오로지 경박하고 교만하여 유협游俠만을 일삼아, 월장月杖과 성구星毬와 금안장 옥굴레로 삼삼오오 짝을 지어 큰 거리를 배회하고 주야 없이 이리저리 휘젓고 다니는데, 구경하는 자들이 담처럼 늘어서 있으니 안타깝다. 나는 저들과 환세幻世에서 덧없이 살고 있다.

저들이 어찌 알겠는가. 거짓 몸으로 거짓 말을 타고 거짓 길을 달려 거짓 솜씨를 부리고, 거짓 사람을 부리며 거짓 일을 보는 것이 허망함 위에 다시 허망함이 됨을 어찌 알겠는가. 이로부터 나가서 시끄러움을 보면 슬픔만 더할 뿐이다."

> 天頙禪師云, 富兒生年不讀一字書, 唯輕輠游俠是事, 徒以月杖星毬, 金鞍玉勒, 三三五五, 翶翔乎十字街頭, 网朝昏領領, 南來北去, 觀者如堵, 惜也. 吾與彼, 俱幻生於幻世. 彼焉知將幻身. 乘幻馬馳幻路, 工幺肢令幻人觀幻事, 更於幻上幻復幻也. 由是出見紛譁, 增切怛耳.

『與猶堂全書』, 권17, 「爲草衣僧意洵贈言」, 44a

●‥‥ 정약용이 1813년 8월 4일 자신의 문하로 들어온 초의승草衣僧 의순意恂(1786~1866)에게 주는 글이다. 정약용은 초의에게 도연명·두보를 시詩의 정화精華라 하여, 마치 어린아이를 계몽하는 훈장과도 같이 시론詩論을 설하고 있다. 초의에게 주는 정약용의 이야기는 흥취를 더한다. 특히 정약용은 역易이란 선가적禪家的 설명과는 달리, "상象에 말미암지 않은 것이 없다"라고 하였으니, 이보다 더 간명한 설명은 없다. 어쨌든 초의는 정약용에게서 유서를 읽고 시를 배웠다.(從茶山, 受儒書觀詩道) 이후 초의가 교리敎理에 정통하였음은 정약용의 가르침인 본지本旨에 충실했기 때문일 것이다. 글의

내용으로 보아, 정약용은 초의를 자식처럼 대한 듯하다.

정약용의 불교와의 인연은 「자찬묘지명自撰墓誌銘」의 "정조 원년 정유丁酉(정약용의 나이 16세 되던 해인 1777년)에 아버지께서 화순현감으로 나가시게 되어 나도 따라가서 그 이듬해에는 동림사東林寺에서 독서를 했다"(正宗元年丁酉, 先考出宰和順縣, 厥明年, 讀書東林寺)라는 기록과 무관하지 않다.

정약용은 유배지인 강진 다산초당과 이웃하는 만덕산萬德山 백련사白蓮寺의 승려들과 교분이 두터웠는데, 혜장惠藏, 초의草衣, 자홍慈弘이 그들이다.

혜장(1772~1811)은 법명이다. 성은 김이요, 해남 출신이다. 자는 무진無盡, 호는 연파煙波 또는 아암兒菴이라고도 한다. 정약용과 혜장의 만남은 1805년 가을 백련사에서 이루어졌다. 혜장은 정약용을 처음 만나서 인사를 나눌 때, "빈도1)는 공公(정약용)을 날이면 날마다 숭모하였습니다"(貧道日夜慕公)라고 할 정도였다. 이때, 정약용은 강진에 온 지 5년째 되던 해로, 정약용의 나이 44세이며, 10년 연하인 혜장은 34세였다. 이와 같은 그들의 극적인 만남은 조선 후기의 색다른 문화적 교호交好를 이루게 된다. 말하자면 유학자와 선승의 만남으로 유교와 불교의 상호 이해가 이루어지며 문화의 질적 고양이 이루어진 것이다. 혜장은 불교 승려이면서도 유가의 철리서哲理書인 『주역』에 대한 관심이 많아서 역학을 공부하는 데 정약용의 도움이 필요하였으며, 정약용은 사원寺院을 중심으로 전해 오는 다도茶道를 혜장으로부터 배우게 된다. 이러한 인연으로 정약용은 혜장을 위하여 13수나 되는 시를 남겼으니, 두 사람 사이의 정의를 가히 짐작하게 한다. 혜장의 입적入寂은 1811년으로 그의 나이 40세가 되니, 이들의 교유는 안타깝게도 더는 계속되지 못했다.

초의는 정약용보다도 24살이 어리며, 혜장보다 14살 아래다. 초의 역시 정약용으로부터 시와 역학의 가르침을 받았다. 그러나 혜장이 역학에 관심이 많았다면 초의는 정약용이 생각하는 시의 핵심을 알아보려고 하였다. 정약용은 시의 본의本意를, "시라는 것은 뜻을 말하는 것이다. 시를 배움에 그 뜻을 잘 살피지 않는 것은, 썩은 땅에서 맑은 샘물을 걸러 내고 냄새나는 가죽나무에서 빼어난 향기를 구하는 것과 같아서 세상을 마칠 때까지 얻지 못할 것이다. 그렇다면 어찌 해야 하는가. 천인과 성명의 이치를 알고, 인심과 도심의 분별을 살펴서, 찌꺼기를 맑게 하고 청진을 발현시키면 된다"라고 초의에게 가르쳐 주었다.

정약용과 초의 사이에 정분情分이 남달랐다고 하는 점을 뒷받침할 만한 일설에 의하면, 정약용이 강진에서 해배되어 귀향한 후, 초의가 1830년 12월에 정약용을 방문했다는 것이다. 스승에 대한 은공을 잊을 수 없었으리라. 혜장은 일찍이 세상을 떠났으나, 정약용에게는 또한 초의에 이어 자홍이 있었으니, 정약용과 불교의 인연은 결코 일시적인 만남이 아님을 분명하게 알 수 있다.

자홍은 혜장의 제자이다. 자홍이 능주에서 문전걸식이나 하고 있을 때, 정약용은 "자홍, 그대의 스승은 그렇지 않았다. 어찌하여 그대는 스승을 배반하는 행위를 일삼느냐"라고 하여, 자홍을 친제자나 다름없이 여기고 지극히 엄한 훈계를 아끼지 않았다고 한다.

정약용은 왕필의 학설에 대하여 강하게 비판하였다. 말하자면 『주역』해석의 방법론적 차이이다. 왕필은 "뜻意을 얻음은 상象을 잊는 데 있으며, 상을 얻음은 말言을 잊는 데 있다"라고 하면서 상象의 버림을 주장하였다. 이에 대하여 정약용은 『주역』의 글은 한 글자 한 구절이라도 괘상에 말미암지 않은 것이 없다면서, 왕필을 다음과 같이 비판하였다.

『주역』의 낱말은 상상에서 취한 것인데, 모두 설괘를 근본으로 삼았다. 설괘를 읽지 않고서는 한 글자도 이해할 수가 없는 것이다. 자물쇠나 열쇠를 버려두고 문 열기를 구하는 것은 매우 어리석은 짓이다.

易詞取象, 皆本說卦. 不讀說卦, 卽一字不可解. 棄鑰匙而求啓門, 愚之甚矣.

『與猶堂全書』, 권44, 「周易四箋·說卦傳」, 27b

"설괘를 버리고 『주역』을 풀이하려 하였으니, 또한 어리석지 아니한가"라는 말은 정약용의 왕필에 대한 매우 불쾌한 학문적인 불신이다. 다시 말해서 왕필이 『장자』의 「외물」편에 이르는 "통발(筌)은 물고기를 잡는 도구이니 물고기를 잡으면 통발을 잊고, 올무(蹄)는 토끼를 잡는 도구이니 토끼를 잡으면 올무를 잊듯이, 말(言)은 뜻을 얻는 도구이니 뜻을 얻으면 말을 잊는다"(筌者, 所以在魚, 得魚而忘筌, 蹄者, 所以在兎, 得兎而忘蹄. 言者, 所以在意, 得意而忘言)라는 노장의 허무사상을 끌어들여 성인이 『주역』을 지은 원뜻을 올바로 파악하지 못했기 때문에, 정약용은 왕필의 『주역』 해석은 본지本旨를 헤아릴 줄 모르는 어리석은 짓이라며, 그는 죽어서 "돼지 치는 종놈이 되었다"(牧猪奴)라고 할 정도로 극언極言을 서슴지 않았던 것이다.

정약용의 언어는 일상적인 대화뿐만 아니라 어떠한 현실적 상황에서도 적응, 극복할 수 있는 지혜가 넘친다. 특히 그가 불쑥 던지는 말 한마디에도 인생에 대한 깊은 자기성찰적自己省察的인 해학諧謔이 담겨 있는데, 후학들에게 준 서찰이나 증언證言이 그런 것들이다.

죽으면 한 줌의 흙으로 돌아갈 인생이다. 무엇을 그토록 영위하고 작위하느라 숨 돌릴 새 없이 빠른 속도로 흘러가는 지상주의에 갇혀 인간다운 삶의 본의本意를 상실한 채, 썩은 땅에서 맑은 샘물을 구하려는 어리석은 짓을 하려는지. 이는 마치 연목구어緣木求魚와 같은 것이리라. 현대인의 모습은 아닐는지. 정약용의 물음이다.

●●●
1) 貧道: 승려나 도사가 스스로를 낮추어 겸손하게 이르는 말.

· 도잠陶潛(365~427)의 자는 원량元亮, 연명淵明으로 중국의 대표적인 전원田園 시인이다.

· 두보杜甫(712~770)의 자는 자미子美, 중국 호북성 양양襄陽 사람으로 나이 40세까지 그의 주된 삶은 방랑생활이었다. 그는 민생질고民生疾苦의 당시 사회적 현실을 있는 그대로 가감 없이 시화詩化하여 노래하였다. 후세 사람들은 그를 시성詩聖으로, 이백李白을 시선詩仙으로 불렀다. 두보는 이백보다 11살이나 어린데도 사람들은 흔히 그들을 이두李杜라고 부르기를 서슴지 않았다고 한다. "이두는 함께 여행하기를 좋아하고, 노닐다가 취하여 한 이불을 덮고 자기도 한다"(携手同旅, 醉眠共被)라는 말에서 그들의 관계를 가히 짐작할 수 있다.

· 왕필王弼(226~249)은 위나라의 학자이며 천재 사상가이다. 산동山東 사람으로, 유학과 노자사상에 능통하며, 처음에는 벼슬자리에 오르기도 하였으나 성격에 맞지 않아 물러나 학문에 정진하였다. 15세쯤으로 추정되는 어린 나이에 『노자주』를 저술함으로써 누가 누구를 주했는지 모를 정도의 희대의 천재성을 발휘하기도 하였다. 왕필이 "성인이라면 희노애락喜怒哀樂이 없다"라는 말에 대하여 "성인이 다른 이보다 많이 가진 것은 신명神明이고, 다른 이와 같이 가진 것은 오정五情이다. 신명이 많아서 충화를 얻어 무無에 통할 수 있고, 오정이 같아서 희노애락으로 사물에 응하지 않을 수 없다. 그런즉, 성인의 정은 사물에 응하나 사물에 얽매이지 않는다"(聖人茂於人者神

明也. 同於人者五情也. 神明茂故能體冲和以通無, 五情同故不能無喜怒哀樂以應物, 然則聖人之情應物而無累於物者也)라고 반론을 제기한 일은 유명하다.

화목和睦

봄에 살구꽃이 피면 한 차례 모이고,
한여름에 참외가 익으면 한 차례 모이고,
가을에 국화꽃이 피면 한 차례 모이고,
겨울에 큰 눈 내리면 한 차례 모이고,
세시에 또 한 차례 모이고……

상하 5천 년 세월 속에서 한 시대를 더불어 살아간다는 것은 우연한 일이 아니며, 종횡으로 3만 리 넓은 세상에 하필 한 나라에서 함께 살아간다는 것도 우연한 일이 아니다. 그러나 한 시대, 한 나라에서 함께 살아간다고 하여도 그 나이가 많고 적음의 차이가 있고 그 거처가 먼 고을에 떨어져 있으면, 마주하여도 엄숙하여 기쁨이 적어 죽는 날까지 서로 모르는 경우도 있다.

上下五千年, 必與之生並一世者, 不適然也, 從橫三萬里, 必與之生並一邦者, 不適然也. 然其齒有長幼之縣, 而其居在遼遠之鄉, 則對之莊然少歡而有沒世不相識者矣.

무릇 이 몇 가지 외에도, 또 그들이 혹은 곤궁하고 혹은 영달하여 처지가 다르기도 하고 취향이 같지 아니하면 비록 나이가 동갑이고 이웃에 산다하여도 서로 따르거나 노닐려 하지 않으니, 이것이 인생에 있어 친구와 사귐이 넓지 못한 까닭이요, 우리나라가 더욱 심한 편이다.

凡是數者之外, 又其窮達有不齊, 而趣向有不同, 則雖年同庚而處比鄰, 莫肯與之
游從謙敖, 此人生交結之所以不廣, 而我邦其甚者也.

내가 일찍이 이숙邇叔 채홍원蔡弘遠과 시사詩社를 결성하여 더불어 기쁨을 같이하자고 의논한 적이 있다. 이숙이 말하기를, "나와 그대는 동갑이네. 우리보다 아홉 살 더 먹은 사람들과 우리보다 아홉 살 덜 먹은 사람들은 나와 그대가 모두 벗할 수 있다"라고 했다. 그러나 우리보다 아홉 살 더 먹은 사람과 아홉 살 덜 먹은 사람끼리는 서로 만나면 허리를 굽혀 절을 하거나 좌석을 피하기도 하니 그렇게 되면 그 모임은 이미 어지럽게 된다. 이에 우리보다 네 살 더 먹은 사람으로부터 시작하여 우리보다 네 살 덜 먹은 사람에 이르러 그치었다.

余嘗與蔡邇叔議結詩社, 與共歡樂. 邇叔之言曰, 吾與子同庚也. 多我九年者與少
我九年者, 吾與子皆得而友之. 然多我九年者與少我九年者相値, 則爲之磬折爲之
辟席, 而其會已紛紛矣. 於是自多我四年者起, 至少我四年者而止.

모임이 이미 이루어지자 서로 약속하여 말하기를, "살구꽃이 피면 한 차례 모이고, 복숭아꽃이 피면 한 차례 모이고, 한여름에 참외가 익으면 한 차례 모이고, 서늘한 바람이 불어 서지西池에 연꽃을 감상하기 위해 한 차례 모이고, 국화꽃이 피면 한 차례 모이고, 겨울에 큰 눈이 오면 한 차례 모이고, 세모歲暮에 화분의 매화가 피면 한 차례 모인다. 매번 모일 때마다 술과 안주, 붓과 벼루를 준비하여 술을 마시며 시가詩歌를 읊조리자. 젊은 사람이 제일 첫 번째로 준비물을 다 갖추고, 가장 나이 많은 사람에 이르기까지

한 차례 돌면 반복하게 한다. 아들을 낳는 자가 있으면 모임 준비를 하고 벼슬살이에 나가는 사람이 있으면 준비하고, 벼슬이 높아진 사람이 있으면 모임을 준비하고, 아우나 아들 중 과거에 합격한 자제가 있어도 모임을 갖도록 하자"고 했다.

會旣成, 與之約曰: 杏始華一會, 桃始華一會, 盛夏菰果旣熟一會, 新凉西池賞蓮一會, 菊有華一會, 冬大雪一會, 歲暮盆梅放花一會. 每陳酒殽筆硯, 以供觴詠. 少者先爲之辦具, 至于長者, 周而復之. 有擧男者辦, 有出宰者辦, 有進秩者辦, 有子弟登科者辦.

『與猶堂全書』, 권13, 「竹欄詩社帖序」, 3a

🐟 …· 다산 정약용은 1796년 무렵에 동갑인 채홍원과 상의하여 서울 집이 있는 명례방(지금의 명동)에서 죽란시사竹欄詩社를 결성하였다. (당시 정약용의 부친 정재원은 현재 남양주시 馬峴의 世居之地와는 별도로 서울에 집을 마련하였다.) 그리고는 두 사람보다 네 살 많은 사람부터 네 살 적은 사람까지만 참여할 수 있는 모임을 갖고자 하였다. 그렇게 하여 모두 열다섯 사람을 찾았는데, 이유수李儒修(자: 舟臣), 홍시제洪時濟(자: 約汝), 이석하李錫夏(자: 聖勗), 이치훈李致薰(자: 子和), 이주석李周奭(자: 良臣), 한치응韓致應(자: 徯甫), 유원명柳遠鳴(자: 振玉), 심규로沈奎魯(자: 華五), 윤지눌尹持訥(자: 无咎), 신성모申星模(자: 景甫), 한백원韓百源(자: 元禮), 이중연李重蓮(자: 輝祖), 정약전, 정약용, 채홍원이 바로 그들이다.

이 열다섯 사람은 서로 연령이 비슷하고 가까운 지척에 살았으며, 특히 정조대왕과 같은 성군이 정치하던 맑은 시기에 과거에 합격하여 벼슬길에 올랐다. 거기에다가 벼슬의 등급마저 비슷하였으며, 그 뜻이나 취미의 지향하는 바 또한 비슷한 부류였던 사람들이다. 그래서인지 모임을 만들어 기뻐하며 즐겁게 지내고 천하가 태평한 시대의 문화를 찬란하게 꽃피우고자 하였다.

그럼 정약용은 자신이 살던 명례방의 집을 왜 대나무 난간집이라고 하였을까. 다음을 보자.

나의 집은 명례방에 있었다. 명례방에는 높은 벼슬아치와 세력 있는 집안들이 많아서 수레바퀴와 말발굽이 날마다 큰 길에 교차하여 달리고 있다. 그러나 아침저녁으로 구경할 만한 연못이나 정원이 없었다. 그래서 우리 뜰의 반을 잘라 경계하고 여러 꽃과 과일나무 가운데 좋은 것을 구하여 화분에 심어 채워 놓았다. 석류의 잎이 비대하고 열매가 단 것을 해류라고 하며 또한 왜류倭榴라고도 한다.

왜류는 4본이 있다. 줄기가 위로 곧게 뻗어 1장丈쯤 되고 곁에 붙은 가지가 없으며 위가 쟁반같이 둥글게 생긴 것이 두 그루가 있다. 석류 가운데 꽃은 피면서 열매를 맺지 못하는 것을 화석류花石榴라고 하는데, 화석류는 1본이 있다.

매화는 2본이 있는데, 세상 사람들이 숭상하는 것은 오래된 복숭아나무나 살구나무 뿌리 가운데 썩어 뼈대만 남은 것을 다듬어서 괴석 모양으로 만들어 매화는 겨우 작은 가지 하나를 그 곁에 붙여 놓고 이를 뛰어난 것으로 삼는 것이다. 나는 뿌리와 줄기가 견실하고 가지가 무성한 것을 좋게 여긴다. 그래야 꽃을 잘 피우기 때문이다.

余家明禮之坊. 坊多公卿巨室, 故車轂馬蹄, 日交馳乎衚衕之間. 而無陂池園林. 足以供晨夕之玩者. 於是割庭之半而界之, 求諸花果之佳者, 挿諸盆以實之. 安(矣)石榴, 葉肥大而實甘者, 曰海榴, 亦曰倭榴. 倭榴四本. 幹直上一丈許, 旁無附枝, 上作盤團然者一雙. 榴有華而不實者曰花石榴, 花石榴一本. 梅二本, 而世所尚, 取古桃杏之根, 朽敗骨立者, 雕之爲怪石形, 而梅僅一小枝, 附其旁以爲奇. 余取根幹堅實, 枝條榮暢者爲佳. 以善花也.

치자나무가 2본이 있는데 두공부(당나라 시인 두보)가 이르기를, "치자나무는 여러 나무들에 비하여 인간 세상에 진실로 많지 않다" 하니, 또한 드문 종류의 나무다. 산다山茶(동백)가 1본 있고 금잔화金盞花와 은대화銀臺花가 4본 있는데 이 두 가지를 같은 화분에 심은 것도 하나 있다. 파초는 크기가 방석만 한 것이 1본 있고, 벽오동은 2년생이 1본 있고, 만향蔓香이 1본, 국화는 여러 종류가 있는데 모두 18분盆이고 부용芙蓉이 1분이다. 이에 서까래 같은 대나무를 구하여 절단, 화단의 동북쪽을 가로질러 난간을 세웠다. 그래서 지나다니는 하인들이 옷으로 꽃을 스치지 못하게 하였으니, 이것이 이른바 대나무 난간이다.

항상 조정에서 물러나오면 건巾을 높이 쓰고 난간을 따라 걷기도 하고, 달 아래서 술을 따르며 시를 읊조리니, 맑은 산림과 과수원, 채소밭의 정취가 있어 수레바퀴의 시끄러운 소리를 거의 잊어버렸다. 윤이서(지범)·이주신·한혜보·채이숙·심화오·윤무구·이휘조 등 여러 사람이 날마다 들러 취하도록 마셨는데, 이것이 이른바 '죽란시사'라는 것이다.

梔二本, 杜工部云, 梔子比衆木, 人間誠未多, 盖亦稀品也. 山茶一本, 金盞銀臺四本, 共一盆者一. 芭蕉大如席者一本, 碧梧桐生二歲者一本, 蔓香一本, 菊各種共十八盆, 芙蓉一盆. 於是求竹如椽者, 截其東北之面而欄之. 令僕隷行者毋以衣掠花, 玆所謂竹欄也. 每朝退, 岸巾循欄而步, 或月下酌酒賦詩, 蕭然有山林園圃之趣, 而輪軼之鬧, 亦庶幾忘之. 尹彛叙·李舟臣·韓溪甫·蔡邇叔·沈華五·尹无咎·李輝祖, 諸人日相過酣飮, 玆所謂竹欄詩社者也.

『與猶堂全書』, 권14, 「竹欄花木記」, 9b

정약용이 '죽란시사'의 내력을 적은 「죽란화목기竹欄花木記」이다. 예나 지금이나 권문세도가들의 동네는 그 소음의 질이 같나 보다. 당시 명례방은 높은 벼슬아치들이 많이 살아 거마車馬의 소음이 그치질 않았다. 그러나 정약용은 자신의 뜰을 할애하여 그 소음의 주택가에 석류, 매화, 치자나무, 동백, 금잔화, 은대화, 파초, 벽오동, 만향, 국화 등의 수목과 화초를 심고 가꾸어 아름다운 꽃동산을 만들고, 거기에다 대나무 난간을 대어 화초를 보호하고, 뜻이 맞는 명사名士나 문사文士들과 함께 시와 술을 즐기면서 명례방의 소음을 잊고 조용한 삶을 살았던 것이다. "국화는 여러 종류가 있는데 모두 18분이다"라는 말은 국화에 대한 정약용의 관심의 정도를 짐작하게 하는 중요한 대목이다.

> 국화는 여러 꽃 가운데서 그 뛰어난 점이 네 가지가 있다. 늦게 피는 것이 하나이고, 오래도록 견디는 것이 하나이고, 향기로운 것이 하나이고, 아름다우면서 야하지 않고 깨끗하면서도 싸늘하지 않은 것이 하나이다. 세상에 국화를 사랑하기로 이름나고 국화에 대한 멋을 안다고 자부하는 자도 이 네 가지의 빼어난 점을 벗어나지 아니한다. 나는 이 네 가지 외에 또 특별히 촛불 앞의 국화 그림자를 취한다. 날마다 밤이면 담장을 쓸고 등잔불을 켜고 외롭게 그 가운데 혼자 앉아서 즐겼다.
>
> 菊於諸花之中, 其殊絶有四. 晚榮其一也. 耐久其一也. 芳其一也. 艶而不冶, 潔而不涼其一也. 世之號愛菊而自命以知菊之趣者, 不出此四者之外. 余於四者之外, 又特取其燭前之影. 每夜爲之掃墻壁治檠釭, 而蕭然坐其中以自娛.
>
> 『與猶堂全書』, 권13, 「菊影詩序」, 4a

정약용의 「국영시서菊影詩序」 내용의 일부이다. 정약용은 강진 유배지에서 서신으로 아들에게 "너희들이 국화를 심었다고 들었는데 국화 한 이랑은 가난한 선비가 몇 달 동안 먹을 식량이 될 수도 있는 것이니 한낱 꽃구경에만 그치는 것이 아니다"라고 말한 적이 있다. 관상용뿐만 아니라 약용藥用으로도 쓰이는 국화의 효용성을 말한 것이다. 그러한 이유로 해서 다른 화초와는 달리 명례방 주택가에 국화 18분이나 심었던 것은 아닐는지. 그러나 죽란시사의 모임에서는 꽃구경을 좋아했던 모양이다. 그것도 꽃구경에만 그치지 않고 촛불을 밝혀 비치는 '국영菊影'을 즐긴 것이다. 이를 본 남고 윤지범과 이유수・한치응・윤지눌 등은 감탄의 홍분을 감추지 못하여 즐거움에 겨워 술을 마셨고, 술에 취하여 서로 시를 읊으며 밤을 즐겼다. 물론 국영의 연출은 정약용이었다. 정약용은 이러한 풍류를 즐기는 가운데 자신의 심성을 도야하고 함양하였으며, 이즈음 한창 물오른 감성으로 수많은 시를 남겼다.

해는 풍년인데 쌀은 도리어 귀하고	歲熟米還貴
집은 가난하나 꽃은 더욱 많이 피었네.	家貧花更多
가을빛 속에 꽃이 피어	花開秋色裏
친한 사람들 밤에 서로 찾았네.	親識夜相過
술 따르니 시름조차 없어지고	酒寫兼愁盡
시가 이루어지니 즐거움을 어찌 할까.	詩成奈樂何
한혜보는 매우 바르고 무겁더니	韓生頗雅重
요즘에 또한 미친 듯 노래하네.	近日亦狂歌
기러기는 날고 날아 강남으로 향하는데	飛飛鴻鴈向江洲
홀로 차가운 발 걷으니 먼 시름이 생겨나네.	獨捲寒簾生遠愁
쑥대 귀밑머리 성글어지니 늙었음인가	蓬鬂欲疎無乃老
국화는 피었으나 가을의 쓸쓸함을 이기지 못하네.	菊花雖發不禁秋
선비 이름으로 세상 일 그르쳐 책조차 던지고	儒名誤世抛經卷
고향 꿈이 마음에 걸려 낚싯배 소식 묻네.	鄕夢關心問釣舟
대략 저축하여 일 년 계획을 세워	約畧瓶儲爲歲計
봄이 오면 가족 데리고 양주로 내려가리라.	春來提挈下楊州

『與猶堂全書』, 권3, 「竹欄菊花盛開同數子夜飮」, 11a

죽란시사의 모임 규약에, 가을에 국화꽃이 피면 한 차례 모인다고 했다. 15명 시사원 중에 이유수·한치응·윤지눌·정약용 등이 모였는데, 이때 정약용이 지은 「죽란국화성개동수자야음竹欄菊花盛開同數子夜飮」(동무들과 술 마시며 활짝 핀 국화를 바라보다)이라는 시이다.

정약용은 주문모周文謨 신부 사건 때 둘째 형 약전이 연좌連坐되었다는 이유로 충청도 금정찰방으로 좌천되었다가 다시 서울로 돌아오긴 하였으나 이렇다 할 보직補職도 받지 못하고 있던 시절, 죽란시사원들과 같이 시나 지으며 보내다가, 때론 술에 흠뻑 취해 근심을 달래기도 하였다. 세상 형편의 어려움과 시름을 잊고자 하는 그의 시상이 돋보인다.

옛날에는 5년 이내는 친구로 사귀고 5년 이상이면 형으로 모시고 10년 이상이면 부모처럼 모시게 되어 있었다. 죽란시사는 정약용이 정치적인 이유로 서울을 떠나 있는 날이 많게 되자 모임에 어려움이 많았다. 그러다가 1801년 2월에 정약용이 경북 장기로 유배가면서 해체되었다. 장기에서 정약용은, 죽란시사 친구들 중에 좋을 때나 궂을 때나 변하지 않은 친구는 이유수와 윤지눌 두 사람 뿐이었다고 회상하기도 하였다. 동년 10월 중형 약전은 흑산도로 이배되고, 약용은 장기에서 전남 강진으로 이배되었다.

가도家道

나무가 고요하고자 해도
바람은 멈추지 않고
자식이 부모를 봉양하고 싶어도
부모는 기다려 주지 않는다.

남자들이 장인·장모에게 겉으로는 소홀히 하는 듯하나 속으로는 측은한 마음을 두고 있다. 부인들은 시부모에게 겉으로는 존경하는 듯하나 속으로는 가만히 비난하는 마음을 지니고 있으니, 이 참으로 미혹된 일이다.『예기』에 이르기를 "며느리가 시부모 섬기는 일을 친정부모를 섬기는 것처럼 해야 한다"라고 하니, 진실로 시부모에게 불효하는 사람은 그 부모에게 하는 일도 알 수 있다. 시부모는 자기 며느리를 자기 자식같이 보기 때문에 바라는 바가 매우 깊다.

그러나 며느리는 시부모 보기를 친부모와 다르게 하기 때문에 그 바람에 부응하지를 못하니, 마음과 뜻이 맞지 않아 가도家道가 어지럽게 된다. 참으로 만일 아내가 자기 남편의 뜻이 한결같이 효도하고 두 마음 먹는 게 없다는 것을 안다면 남편의 환심을 사려고 해서라도 효성으로 시부모 섬기는

일을 아니할 수 없을 것이다. 효성을 이루게 된 것이다. 오래 하다 보면
젖어들고 감화되어 온전히 자연스런 효부가 되리라. 이것으로 본다면, 며
느리의 불효는 그 남편이 불효한다는 분명한 증거가 된다. 무슨 말이 더
있겠는가.

> 男子之於妻父母, 外似疎薄, 而內有隱情. 婦人之於舅姑, 外似尊敬, 而內有潛訕,
> 誠可惑也. 禮曰, 婦事舅姑, 如事父母, 苟於舅姑不孝子, 其於父母可知也. 舅姑視
> 其婦爲己子, 故望之至深. 乃婦人之視舅姑, 異於天屬, 故不副其望, 於是乎情意不
> 孚, 而家道亂矣. 誠使婦人, 知其夫子之志, 壹於孝而不貳焉, 則欲得歡心, 不能不
> 孝養舅姑. 及其久也, 浸染感化, 渾然天成. 由是觀之, 婦之不孝, 明徵其夫子之不
> 孝也. 何辭焉.

요즈음 부부간에 잘 화합함이 마치 금슬琴瑟을 연주하는 듯하나 형제간에
는 도리어 화목하지 못한다. 친구들과는 쫓아다니며 생사를 허락하면서도
형제와는 길 가는 사람처럼 여긴다. 그러하니 성인이 가르침을 세운 뜻과
어찌 되겠는가. 성인이 다섯 가지 가르침을 세워 놓을 때 아내와 친구는
넣지도 않았다. 다섯 가지 가르침이란 아버지, 어머니, 형님, 아우, 자식이
었다.

> 今有夫婦好合, 如鼓琴瑟, 而兄弟却不和翕. 朋友馳逐, 許以死生, 而兄弟視如行路
> 者. 其與聖人立敎之意何如哉. 聖人之立五敎也, 妻與友不與焉. 五敎者, 父母兄弟
> 子也.

형제란 나와 부모를 함께하고 있으니, 이 또한 나일 뿐이다. 형은 나보다
먼저 태어난 나이고 아우는 나보다 뒤에 태어난 나이다. 다만 모습이나 나
이가 약간 다르지만 만일 구분하여 두 사람으로 여기고 서로 우애하지 않
는다면 이것은 내가 나를 멀리함이다. 어찌 미혹된 것이 아니겠는가.

兄弟者, 與我同父母, 是亦我而已矣. 兄者先至之我也, 弟者後至之我也, 特貌與 齒, 暫異耳, 苟分而二之, 不相友愛, 是以我疎我矣. 豈非惑歟.

나무 한 그루가 여기에 있는데, 한 가지는 잘 자라서 무성하게 되었지만 다른 한 가지는 초췌하고 마른 나무가 되었다면 사람들이 탄식하며 애석하게 여기지 않을 사람이 없을 것이다. 지금 형제가 여럿 있어 어떤 사람은 부호가 되어 편안히 즐기고 어떤 사람은 빈궁하여 괴로운데, 서로 돌보아 주지 않고 각각 자기 아내와 자식들만 사사로이 편애하면 사람들이 그들을 보기를 무지한 초목보다 더 못하게 여길 것이다. 다만 마주 보고 탄식하며 허물을 따지지 않을지언정 부끄럽고 두렵게 여기지 않겠는가.

有一樹於此, 其一枝蔚然榮茂. 其一枝悴然枯槁, 人莫不咨嗟而憐惜之. 今有兄弟 數人, 或豪富逸樂, 或貧匱勞苦, 而不相眷顧, 各私其妻子者, 人之視之, 豈唯草木 之無知哉. 特不敢對面咨嗟以離尤耳, 不愧懼哉.

『與猶堂全書』, 권22, 「諭谷山鄕校勸孝文」, 12a

🖤 ···· 다산 정약용이 곡산 부사(1797)로 있을 때, 곡산 향교의 유생들에게 효를 깨우친 「유곡산향교권효문諭谷山鄕校勸孝文」이라는 연설 내용의 일부이다.

정약용에게 있어, 오교五敎란 부의父義·모자母慈·형우兄友·제공弟恭·자효子孝이다. 형우·제공을 합하여 말한다면 제弟이고, 부의·모자를 합하여 말한다면 자慈이며, 자효는 효孝이다. 그러므로 효·제·자, 이 세 글자는 오교를 총괄한 것이니, 이른바 명덕明德은 효·제·자인 것이다.

후에 맹자가 아내와 붕우를 넣어 오교에서 오륜五倫(父子有親, 君臣有義, 夫婦

有別, 長幼有序, 朋友有信)으로 발전시킨 것처럼, 정약용은 오교에서 효·제·자를 도출하여 이를 『대학』의 「명덕」의 내용으로 풀이하였으니, 정약용의 덕론德論 중 으뜸으로 하는 효제자론孝弟慈論이 바로 그것이다. 효제자론의 '자'는 목민자牧民慈의 '자'로 이어진다. 정약용이 곡산 향교의 유생들에게 연설한 내용은 그의 '효제자론'에 바탕을 두었다.

그는 효·제·자를 인간의 평등적 상호 관계 속에서 실천윤리학적인 생활규범으로 확립하였으며, 특히 효제윤리의 모순을 극복하기 위하여 '자'의 윤리를 제시하였다. 수직적 윤리체계로부터 수평적 윤리체계로 전환된 그의 윤리관은 더 나아가 '한 가정이 어질면 한 국가에 인仁의 기풍이 일어난다'(一家仁, 一國興仁)로 이어지고 있었다.

정약용의 연설문 중, "며느리의 불효는 그 남편이 불효한다는 분명한 증거가 된다. 무슨 말이 더 있겠는가"라는 대목이 연설의 핵심 내용이다. 200년 전의 정약용의 우려가 오늘날 그대로 드러나는 듯하여 상심하지 않을 수 없다. 효·제·자는 자연발생적 의미의 효와 공경 그리고 자애로움뿐만 아니라 가르쳐서 깨닫도록 하는 '교教'의 대상으로도 포함되는 것이니, 오늘날의 윤리교육 측면에서 중요시해야 하는 것은 당연하다. 특히 입시지옥에 살고 있는 청소년들에게는 더욱 절실하다. 우리 모두가 되새기어볼 일이다.

감사監司

국가의 안위는
인심의 동향에 달려 있고,
인심의 동향은
백성의 기쁨과 슬픔에 달려 있고,
백성의 기쁨과 슬픔은
수령의 잘잘못에 달려 있고,
수령의 잘잘못은 감사의
공정한 상벌에 달려 있는 것이다.

밤에 담 구멍을 뚫고 문고리를 풀고 들어가서 주머니를 뒤지고 상자를 열어 의복, 이불, 제기祭器, 술잔 등을 훔치고 혹은 그 가마솥을 떼어 메고 도망하는 자가 도적인가. 아니다. 이는 다만 굶주린 자가 먹을 것이 급하기 때문이다. 칼과 몽둥이를 감추고 길에서 사람을 맞아 그 소, 말과 돈, 비단을 빼앗고 그 사람을 찔러서 입을 막은 자가 도적인가. 아니다. 이는 다만 본성本性을 잃은 어리석은 자일 뿐이다. 수놓은 안장을 깐 준마를 타고 수십 인의 하인을 거느리고 횃불과 창과 검을 줄지어 세운 다음 부잣집을 골라 곧바로 당에 올라 주인을 결박하고, 그 보물창고를 다 훔치며 곳간을 불사르고 감히 말하지 말라며 거듭 경계하고 맹세하는 자가 도적인가. 아니다.
이는 제대로 배우지 못한 난폭한 자일 뿐이다.

莫夜鑿牖孔, 解衖鐍探囊肚篋, 以竊衣被敦匜, 或摘其錡釜而逃者, 盜乎哉. 非也.
是唯餓夫之急食者也. 懷刀袖椎, 要於路以禦人, 攘其牛馬錢幣, 割其人以滅口者,
盜乎哉. 非也. 是唯愚夫之喪性者也. 騎駿馬綉韉, 騶從數十人, 羅炬燭列槍劍, 選
富人家, 直上堂, 縛主人, 傾帑藏, 焚其棗庚, 申誓戒令毋敢言者, 盜乎哉. 非也. 是
唯鷙者之失教者也.

그렇다면 누가 도적인가. 부신符信 주머니를 차고 인수印綬1)를 늘어 매고 한
군현郡縣이나 한 진보鎭堡를 오로지 다스리며 온갖 형벌의 도구를 진열해 놓
고 날마다 지치고 가난한 백성들을 매질하며, 그 피를 빨고 기름을 핥는
자가 도적인가. 아니다. 이는 다만 비슷한, 또한 작은 도적일 뿐이다.

然則奚盜. 將佩符囊繹印綬, 專一城擅一堡, 陳箠楚枷鏁, 日撻罷癃寒丐, 呬其血
吮其膏者, 爲盜乎. 曰非也. 是唯近之, 亦小盜耳.

여기에 큰 도적이 있으니 큰 깃발을 세우고 큰 일산을 받치며 큰 북을 치고
큰 나팔을 불면서 쌍마의 교자轎子를 타고 옥로玉鷺가 달린 모자를 쓰고 있
다. 그를 따르는 자는 부府 2명, 사史 2명, 서胥 6명, 도徒 수십 명, 하인과
심부름꾼과 졸복의 무리가 수십에서 백 명에 이른다. 여러 현縣과 역驛의
안부 묻고 영접하는 아전과 무리가 수십에서 백 인이요, 기마騎馬가 100필,
짐을 싣는 말이 100필, 아름다운 옷을 입고 곱게 화장한 부인이 수십 명,
동개2)에 넣은 화살을 짊어지고 앞선 자가 둘이요, 그 맨 뒤를 맡은 사람이
3명, 역관으로 따르는 자가 한 사람, 향정의 관리로서 말 타고 수행하는 자
가 3사람, 부신 주머니를 차고 인수를 매고 숨을 죽이면서 말 타고 따르는

자가 네댓 사람, 차꼬와 몽둥이를 싣고 혹은 붉은 옷 혹은 흰 옷을 입고
사람을 두렵게 하는 사람이 네 사람, 횃불을 짊어지고 손에는 붉은 색과
비취빛 청사초롱을 쥐고 대기하고 있는 사람이 수백 인, 손에 회초리를 들
고 백성이 호소하지 못하도록 금하는 자가 8명, 거기에다 길가에서 구경하
며 탄식하고 부러워하는 자가 수백 수천 명이다. 이르는 곳마다 화포火礮를
쏘아 뭇사람들을 놀라게 하고 태뢰太牢³⁾를 갖추어 올리는 자가 열 배나 된
다. 그리고 한 번 먹고 마실 때 혹 장을 갖추지 못했거나 음식을 따스하게
하지 못하면 곤장을 치는 자가 무릇 열 사람이다. 따져 말하기를 '길에 돌
이 있어 내 말이 넘어졌다', '떠드는 자를 금지시키지 않았다', '영접하는
부인이 적다', '병풍과 휘장과 대자리가 너무 소박하다', '횃불이 밝지 않고
구들이 따뜻하지 않다' 등등 이와 같다.

有大盜於此 樹大旗擁大蓋擊大鼓吹大角, 乘雙馬之轎, 戴玉鷺之帽. 其從者府二
人, 史二人, 胥如府史之數而加其二焉, 徒數十人, 輿卓隷僮若卒僕之屬, 數十百
人. 諸縣郵探候, 延接之吏若徒數十百人, 馬騎者百匹, 其載者百匹, 婦人姣服靚裝
者數十人, 裨將負韣矢前驅者二人, 其殿者三人, 驛官從者一人, 鄕亭之官騎而從
者三人, 佩符囊彈印綬, 屛氣脅息, 騎而從者四五人, 載桁楊梏杕或朱或白, 以憪人
者四人, 負炬燭手執絳翠紗籠, 以待用者數百人, 手執箠禁民毋得號訴者八人, 道
傍觀咨嗟歆羨者數千百人. 所至發火礮以驚衆, 進供具如太牢者什之. 厥有一飮一
食, 或失其醬違其溫者杕, 杕者凡十餘人. 數之曰道有石躓余馬, 曰囂者不禁, 曰婦
人迎者少, 曰屛帳簟席朴, 曰炬不明炕不溫, 如斯而已矣.

좌정하고 나서는 서리胥吏와 졸사卒史를 불러서 여러 군현郡縣에 공문을 보
내어 바칠 곡식을 돈으로 환산하여 바치도록 명하고, 1곡斛의 값을 150전으
로 치면 노하여 꾸짖으며 200전까지 올린다. 백성 중에 곡식을 짊어지고

오는 자가 있으면 곡식을 받지 않고 돈으로 200전을 물도록 한다. 다음해
봄에 200전을 셋으로 나누어 그중 하나를 백성에게 주면서 이르기를 "이것
이 1곡斛의 곡식 값이다"라고 말한다.

坐既定, 召胥與史, 文移諸郡縣, 命市納賈粟, 一斛直錢百五十, 怒罵之, 增至二百.
民有負粟至者, 則覆其斛責二百. 厥明年春, 析二百而三之, 以予民而告之曰, 此一
斛粟也.

바닷가에는 부상富商과 대고大賈가 많아 곡식 값이 오르면 그 광에 저장했던
곡식을 모두 팔아 돈을 만들고, 산골 마을은 곡식이 붉게 썩으면 창고에
쌓기도 하고 노적露積도 한다. 이에 곡식이 다리가 생겨서 날마다 100리를
달려 7일이면 700리를 행하여 바닷가에까지 간다. 바닷가의 병들고 가난한
사람들이 괴로움을 이기지 못하여 처자를 팔면서 피를 흘리고 거품을 토하
다 서로 연달아 쓰러져 죽어 간다. 이윽고 그 남은 돈을 계산해 보면 수천
만에 이른다.

묘지墓地에 대해 송사하는 사람은 유배 보내고 고을 수령이 포악한 정치를
한다고 하소연하는 자도 유배 보내니 그 벌금은 40전에서 100전까지이다.
병든 소를 도살한 자도 유배 보내니 그 벌금은 30전에서 100전이다. 이렇게
해서 남은 돈을 계산해 보니 수백만에 이른다.

海濱多富商大賈, 粟米刁踊, 則傾其窖而錢之, 山縣粟米紅腐, 則爲庾爲積. 於是粟
生脛, 日走百里, 更七日則七百里而海焉. 海之罷癃寒丐, 不任毒痛, 賣妻粥子, 流
血吐沫, 相顧連以死. 既而計其贏錢, 至數千萬. 訟墓地者流之, 訴令長有虐政者流
之, 其罰四十百. 屠病牛者流之, 其罰三十百. 計其贏錢, 至數百萬.

토호土豪와 간리奸吏들이 도장을 새겨 위조문서를 만들고 법 조항을 희롱하

266

는 일이 있으면 "이것은 못 속의 물고기이니 살필 것이 못된다"라고 말하면서 숨겨 준다. 불효하고 우애하지 않아 그 처를 박대하고 음란한 짓으로 인륜을 어지럽힌 자가 있으면 "이는 말을 전한 사람이 잘못한 것이다"라고 말하며, 모르는 것처럼 지나쳐 버린다.

> 有土豪姦吏, 刻章僞書, 舞文弄法者, 曰是淵魚不足察, 則掩匿之. 有不孝不弟, 薄
> 其妻, 淫瀆亂倫者, 曰是傳之者過也, 裒然爲不知也者而過之.

부신 주머니를 차고 인끈을 늘어뜨린 사람이 곡식을 판매하고 부세賦稅를 도적질한 것이 이와 같은데도 용서하여 살려 주고, 고과考課할 때에는 일등으로 점수를 매겨 임금을 속이니 이와 같은 자가 어찌 큰 도적이 아니겠는가. 큰 도적인 것이다.

도적인데도 야경夜警꾼이 감히 심문하지 못하고, 의금부義禁府에서도 감히 체포하지 못하고, 어사御史도 감히 공격하지 못하고, 재상宰相도 감히 처벌을 말하지 못한다. 그리하여 멋대로 포악하고 어긋난 짓을 행해도 감히 따지지 못하며, 전장田莊을 설치하고 논밭이 끝없이 이어져 있어 종신토록 안락하지만 감히 비난하는 자가 없다. 이와 같은 자가 어찌 큰 도적이 아니겠는가. 큰 도적인 것이다. 그래서 군자君子가 "큰 도적을 제거하지 않으면 백성이 모두 죽을 것이다"라고 말했던 것이다.

> 厥有佩符囊彈印綬者, 販穀糶竊賦稅, 如已所爲, 則恕而存之, 課居最以欺人主, 若
> 是者庸詎非大盜也與哉. 大盜也. 已是盜也, 干掫不敢問, 執金吾不敢捕, 御史不敢
> 擊, 宰相不敢言勵討. 橫行暴戾, 而莫之敢誰何, 置田野連阡陌, 終身逸樂而莫之敢
> 訾議. 若是者庸詎非大盜也與哉. 大盜也已. 君子曰大盜不去, 民盡劉.
>
> 『與猶堂全書』, 권12, 「監司論」, 11a

🦎 …· 이 글은 정약용이 쓴 「감사론監司論」이라는 논문이다. 정약용은 감사가 제일 큰 도적이라고 했다. 당시 관료의 부정부패 즉 감사의 횡포를 적나라하게 고발하고 있다. 정약용은 감사가 수령을 고과考課⁴⁾하는 방법은 곧 천명과 민심에 따른 기틀이요 국가의 안위와 직결된다고 보았다. 정약용은 "요순堯舜의 법은 3년 만에 공적功績을 고과하고 세 번 고과하여 못된 사람을 내쫓고 착한 사람을 썼으니, 그 법이 엉성한 것 같으나, 그 세 번 고과하여 내치는 데 미쳐서는, 우임금의 아버지인 곤鯀 같은 자도 우산羽山에서 죽여 용서하지 않았다. 임금의 단죄斷罪가 빛남이 부월斧鉞보다 삼엄하였다"고 하면서, 감사와 관계된 것이 이처럼 중요한데, 감사의 역할이 소루疏漏하고 분명치 못함을 걱정하였던 것이다.

정약용은 "부신⁵⁾ 주머니를 차고 인끈을 늘어뜨린 사람이 곡식을 판매하고 부세賦稅를 도적질한 것이 이와 같은데도 용서하여 살려 주고 잘 보존시킴은 말할 것도 없거니와 감사가 수령을 고과할 때에는 일등으로 점수를 매겨 임금을 속인다. 이와 같은 자가 어찌 큰 도적이 아니겠는가. 큰 도적인 것이다"라고 개탄하면서, "수령의 직책이 어찌 다만 칠사七事⁶⁾뿐이겠는가. 요컨대 수령의 온갖 직무가 모두 율기律己 두 자字에 근본을 두고 있다"고 강조하였다. 다음을 보자.

수령이 처음 부임할 때에는 누구든 조심하고 두려워하며 오직 책임을 감당하지 못할까 두려워하지 않겠는가. 백성들이 자기를 칭찬해 주기를 바라며 감사監司가 자기를 포상하길 바라며, 법을 어김이 없기를 바라며, 공사公事를 기일에 미치기를 바란다. 그러다 몇 개월이 지나면 아전이 꾀어 말하기를 "백성들은 완악頑惡하여 그 바람을 충분히 충족시켜 줄 수 없으며, 감사는 멀리 있으니 속이는 방법이 있고, 곡식을 거두고 나누어 주는 것을 내 계획대로 한다면 그 남은 것이 10배는 된다하며 공사는 미루어도 해로울 것이 없다"라고 한다. 이에 더불어 장사하여 이익을 쪼개고 더불어 도적질하여 그 장물臟物을 나누고 더불어 백성들을 침탈하고 괴롭혀 그 위엄을 부린다.

其始至也, 其誰不兢兢然栗栗然. 惟弗克負荷是懼哉. 欲民之譽己焉, 欲監司之褒己焉, 欲法之無違焉, 欲公事之及期焉. 旣數月, 吏誘之曰, 民頑其慾不可充也, 曰監司遠其欺蔽有術也, 曰粟斂散如吾計, 其贏者什倍, 曰公事推轉無害. 於是與之賈析其利, 與之盜分其臟, 與之魚肉民移其威.

『與猶堂全書』, 권11, 「鄕吏論」, 18a

이러한 이유로 해서, 우선 수령은 자신의 몸가짐을 바르게 하여 백성들에게 위엄과 덕망을 보이며 스스로 청렴해야 하는 것이다. 정약용이『목민심서』의 첫머리에 '율기육조律己六條'를 두어 수령의 첫째 덕목으로 율기를 강조한 것은 바로 이 때문이다. 문제는, '감사는 멀리 있어 속이는 방법이 있으니'라는 대목이다. 간활奸猾한 향리에게는 수령도 감사도 허수아비일 뿐만 아니라, 그들은 백성을 짓밟고 도륙하며 이利를 분배하고 장물을 나누어 갖는 한낱 장물아비에 불과한 것이다. 다시 말해서, 도둑도 도둑이 아니고 강도도 도둑이 아니며 무리지어 약탈을 일삼는 도적 떼도 도둑이 아니니 진짜 도둑은 한 지방을 다스리는 책임자인 감사일 뿐인 것이다.

그리하여 정약용은 "아전을 단속하는 근본은 자기 자신을 규율規律함에 있다. 자기의 몸가짐이 바르면 명령하지 아니하여도 일이 행行하여질 것이요, 자기의 몸가짐이 바르지 못하면 비록 명령을 하더라도 행하여지지 아니할 것이다"라고 하면서,『목민심서』「이전吏典・속리束吏」편에, 속리의 방법으로 다음과 같은 내용을 적고 있다.

1) 예禮로써 바로잡고 은혜로써 대한 후에라야 법으로써 단속한다.

2) 너그럽지 못한 것은 성인이 경계하는 바이니, 너그러우면서도 해이解弛해지지 않으며 어질면서도 나약하지 않는다.

3) 타이르고 감싸 주며 가르치고 깨우치되 쓸데없는 위엄을 부리지 않으면 바로 잡아지지 않을 자 없다.

4) 타일러도 깨우치지 아니하고 가르쳐도 고치지 아니하며 세력을 믿고 크게 간활한 자는 형벌로 다스린다.

5) 수령의 좋아하는 바를 아전이 영합하지 않음이 없으니, 간활한 아전衙前의 꾐에 빠지지 않는다.

6) 성질이 편벽하면 이를 충동하여 농간질을 하는 아전이 있으니, 아전의 꾐에 넘어가지 않게 자신의 편벽한 성질을 고친다.

7) 알지 못하면서 아는 척하는 것은 아전의 술수에 빠지기 쉽다.

8) 아전의 비호세력인 재상이나 감사의 압력에 굴복屈伏하지 않는다.

9) 아전들의 이력표履歷表를 작성하여 책상 위에 놓고 그들의 근무상황을 명확하게 파악한다.

10) 수리首吏와 지나치게 밀착하지 말아야 하며 죄가 있으면 반드시 벌을 주어 백성들로 하여금 의혹이 없도록 한다.

11) 이속吏屬의 참알參謁7)에 있어서는 의복금제衣服禁制를 엄격하게 한다.

12) 이속의 잔치놀이는 백성을 상하게 하는 것이니, 엄중히 금하고 감히 희롱하며 즐기는 일이 없도록 한다.

수령이 청렴하면 간활한 아전은 없으며, 또한 감사의 압력에도 굴복할 일이 없다는 것이다.

정약용은 목민하는 데 있어 무엇보다 중요한 것은 속리에 있다고 보았다. 속리를 하지 못하면 목민관 노릇을 제대로 할 수 없다는 뜻이다. 즉 목민의 요점은 속리에 있으며, 속리의 요점은 율기에 있다는 것이다.

정약용은 "진실하면 정치가 서투르고, 그 반대인 경우에는 재주가 풍부하다"고 말한 적이 있다. 명언이다. 그는 재주만을 내세우는 간활한 정치 지도자보다는 서투르지만 노력하는 진실한 정치 지도자를 기대했을 것이다. 전자냐 후자냐에 따라서 진정한 감사의 모습을 가늠해 볼 수 있기 때문이다. 오늘날 으리으리하게 꾸민 집무실, 거기에다가 호화스런 고급 승용차까지 갖춘 목민관들의 행태를 곰곰이 생각해 볼 일이다.

●●●
1) 印綬: 인끈이라고도 한다. 인끈이란 병권을 장악한 무관이 發兵符 주머니를 매달아 차던 길고 넓적한 사슴 가죽의 끈을 말한다.
2) 동개: 활과 화살을 넣어 매는 기구.
3) 太牢: 나라 제사에 소, 양, 돼지 등 세 가지 짐승을 통째로 바치는 일. 그런데 보통 훌륭하게 차린 음식상을 태뢰라고 하기도 한다.
4) 考課: 공무원이나 학생의 성적을 엄격하고 자세하게 따져 우열을 정하는 것.
5) 符信: 나무 조각 혹은 두꺼운 종잇조각에 글자를 기록하고 證印을 찍은 뒤에 두 조각으로 쪼개서 한 조각은 상대자를 주고, 다른 한 조각은 보관하였다가 뒷날에 서로 맞추어서 증거를 삼게 만든 물건을 말한다. 임금과 신하 사이에 많이 사용되었다.
6) 七事: 첫째 농상의 번성, 둘째 호구의 증식, 셋째 학교의 흥륭, 넷째 군정의 정비, 다섯째 부역의 균평, 여섯째 소송의 감소, 일곱째 간활의 종식.
7) 參謁: 해마다 유월과 섣달에 벼슬아치의 성적을 상고하여 평정할 때 각 관아의 벼슬아치들이 자기의 책임 장관을 만나는 일.

▲문도공 다산 정약용 선생과 숙부인 풍산 홍씨의 합장묘

다산 정약용은 1836년(헌종 2) 결혼 60주년일인 2월 22일, 고난에 찬 한 많은 75년의
삶을 마감하고 운명하니, 그의 유명대로 여유당 뒤편에 안장되었다.

효자 孝子

사람의 기호는 각각 다르건만,
어째서 효자의 부모들은
얼음 속의 잉어나 눈 속의 죽순만을
즐겨 찾는단 말인가.

관청에 아뢰는 자가 있어 말하기를 "나의 조부祖父는 효자이다"라고 하기에 물었더니, "그 아버지의 병에 손가락을 끊어 피를 내어 먹여서 며칠 동안 연명延命하였다"고 말하였다. 이어 오는 자가 있어 물어보니, "그 어머니의 병에 다리 살을 베어 구워 드려서 며칠을 연명하였다"고 말하였다. 또 이어 오는 자가 있어 물으니, "우리 아버지는 효자이다. 아버지의 병에 항상 변을 맛보고, 이윽고 목욕하여 북두칠성北斗七星에게 기도하면서 아홉 번 절하고 정성을 다하여 몇 해를 연명하였다"고 말하였다. 뒤이어 오는 자가 있어 물어보니, "그 어머니가 병들어서 겨울철에 죽순竹筍을 생각하니, 울면서 대나무밭 사이로 다니다가 새 죽순 몇 개를 얻어 드렸다"고 말하였다. 어떤 사람은 말하기를, "꿩이 처마 밑에 날아들어 붙잡아 드렸다"고 하며 어떤 사람은 "연못 가운데에 잉어가 뛰쳐나와 꿰어서 돌아가 드렸다"고 하였다.

한 사람은 "자라가 주방으로 기어 들어왔다"고 하며 어떤 사람은 "노루가 비틀비틀 가다 울타리 사이에 쓰러졌다"고 하며, 어떤 사람은 "꿈에 한 노인이 어느 곳을 가리키므로 그 말대로 하여 맛 좋은 과일을 얻어서 돌아왔다"고 한다.

> 有申于官者曰, 吾祖孝子也. 問之, 曰其父病斷指出血而灌之, 得延若干日. 有繼來
> 者問之, 曰其母病封(其)股臠, 其肌燔而進之, 得延若干日. 有繼來者問之, 曰吾父
> 孝子也. 父病常嘗糞, 旣已沐浴禱北斗七星, 三三九拜以致誠, 得延若干年. 有繼來
> 者問之, 曰其母病, 冬月思竹笋, 涕泣行竹田間, 得新笋幾个以進之. 其一人曰, 雉
> 飛入于櫃(櫃), 捉而進之, 其一人曰, 澤腹堅鯉躍而出, 穿而歸以進之. 其一人曰,
> 鼈匍匐行入于廚, 其一人曰, 䴥獐散行廢于藩落之間, 其一人曰, 夢有一老父指其
> 處如其言, 得美果菰以歸.

한 사람은 말하기를, "나의 조부는 효자이다. 무덤 곁에 여막을 짓고 항상 홀로 잤는데, 소처럼 큰 범이 앞에 꿇어앉아 머리를 숙이고 꼬리를 흔들어서 예를 올리는 듯하였다. 가끔 집에 돌아올 때면 범이 길을 인도하여 그 문 앞에 이르러 그쳤다. 개를 보아도 치거나 물지 아니하고, 나의 조부가 나오기를 기다려서 앞서거니 뒤서거니 하였다"라고 하였다. 또 한 사람은 말하기를, "나의 아버지는 효자이다. 상喪을 겹쳐 당했는데, 수질首絰¹⁾은 둘, 요질腰絰²⁾은 넷을 메었고, 길을 갈 때에는 왼손에는 대나무 지팡이를, 오른손에는 오동나무 지팡이를 잡았다"고 하였다. 또 한 사람은 말하기를, "나의 아버지는 효자이다. 상을 겹쳐 당했는데, 소상小祥과 대상大祥을 마치고는 또 삼 년을 그 날수만큼 입은 다음에 복을 벗었다"고 하였다. 이에 관官에서 찬탄하고 탄식하여 그 일을 관찰사에게 올리고 관찰사는 예조禮曹에 보고하고 예조는 임금에게 알려 그 세금을 면제免除하고 그 자손의 부역을 덜어 주어 침탈하거나 괴롭히지 못하게 하며 그 문설주를 빛내고 그 방을 붉게 하여, 마을을 교화시킨다.

군자가 말하기를 "모두 예가 아니다. 이는 백성에게 부모를 빙자하여 명예를 사고 부역을 도피逃避하며 간사한 말을 꾸며서 임금을 속이도록 가르치는 것이니, 선왕의 지극한 다스림이 아니다"라고 하였다.

> 其一人曰, 吾祖孝子也. 廬于墓, 常獨宿, 有虎大如牛, 跪于前, 屈首掉其尾, 若致禮然者. 時反于室, 虎爲之鄕尊, 至其門而止. 見狗不搏噬, 伺吾祖之出, 而爲之先後焉. 其一人曰, 吾父孝子也. 並有喪, 首二絰要四帶, 其行也左手執苴杖, 右手執桐杖. 其一人曰, 吾父孝子也. 並有喪 旣祥又三年, 如其日數而后除焉. 於是官歎詫咨嗟, 上其事于察司, 察司報禮曹, 禮曹以聞之, 爲之復其戶, 蠲其子若孫絲役, 毋得輒侵困, 綽其楔丹其榜, 令風動閭里. 君子曰, 非禮也. 此敎民藉父母以沽名逃役, 飾奸言以欺君, 非先王之至理也.

예禮에 무릇 병든 부모를 봉양할 때에 약을 맛보고 찬을 살피며, 걸을 때에 폼을 재지 않으며, 웃을 때 잇몸을 드러내지 않고, 갓과 띠를 벗지 않는 따위의 행동은 모두 효자의 간략한 예절이다. 그러한즉 애통哀痛이 절박切迫하여 지극한 정성을 쓰지 않을 수 없는 바, 진실로 그 다리를 베고 그 살을 저미어서 만에 하나라도 다행히 낫기를 바라는 자도 있다.

그러나 옛 성인으로서 순과 문왕文王과 증삼曾參 같은 분 중에 이를 행하는 자가 없었다. 위魏, 진晉 이후로 손가락을 자르고 넓적다리를 베는 등의 효도가 사서史書에 끊임없이 기록되었으나, 주자朱子가 『소학小學』을 편찬하면서 채택하여 기록하지 않았으니 주자의 뜻은 대개 이는 세상의 뛰어난 행실이지만 후세後世에 훈계로 삼을 만한 것이 아니라고 여긴 것이다. 만일 조금이라도 정직하지 못한 뜻이 마음에 싹트고, 다시 덧붙인 말로 꾸며서 사람의 이목을 현혹시키기를 구한다면 마땅히 어찌하겠는가. 또 무릇 맛있고 기름진 것으로 봉양할 때에도 오직 나의 정성을 다해서 부모의 뜻을 봉양할 것을 힘쓸 뿐이며, 왕상王祥의 참새가 장막으로 들어오고 잉어가 얼음 위로 뛰어 오르는 등의 기이함은 우주간에 신령스럽고 기이하고 특별한 자취이지, 집마다 잉어를 얻고 참새를 잡을 수 없음이 분명한 일이다. 그런데 어찌하여 저와 같이 많단 말인가.

변을 맛보는 것도 설사한 후에 의원이 그 맛을 살펴서 그 생사를 증험하고자 할 뿐인 것이요 모든 병에 관련이 있는 것은 아니다. 이제 병의 증세를 묻지도 않고 오직 한 번 맛보는 것으로 효도를 삼는다면, 이는 유검루庾黔婁3)와 같게 되기를 생각하다 자기도 모르게 병을 이利롭게 여기는 꼴이 된 것이다.

> 禮凡養父母之疾, 若嘗藥視膳, 行不翔笑不苟不說(脫)冠帶之類, 皆孝子之疏節也.
> 則哀痛迫切, 靡所不用其極者, 固亦有割其枝臠其膚, 以冀乎萬一之幸者. 然古之
> 聖人, 若舜文王曾參之倫, 未有行之者. 魏晉以降, 凡斷指剕股之孝, 史不絶書, 而
> 朱子編小學, 不見採錄, 朱子之意, 蓋云是絶世之行, 然非所以爲訓於後世也. 萬有
> 一纖毫不直之志萌於中, 而復飾之以增衍之詞, 以求其焜煌人目者, 當何如哉. 且
> 凡淪灪脂膏之養, 唯竭吾之誠, 以養志是勉耳, 若王祥雀鯉之異, 是宇宙間靈奇絶
> 特之跡, 不能家得鯉而戶獲雀審矣. 又何爲爛漫如彼哉. 嘗糞者謂夫泄利之末, 醫
> 欲察其味以驗其死生云爾, 于諸病無與也. 今不問形證, 唯一歃以爲孝, 則是唯庚
> 黔婁之思齊而不期乎利於病者也.

부자지간은 천륜天倫이니 오직 그 마음을 다할 뿐이다. 고로 악정자춘樂正子春4)이 어머니가 죽은 뒤에 닷새나 먹지 않다가 이윽고 후회하여 말하기를 "나의 어머니에게 내 마음을 다하지 못한다면 어디에 내 마음을 극진히 하리오"라고 하였다.

증자曾子가 어버이의 상喪례을 행함에 물과 장을 입에 넣지 않은 지가 칠일이었는데, 자사子思가 예를 넘는다고 넌지시 일렀으니, 예를 가히 지나치게 할 수 있겠는가. 예禮에 이르기를 "부모의 상이 겹쳤으면 먼저 장례한 자는 우제虞祭[5]와 부제祔祭[6]를 지내지 않고 그 장례에 참최斬衰[7]를 입는다"고 하였으니 이는 부모의 상을 함께 당했어도 상복을 함께 입지 않는 분명한 증거이다.

예禮에 이르기를 "참최의 상에 이미 우제와 졸곡卒哭[8]을 마치자 재최齋衰[9]의 상을 만난 경우 가벼운 복은 중한 복에 포함된다"고 하였으니, 이는 함께 상을 당할 경우 수질과 요질을 두 개 띠지 않는 분명한 증거이니, 왼손에 대나무 지팡이를 잡고 오른손에 오동나무 지팡이를 잡는다는 말은 듣지 못했다.

> 父子天也, 唯其情而已. 故樂正子春母死, 五日而不食, 旣而悔之曰, 自吾母而不得吾情, 吾惡乎用吾情. 曾子執親之喪, 水漿不入於口者七日, 子思諷之以踰禮, 禮可踰乎哉. 禮曰, 父母之喪偕, 先葬者不虞祔, 其葬服斬衰, 此並有喪不並服之明驗也. 禮曰, 斬衰之喪, 旣虞卒哭, 遭齋衰之喪, 輕者包重者特. 此並有喪不二経之明驗也, 未聞其左手執苴杖, 右手執桐杖也.

무릇 고을 사람이나 수령, 감사, 예관禮官이 된 자도 그 예가 아님을 모르는 것은 아니나 그 마음에 두려워하고 겁내고 위축됨이 있어 감히 말을 하지 않는 것은 그 명분이 즉 효이기 때문이다. 남의 효도를 듣고 감히 비판한다면 반드시 대악인의 이름을 뒤집어쓰고 또 남의 거짓을 미리 억측하여 자신을 지혜롭지 못한 데에 빠뜨리게 되는 것이다.

이에 마음속으로는 비웃으면서도 입으로는 아첨하는 말을 하여 그 문서文書에 서명署名하며 속으로는 그 거짓을 꾸짖으면서도 겉으로는 높여서 탁이

卓異한 행실이라 한다. 아랫사람은 거짓으로써 윗사람을 속이고 윗사람은 거짓으로써 아랫사람을 농락하여 상하가 서로 속여 진실로 원망하고 탓함이 없다. 그런데 그 거짓을 드러내고 그 간악함을 밝혀서 풍교風敎를 바로잡는 예를 행하는 군자가 단 한 사람도 없는 것은 어찌된 일인가. 저들이 기대어 의지하는 것(孝)이 중하기 때문이다.

凡爲鄕人爲守令監司爲禮官者, 非不知其非禮, 其心有恐悚怯懦而不敢言者, 以其名則孝也. 聞人之孝, 而敢訾議之者, 必蒙大惡之名, 億詐於人而陷其身不智也. 於是竊竊然心笑之而口發誶, 以署其狀, 竊竊然罵其詐而陽尊之, 爲卓異之行. 下以詐罔其上, 上以詐籠其下, 上下相蒙, 苟無怨尤. 未有一秉禮君子爲之發其詐而昭其奸, 以正風敎, 若是者何也. 彼其所依附者重耳.

진晉나라 문공文公이 말하기를, "아버지가 죽는 것이 어떤 일인데 혹 감히 다른 뜻을 두겠습니까"라고 하니 저 혹 이때를 틈타서 인하여 세상을 흔들 만한 명예를 훔치는 자들은 또한 어찌 된 것인가. 또한 사람의 기호란 같지 않아서 양조를 즐기는 자도 있고 창촉을 즐기는 자도 있고 마름(菱)을 즐기는 자, 꿀을 즐기는 자, 토란(芋)을 즐기는 자도 있어서 사람마다 즐겨하고 좋아하는 것이 같지 않다. 그런데 어찌 효자의 부모만 반드시 꿩, 잉어, 노루, 자라 그리고 눈 속의 죽순竹筍만을 즐기고 찾는 것인가. 또 반드시 호승胡僧[10]과 우객羽客(도사)처럼 용이 내려오고 호랑이가 엎드리는 일이 있는 연후에야 비로소 효자라 일컬을 수 있는 것인가. 이는 그 부모를 빙자하여 명예를 사고 요역을 도피하며, 간사한 말을 꾸며서 임금을 속이는 자이니 살피지 않아서는 안 된다.

晉文公之言曰, 父死之謂何, 或敢有他志, 彼或乘此之時, 而因以盜其震世之名, 尙亦何哉. 且人之嗜好不同也, 有嗜羊棗者, 有嗜昌歜者, 有嗜菱者嗜蜜者嗜芋者, 人

之嗜好不同也. 何孝子之父若母, 必唯雉鯉鼈雪中之笋, 是嗜是索耶. 又必降龍
伏虎, 若胡僧羽客之爲, 然後方可謂之孝子乎. 是其藉父母以沽名逃役, 飾奸言以
欺君者也, 不可不察.

『與猶堂全書』, 권11, 「孝子論」, 32b

🌑···· 이 글은 정약용이 쓴 「효자론孝子論」이라는 논문의 일부이다.
당시, 자칫 시비에 휘말릴 수 있는 민감한 사안에 대해서도 조금의 보탬이
나 덜함이 없이 쓴소리를 마다하지 않는 정약용의 매서운 모습을 엿볼 수
있다. 조선 후기 사회는 효자 열풍에 집착, 효자비를 받기 위해 가짜 효자를
만들던 시대였다.

효자가 되려면 여러 가지 증거가 있어야 하는데, 그 가운데 대표적인
사례가 있으니, 단지斷指, 상분嘗糞, 할고割股가 바로 그것이다. 단지는 손가락
을 잘라 위독하신 부모의 목에 피를 흘려 넣는 것이고, 상분은 부모의 똥을
맛보아 병세를 헤아리는 것이며, 할고는 자기의 넓적다리 살을 베어 부모에
게 구워서 먹이는 것이다. 효자가 되려면 적어도 이 중에서 하나는 해야
했다. 그리고 증인을 세워 효자의 사적을 기록, 관에 올리고, 관에서는 위에
상신, 나라에서는 이를 심사하여 임금이 효자비를 내렸다. 효자비가 서게
되면, 우선 가문의 영광이요 뒤따른 수혜는 이루 말할 수가 없었으니, 아름
다운 일일 뿐만 아니라 또한 손해날 것도 없는, 어느 집안이나 한 번쯤 시
도해 볼만한 것이었다.

그래서인지 가짜 효자들의 극성이 경쟁적이었다. 단지, 할고는 증거가
있어야 하니 주로 상분을 했다. 상분은 직접 하지 않아도 증인만 철저하게
매수해서 적으면 그만이었다. 그 뿐인가. 한겨울에 잉어가 튀어 오르고 눈

속에 죽순이 솟아나는 것은 다반사였다. 할고, 단지, 상분을 한다고 돌아가실 부모가 살아날 수만 있다면 얼마나 좋겠는가. 그렇게 해야 효자가 될 수 있다니, 누군들 마다했겠는가. 이러한 풍문만을 믿고 순진무구純眞無垢한 백성들은 단지나 할고로 상처가 덧나 목숨을 잃은 자가 한둘이었겠는가.

이러한 문제는 조선 후기 사회의 병리적 현상 중 하나였다. 이것은 분명, 머리카락 하나라도 훼손하면 부모에게 불효라는 유학儒學의 가르침에 정반대되는 것이었다. 정약용은 부모를 핑계 삼아 효자인 체하는 효자적 행위의 일체를 이름을 도둑질하고 부역을 피하는 간교한 도둑이라며 극언을 서슴지 않았던 것이다. 이러한 발언은 당시 시대 상황에서 볼 때 목숨을 거는 주장이 아닐 수 없는 것이다.

정약용은 이러한 현실의 병리적 현상을 날카롭게 비판, 개탄慨歎하였던 것이다. 정약용에게 있어서 효는 자식 된 자로서의 당연한 도리일 뿐이었다. 다음의 글을 보자.

임자년(1792) 여름에 우리 형제가 진주에서 아버지 상을 당하여 하담荷潭(현 충주시 금가면 하담리)의 선영에 돌아가 장례를 치르고 돌아와서 초천苕川의 집에 여막廬幕을 차렸다.
壬子夏, 吾昆弟遭恤于晉州, 旣反葬于荷潭之兆, 歸而廬于苕川之居.

상을 마치고 그 누각에 '망하望荷'라는 편액을 걸고 날마다 일어나 그 위에 거처하여, 슬프고 답답함이 무엇을 바라보지만 보이지 않는 것 같았다. 그리하여 탄식하고 슬퍼하면서 날이 다하도록 돌아올 줄을 몰랐다. 이에 예전에 누각이 불편하다고 헐뜯던 사람들도 그것이 모두 부모를 기리는 마음에서 나왔음을 알고 다시 의론하지 않았다.
服旣闋, 扁其樓曰望荷, 日興居其上, 怊怊焉愓愓焉, 如有望而不見者. 欷歔於邑, 或窮日而不知反.

於是鄕之訾毁樓爲不便者, 咸知其出於呢岵之思, 而不可有議也.

비록 천척의 누각을 일으키고 그 위에서 발돋움하고 목을 내밀어 바라본다고
하여도, 어찌 능히 부모님 산소의 소나무나 삼나무 끝인들 조금이나마 볼 수
있겠는가. 바라보아도 보이지 않는 점에 있어서 평지나 누각이 같으니 어찌 누
각을 만들었겠는가. 비록 그러하나 효자의 마음에 행여나 하는 마음이 있는 것
일 뿐이다.

雖使起千尺之樓, 而翹足引領於其上, 顧安能微見其松杉之末哉. 至其望之而不見, 平地與樓同, 奚
以樓爲. 雖然孝子之心, 微幸已矣.

『與猶堂全書』, 권13, 「望荷樓記」, 39a

정약용이 1792년 부친상父親喪을 당한 경험을 직접 적은 「망하루기望荷樓
記」의 일부이다. 하담은 초천에서 200리 거리에 있다. 거기에다 그 사이에
높은 산들이 병풍처럼 우뚝 서 첩첩히 둘러싸고 있어서, 누대를 지어 바라
보려고 한들 보이겠느냐마는 정약용은 그렇게 했다. 정약용은 이 글의 끝머
리에서 '백씨속여위기음읍서차伯氏屬余記飮泣書此'(큰형님께서 나에게 부탁해 기記
를 지으라고 하시기에 눈물을 삼키며 이 글을 쓴다)라고 적고 있다.

어버이의 죽음에 대한 그리운 마음을 전하려고 해도 도저히 전할 수 없
으며 바라보려고 해도 바라볼 수 없는 누대를 세우고, 조석으로 하담의 묘
지 쪽으로 발꿈치를 들어가며 바라보는 정약용의 마음이야말로 효자의 표
상이라고 할 수 있다.

오늘날 인간의 편리함으로 얻어지는 각종 부작용은 행복한 진화의 산
물인가, 불행한 진화의 산물인가. 곰곰이 생각해 볼 일이다.

●●●

1) 首経: 상복을 입을 때에 머리에 두르는 삼(麻) 테두리.
2) 腰経: 상복을 입을 때에 허리에 두르는 삼으로 만든 띠.
3) 중국 남북조의 유검루라는 효자가 아비의 병세를 알기 위해 변의 맛을 보았다는 고사이다.
4) 樂正子春: 중국 전국시대 齊나라 사람으로, 이름은 克, 孟子의 제자. 효도로써 유명하였다고 한다.
5) 虞祭: 初虞(장사 지내고 돌아와서 처음 지내는 제사), 再虞(장사 지낸 뒤에 두 번째 지내는 제사), 三虞(장사 지낸 뒤에 세 번째 지내는 제사)로, 우제는 초우, 재우, 삼우의 총칭이다.
6) 祔祭: 三年喪을 마친 뒤에 神主를 조상의 신주 곁에 모실 때에 지내는 제사.
7) 斬衰: 거친 삼베로 짓고 꿰매지 않는 喪服으로, 父親喪에 입는다.
8) 卒哭: 三虞祭를 지낸 뒤에 지내는 제사.
9) 齋衰: 조금 굵은 삼베로 지어 아랫단을 좁게 접어서 꿰맨 상복으로, 어버이는 삼 년, 조부모는 일 년, 증조부모는 다섯 달, 고조부모는 석 달 동안 입는다.
10) 胡僧: 인도와 서역의 승려.

열부烈婦

대저 천하의 흉측한 일 중에
제 몸을 죽이는 것보다 심한 것은 없다.
다만 그 몸을 죽이더라도
의리에 합당할 때만 이를 꾀해야 하는 것이다.

그 아버지가 병들어 죽었는데 아들이 따라 죽었다면 효라 할 수 있겠는가.
효가 아니다. 다만 그 아버지가 불행히 호랑이나 도적에게 핍박당할 때 그
아들이 아버지를 따라 지키다 죽으면 효자라 할 수 있다.

임금이 죽었는데 신하가 따라 죽었다면 충이라 할 수 있겠는가. 충이라 할
수 없다. 다만 그 임금이 불행히 난신이나 역신逆臣에게 시해弑害당할 때에
지키다 죽거나 혹은 자신이 불행히 포로로 잡혀 오랑캐의 조정에까지 끌려
가 강제로 굴복시키려 해도 굽히지 않아 죽었다면 충신이라 할 수 있다.
그렇다면 남편이 죽자 아내가 따라 죽은 것을 열부烈婦라고 하면서 그 가문
에 정표旌表하고 호역戶役을 면제해 주며 자손들의 요역繇役까지 덜어 주는
것은 무슨 까닭인가. 그러한 것은 열녀가 아니고 마음이 좁은 것인데 관리
가 살피지 못했을 뿐이다.

그렇다면 명예를 구하는 마음이 있어서인가. 그렇지는 않다. 이러한 마음은 없었을 것이다. 다만 그 성품이 좁고 융통성이 없거나 혹 따로 한恨스러움이 마음에 있어서이다. 그런데 반드시 열녀가 아니라고 일컫는 것은 무엇 때문인가.

> 厥考病且死, 子從而死之孝乎. 曰匪孝也. 唯厥考不幸爲虎狼盜賊所逼迫, 厥子從而衛之死焉, 則孝子也. 君薨臣從而死之忠乎. 曰匪忠也. 唯厥君不幸爲亂逆所簒弑, 臣從而衛之死, 或已不幸而被虜, 至虜庭强之拜, 不屈而死, 則忠臣也. 曰然則夫卒, 妻從而死謂之烈, 爲之綽其楔丹其榜復其戶, 蠲其子若孫絲役者何也. 曰匪烈也, 隘也. 是有司者不察耳. 是有徼名之心乎. 曰否. 無此心也. 是其性褊狹不通, 或別有恨在中也. 則必謂之匪烈也何哉

천하에 죽기보다 더 어려운 것이 없는데 저 여린 여인이 스스로 목숨을 끊어 죽었는데도 반드시 열녀가 아니라고 하는 것은 무슨 까닭인가. 대저 천하의 일 가운데 스스로 목숨을 끊는 것보다 더 흉한 일은 없다. 그 목숨을 끊었는데 무엇을 취할 것인가. 오직 그 목숨을 끊는 것이 의義에 합당한가를 헤아려야 한다. 남편이 호랑이나 도적盜賊에게 핍박당할 때 아내가 지키다 죽으면 열부이다. 혹은 자신이 도적이나 음란한 사람에게 핍박당하여 강제로 더럽히려 할 때 굽히지 않아 죽었다면 이는 열부이다. 혹 일찍 과부가 되어 그 부모나 형제가 자기의 뜻을 빼앗아 남에게 개가시키려 할 때에, 거절하다가 능히 감당하지 못하여 죽는다면 열부이다. 그 남편이 원한을 품고 죽을 때에 아내가 남편을 위하여 울부짖으며 남편의 억울함을 밝히려다 밝히지 못하여 함께 형벌刑罰을 받아 죽는다면 열부이다.

> 天下莫難乎死, 彼眇小殺其身以自死, 則必謂之匪烈也何哉. 夫天下之事之凶, 未有甚於殺其身者也. 殺其身奚取焉. 唯殺其身, 當於義是圖也. 夫爲虎狼盜賊所逼

요즈음 그렇지 않아서 남편이 천수天壽를 누리고 편안히 안방에서 죽었는
데 처가 따라 죽으니 이는 그 몸을 죽인 것일 뿐이다. 그 목숨을 끊은 것이
의義에 합당하지는 않는 것이다. 나는 군이 말하기를 스스로 목숨을 끊는
것이 천하에서 제일 흉한 일이라고 여긴다. 그러하니 의에 합당하게 죽지
못했다면 이는 한갓 천하의 흉한 일뿐이다. 천하의 흉한 일일 뿐인데도 백
성을 다스리는 자가 그 가문을 정표하고 호역을 면제해 주며 자손의 요역
을 덜어 주니 이는 그 백성들에게 서로 본받아 천하의 흉한 일을 행하라고
권하는 격이다. 어찌 옳다고 하겠는가.

남편이 죽는 것은 가정의 불행이다. 혹 시부모가 늙어서 봉양할 사람이 없
고 혹 여러 자녀들이 어려 기를 사람이 없다면, 죽은 자의 아내는 마땅히
그 슬픔을 참고 생업에 힘써 위로는 시부모를 봉양하고 시부모가 죽으면
장례하고 제사 지내야 하며, 아래로는 그 자녀들을 양육하여 그들이 자라
면 관과 비녀를 씌워 시집, 장가보내는 것이 옳은 일이다. 그러한데도 하루
아침에 독하게 마음으로 맹세하여 말하기를 "남편이 죽었으니 시부모를 위
할 이유가 없고 남편이 죽었으니 자녀들을 위할 이유가 없다"고 하여, 이에
스스로 횃대에 목을 내밀어 자살하여 뒤돌아보지 아니하니, 이러한 사람이
어찌 어그러지고 잔인하여 크게 불효하고 자애롭지 못한 자가 아니겠는가.

其子若孫絲役, 是勸其民相慕效爲天下之凶也. 惡乎可哉. 丈夫死, 有家之不幸也.
或舅姑老無所養, 或諸子女幼無所乳育, 爲死者妻者, 當忍其哀, 黽勉其生, 仰而養
其無所養者, 至其死也, 爲之葬薶焉祭祀焉, 俯而育其無所育者, 至其長也, 爲之冠
笄焉嫁娶焉可也. 一朝悍然自刻于心曰, 一人死, 吾無所爲舅姑矣, 一人死, 吾無所
爲子女矣, 於是引吭自經于桁桃之下, 而弗與顧也, 若是者庸詎非狠戾殘忍, 大不
孝不慈者耶.

천하의 도리道理는 하나일 뿐이다. 크게 불효하고 자애롭지 못하면서 유독
남편에 대해서만 바르게 하는 자는 있지 않다. 백성을 다스리는 자가 그러
한 사람을 위하여 그 가문에 정표하고 호역을 면제해 주고 자손들의 요역
을 덜어 준다면, 이는 백성들한테 서로 사모하고 본받아 불효, 불자를 하라
고 권하는 것이 되니 어찌 옳다고 하겠는가. 그러므로 열부가 아니요, 속이
좁다고 하는 것이다. 이는 관리가 살피지 못했다는 것이니 살피지 못했다
는 것은 그 죽음이 의에 합당한가에 대한 여부를 살피지 못했다는 말이다.
또한 마음에 다른 한恨이 있는가는, 군자는 말하지 않는다.

天下之道一而已. 未有大不孝不慈, 獨於夫得其道者也. 爲民上者, 且爲之綽其楔
丹其榜復其戶, 蠲其子若孫絲役, 是勸其民相慕效爲大不孝不慈也, 惡乎可哉. 故
曰匪烈也, 隘也. 是有司者不察也, 不察也者, 不察乎其當於義否乎也. 或其別有恨
在中者, 君子不言.

강백아의 어머니가 병이 들어 겨드랑이 살을 베어 드렸는데 낫지 않았다.
그러자 신께 자식을 죽여서 감사하겠다고 기도하였더니 어머님이 나았다.
드디어 세 살 난 아들을 죽였다. 그 일이 알려지자 명나라 태조太祖는 그가
인륜과 천리를 끊은 데에 대해 크게 노하여 곤장을 때려 유배 보내고, 이
사건을 예부禮部에 내려 의론하게 하였다. 그 의론에 이르기를 "자식이 어

버이를 섬김에 있어, 어버이가 병이 있으면 훌륭한 의사에게 맡기며 또 하늘을 부르며 신께 기도하는 것도 간절하고 지극한 정으로써, 그칠 수 없는 일이다. 그러나 얼음 위에 누워 잉어를 찾고 넓적다리의 살을 베어 내는 등의 일은 후세의 일로써, 우매한 무리들이 한때의 격한 감정이 일어나 괴이한 일을 힘써 세속을 놀라게 하여 정표를 바라고 요역을 회피하려고 그런 것이다. 넓적다리 살을 베는 데에 그치지 않고 간까지 베게 되며 간을 베는 데에 그치지 않아 자식을 죽이는 데에 이르게 되었으니, 도리를 어기고 삶을 해치는 것이 이보다 더한 것이 없다. 이제부터는 이러한 경우를 만나면 정표의 사례에 넣지 말아야 할 것이다"라고 하였다. 아아, 성인이 가르침을 세운 것이 높은 옛 도리에서 나왔으니 훌륭함이 이와 같다.

> 江伯兒母病, 割脅肉以進不愈. 禱于神, 欲殺子以謝其神, 母愈. 遂殺其三歲子. 事聞大祖皇帝, 怒其絶倫滅理, 杖而配之, 下禮部議. 曰子之事親, 有病則拜托良醫, 至于呼天禱神, 此懇切至情不容已者. 若臥氷割股, 事屬後世, 乃愚昧之徒, 一時激發, 務爲詭異, 以驚世駭俗, 希求旌表, 規避徭役. 割股不已, 至于割肝, 割肝不已, 至于殺子, 違道傷生, 莫此爲甚. 自今遇此, 不在旌表之例. 嗚呼, 聖人立敎, 高出于古, 韙哉如此
>
> 『與猶堂全書』, 권11, 「烈婦論」, 34a

🖐 ···· 이 글은 정약용이 쓴 「열부론烈婦論」이라는 논문의 일부이다. 정약용은 아버지가 병들어 죽었거나 임금이 죽었을 때 아들이나 신하가 따라서 죽어야 효자가 되고 충신이 되는 것은 아니라고 했다. 그런데 남편이 죽었을 때 아내가 따라 죽은 경우 이를 열부라고 하여 마을에 정표를 세우고 호역을 면제해 주는가 하면, 자손 대대로 요역까지도 덜어 주는 것은

무슨 까닭이며, 특히 남편이 죽었다고 따라 죽는 아내는 소견 좁은 여자일 뿐이지 열부가 아니라고 정약용은 날카롭게 비판, 당시 사회풍조를 신랄하게 지적하였다.

정약용은, 효자는 부모의 죽음을 핑계하여 세상을 속여 명예를 도둑질하는 사기꾼, 열부는 남편이 죽기만 하면 시부모나 자식은 안중에도 없이 자살하고 마는 표독스런 여자일 따름이니, 이와 같은 사람이 어찌 모질고 잔인하지 않으며 "크게 불효不孝하고 크게 불자不慈한 사람이 아니겠는가"라는 극언을 서슴지 않았다. 다음은 『중용강의보中庸講義補』 제1권에 나오는 내용이다.

> 부부夫婦는 원래 두 사람에 그치는 것인즉 부인婦人에게 바라는 바를 다른 곳에 옮겨 일삼을 수 없는 것이다. 부부의 의리는 천지天地와 같은즉 그 도道가 같을 수 없다. 부인에게 요구하는 것으로서 먼저 베푼다는 것도 또한 옳지 않다. 공자가 부부에 대해서 말하지 않는 것도 이 때문이 아니겠는가. 또 이른바 "부부에게서 비롯된다"는 말은 '우부우부愚夫愚婦'를 말한 것이지 인륜人倫의 비롯함을 이야기한 것은 아닐 것이다.
>
> 夫婦原止二人, 則所求乎婦, 無所移事也. 夫婦義若天地, 則其道不同. 所求乎婦先施之亦不可也. 孔子之不言夫婦, 非以是乎. 且所謂造端夫婦, 此是愚夫愚婦, 恐非人倫之始也.
>
> 『與猶堂全書』, 권4, 「中庸講義補」, 19a

여기서 드러내고자 하는 정약용의 속내는 우부우부의 경우를 말하려고 할 따름이지 인륜의 비롯됨을 이야기한 것은 아니다. 말하자면 인륜에서 비롯된 부부간의 사랑이란 꼭 남편의 죽음을 뒤따른 행위이어야 하는 것은 아니라는 뜻이다.

정약용은 천하의 도道는 한 길뿐이어서, '대불효불자大不孝不慈'하면서도 그 남편에게만 도리를 다해야 한다는 것은 있을 수 없다는 것이다. 그리고 그 집에 각종 혜택을 자손 대대로 준다면, 오히려 백성들에게 크게 불효하고 불자하도록 권유하는 꼴이니 어찌 옳은 일이라고 할 수 있겠느냐는 것이다. 그러한 까닭으로 해서 열부가 아니라 소견이 좁은 여자이니, 상부의 관리는 여자의 행위가 의에 합당한가 합당하지 않은가를 잘 살펴야 한다는 것이다. 정약용의 생각이다.

정약용은 '충신忠臣'에 대해서도 다음과 같이 지적한다.

의병을 일으킨 것은 자신의 부모, 처자를 보호하고 또 스스로 그 정역征役을 면하고자 하는 경우가 대다수여서 국가에 힘이 된 것은 적다. 그러나 그 공功 있는 자는 표창해 주고, 힘써 싸우다가 죽은 사람은 구휼해 주면 가한 것이다. 그러나 몸이 어리석고 힘이 약하여 적군에게 잡혀 죽은 자는 또 무엇을 취할 것인가. 사적으로 군량과 소금을 운반한 일은 모두 관청에 공적장부가 있어서 원수부元帥府에 올라 있고, 당시에 공을 논하는 신하들이 세세한 부분까지 헤아리고 옥석을 가려서 이미 아뢰고 기록하여 빠뜨리는 것이 없었다. 이제 수백 년이 지난 오늘날 길에서 들리는 이야기를 줍고 골목이나 거리의 말을 취하여 결정하여 국가의 포상을 가벼이 베푸니 떳떳한 일이 아니다. 나라를 근심한 사람들과 산에서 굶어 죽고 바다에 빠지는 절개를 지닌 사람들, 당시에 스스로 몸을 깨끗이 한 사람들은 거의 집집마다 발자취가 이어졌으니 어찌 집집마다 정표할 것인가. 충신은 많을 수가 없는 것이다.

義兵之興, 多以自庇其父母妻子, 而又自免其征役, 在國家得力者寡. 然其有功者, 旌別焉可矣, 其力戰而死者, 愍恤焉可矣. 若夫身鈍力弱, 爲賊所得而死者, 又奚取焉. 私糧私鹽之運, 咸有公簿, 上于帥府, 當時計功之臣, 程鉄雨蔡碔玉, 旣奏旣錄, 無所遺逸. 今於數百年之後, 掇拾於塗道之聽, 取決於委巷之言, 以輕施國家之獎賞, 非彝也. 若夫匪風下泉之思, 餓山踏海之節, 當時自好之士, 殆比屋聯武, 又惡能家旌而戶楔. 忠臣不可多也.

『與猶堂全書』, 권11, 「忠臣論」, 36b

정약용이 쓴 「충신론忠臣論」이라는 논문의 일부이다. 정약용은 의병을 일으킨 사람들 거의가 자기의 부모나 처자를 비호하고 군대에 끌려가는 것을 면하기 위한 경우가 허다하며 실제 국가에 도움이 되는 것은 얼마 되지도 않았다면서, 거기에다가 전공戰功이 있는 사람은 나라에서 표창해 주면 되는 것이지만 힘써 싸워 보지도 못하고 적에게 잡혀 죽은 사람을 수백 년이 지난 지금에 와서 길거리에 떠도는 소문만을 증언으로 하여 충신으로 표창하면, 나라에 무슨 계통이 설 수 있겠으며 어찌 떳떳함이 있겠느냐고 지적하였던 것이다.

　　이처럼 충忠, 효孝, 열烈에 대한 정약용의 비판은 단호했다. 그것은 왜곡된 관행과 무원칙한 선심善心을 바로잡아 국가의 기강을 확립하기 위함일 것이다.

　　특히 정약용은 "충신은 많을 수가 없는 것이다"라고 하였다. 그런데 오늘날 구국일념救國一念이라는 빛 좋은 개살구식 표어 아래 모여드는 충신들이 왜 이렇게도 많을까. 혹시 뭇 바보들이 한 천치를 치켜세우는 맹신적인 충신은 아닐는지. 오늘을 사는 모든 사람들이 한 번쯤 골똘하게 생각해 볼 일이다.

여유與猶

여與여,
겨울의 냇물을 건너는 듯하고,
유猶여,
사방이 두려워하는 듯하여라.
삶(生)에는 끝이 있지만 앎(知)에는 끝이 없다.
끝이 있는 것으로써
끝이 없는 것을 따르려고 하면
위태로울 뿐이다.

자신은 하고 싶지 않은데 어쩔 수 없이 하게 되는 것은 이 일이 그만둘수 없는 일이기 때문이다. 자신은 하고자 하는데 남이 알지 못하기를 바라서 하지 않는 것은 이 일이 그만둘 수 있는 일이기 때문이다. 그만둘 수없는 일을 늘 하다가 자신이 원치 않기 때문에 때때로 그만두기도 하며, 하고 싶은 일을 항시 하다가도 남이 알지 않기를 바라기 때문에 때때로 그치기도 한다. 참으로 이와 같다면 천하에 모두 일이 없게 될 것이다.

欲己不爲, 不得已而令己爲之者, 此事之不可已者也. 欲己爲之, 欲人勿知而令己
不爲者, 此事之可已者也. 事之不可已者, 常爲之, 然旣已不欲, 故有時乎已之, 事

之欲爲者, 常爲之, 然旣欲人勿知, 故亦有時乎已之. 審如是也, 天下都無事矣.

나의 병폐를 스스로 알고 있다. 용감하나 무모하고 선을 즐기나 가릴 줄을 몰라서 의심하거나 두려움도 없이 마음이 내키는 대로 곧바로 행동한다. 그만둘 수 있는 일도 마음에 내키기만 하면 그만두지 못하고, 바라지 않으면서도 마음에 막혀 있어 개운하지 않으면 반드시 그만두지 못한다. 이 때문에 한창 어린 시절에는 일찍이 방외方外[1]에 치달려 의심하지 않았으며, 이미 자라서는 과거공부에 빠져 다른 것을 돌아보지 않았다. 서른이 되어서는 이전의 후회스런 일들을 깊이 드러냈지만 두려워하지 않았다. 이 때문에 선을 즐겨 싫증내지 않았으나 비방을 짊어진 것도 유독 많았다. 오호라, 이 또한 운명이지만 성격 탓도 있었으니 내가 어찌 감히 운명을 말하겠는가.

余病余自知之. 勇而無謨, 樂善而不知擇, 任情直行, 弗疑弗懼. 事可以已, 而苟於心有欣動也, 則不已之, 無可欲, 而苟於心有礙滯不快也, 則必不得已之. 是故方幼眇時, 嘗馳騖方外而不疑也, 旣壯陷於科擧而不顧也. 旣立深陳旣往之悔而不懼也. 是故樂善無厭, 而負謗獨多. 嗟呼, 其亦命也, 有性焉, 余又何敢言命哉.

내가 보니 노자의 말에 "여與(의심이 많은 동물 이름임)여, 겨울에 냇물을 건너는 듯하고, 유猶(겁이 많은 동물의 일종임)여, 사방을 두려워하는 듯한다"라는 말이 있다. 아아, 이 두 마디 말이 나를 치료해 주지 않겠는가. 대저 겨울에 내를 건너는 사람은 차가움이 뼈를 깎는 듯하니 몹시 부득이한 경우가 아니면 하지 않을 것이며, 사방을 두려워하는 사람은 자기를 감시하는 눈길을 몸에 절실히 느낄 것이니 심히 부득이한 경우가 아니면 행하지 않을 것이다.

余觀老子之言, 曰與兮若冬涉川, 猶兮若畏四鄰. 嗟乎, 之二語, 非所以藥吾病乎.

夫冬涉川者, 寒螫切骨, 非甚不得已, 弗爲也, 畏四鄰者, 候察逼身, 雖甚不得已, 弗爲也.

남에게 편지를 보내어 경례經禮의 이동異同에 대하여 논하고자 하다가 생각해 보니 비록 하지 않더라도 괜찮았다. 비록 하지 않아도 괜찮은 것은 부득이한 일이 아니니 부득이한 경우가 아니면 우선 그만두었다. 상소문을 봉하여 올려 조정 신하들의 시비를 의론하고자 하다가 이윽고 다시 생각해 보니 이는 남이 모르기를 바라는 일이다. 남이 알지 못하기를 바라는 것은 마음에 큰 두려움이 있기 때문이다. 마음에 큰 두려움이 있는 일은 우선 그쳤다. 널리 진귀한 물건과 골동품들을 모으고자 하다가도 그만두었으며, 관직에 거처하여 관의 재물을 희롱하여 그 남는 것을 훔치고자 하다가도 그만두었다.

欲以書與人, 論經禮之異同乎, 旣而思之, 雖不爲無傷也. 雖不爲無傷者, 非不得已也, 非不得已者, 且已之. 欲議人封章, 言朝臣之是非乎, 旣而思之, 是欲人不知也. 是欲人不知者, 是有大畏於心也. 有大畏於心者, 且已之. 欲廣聚珍賞古器乎, 且已之. 欲居官變弄公貨而竊其羨乎, 且已之.

무릇 마음에서 일어나고 뜻에 싹트는 것이 매우 부득이한 것이 아니라면 그만두었고, 비록 매우 부득이하더라도 남이 모르기를 바란다면 또한 그만두었다. 참으로 이와 같았으니 천하에 일이 있었겠는가. 내가 이러한 의미를 터득한 지가 6~7년이나 되어 당堂의 이름으로 하고 싶었지만 다시 생각해 보고 그만두었다. 급기야 초천苕川으로 돌아와 비로소 써서 상인방에 붙여 놓고 아울러 그 이름 한 까닭을 기록하여 아이들에게 보였다.

凡有作於心, 萌於志者, 非甚不得已, 且已之, 雖甚不得已, 欲人勿知, 且已之. 審

如是也, 天下其有事哉. 余之得斯義且六七年, 欲以顔其堂, 旣而思之, 且已之. 及
歸苕川, 始爲書貼于楣, 並記其所以名, 以示兒輩.

『與猶堂全書』, 권13, 「與猶堂記」, 39b

● ···· 정약용이 1801년 이전에 쓴 것으로 보이는 「여유당기與猶堂記」
이다.

정약용은 마음속으로 '여유'를 당우堂宇의 이름으로 쓰고 싶었지만 많은
생각 끝에 그만두었고, 그 후 고향에 돌아와서야 비로소 써 가지고 상인방
上引枋2)에 붙였다고 한다. 정약용은 여유, 이 두 마디가 자신의 성격의 약점
을 치유해 줄 치료제가 될 것이라고 하였으니, 그가 앞으로 살아가야 할
형극荊棘의 삶을 예언이라도 한 것처럼 각오가 단단하다. 정약용은『노자』
를 보았던 것 같다. 다음을 보자.

옛날에 훌륭한 선비는 미묘하고 현통玄通해서 그 깊이를 알 수 없었다. 다만 알
수가 없으므로 억지로 그 모습을 그려 보면, 주저하는 것이 겨울에 내를 건너는
것과 같고, 머뭇거리는 것이 사방의 이웃을 두려워하는 것 같으며, 엄숙하기는
손님과 같고, 따스하기는 얼음이 장차 풀리는 것과 같았다. 도타움은 질박한 듯
하며, 넓기는 계곡과 같으며, 두루뭉술하여 흐린 물과 같았다. 누가 능히 혼탁한
것을 고요히 하여 서서히 맑게 할 수 있으며, 누가 능히 오랫동안 안정되어 있
는 것을 움직여 서서히 생동하게 할 수 있는가. 이 도道를 지키는 자는 가득
채우려고 하지 않는다. 가득 채우지 않기 때문에 능히 소멸하고 새로 이루는
것이 없다.

古之善爲士者, 微妙玄通, 深不可識. 夫唯不可識, 故强爲之容, 豫若冬涉川, 猶若畏四鄰, 儼若客,
渙若冰將釋. 敦兮其若樸, 曠兮其若谷, 渾兮其若濁. 孰能濁以靜之徐淸, 孰能安以久動之徐生. 保此

道者, 不欲盈. 夫唯不盈, 故能敝不(而)新成.

『도덕경道德經』 제15장에 나오는 내용이다. 도道를 체득한 선비의 행위는 다 조심성에 있었다. 정약용이 여기서 본 것은 "주저하는 것이 겨울에 내를 건너는 것과 같고, 머뭇거리는 것이 사방의 이웃을 두려워하는 것과 같다"(豫若冬涉川, 猶若畏四鄰)라는 대목이다. 정약용의 관심은 '예豫'와 '유猶'에 있었던 것 같다. '예'와 '유'를 자세히 살펴보면, '예'에는 코끼리 '상象'이 들어 있고, '유'에는 개 '견犬'을 뜻하는 글자인 '견犭' 변이 들어 있어, '예'는 코끼리요, '유'는 개가 된다. 코끼리는 느림의 상징이요, 개는 도사림을 표상한다. 그래서 선비의 행동은 "코끼리가 내를 건너듯이 천천히 움직이는 것과 같고, 개가 사방을 두리번거리면서 움직이지 않고 도사리는 것 같으며, 매사에 경거망동輕擧妄動하지 않으며, 온화하고 소박하지만 넓은 포용력을 지녀야 한다"는 것이다.

그럼 정약용이 '예'를 '여與'로 잘못 보았을까? 아니다. '예'의 속음俗音이 '예預'이며, '예預'의 고음古音이 '여'이다. 그러므로 '예유豫猶'가 아니라 '여유與猶'가 된 것이다. 오늘날 우리가 부르고 있는 '여유당與猶堂'이 그렇게 해서 탄생한 것이다. 정약용은 자신의 당호 '여유'에서 보듯이, 소박하고 거리낌이 없는 삶을 소원했다. 다음을 보자.

중국 명나라의 원굉도袁宏道3)는 천금으로 배 하나를 사서 배 안에 북과 피리 등의 여러 악기와 오락 기구를 갖추어 놓고 마음과 뜻이 내키는 대로 다하다가, 이로 말미암아 그르치고 영락하여도 후회하지 않았다고 하였으니, 이것은 미친 사내나 방탕한 자의 행위이지, 나의 뜻은 아니다.
나는 일금으로써 배 한 척을 사서 배 안에 어망 4~5장과 대나무 낚싯대 한두

개를 설치해 놓고, 솥과 쟁반, 잔 등의 여러 섭생하는 그릇들을 갖추고 집 한
칸을 만들어 온돌을 놓고 싶다. 그리고 두 아이로 하여금 집을 지키게 하고, 늙
은 아내와 어린 자식 및 어린 종 한 명을 이끌고 물에 떠다니는 가옥으로 종산
鍾山과 초수苕水 사이를 왕래하면서 오늘은 오계奧溪의 연못에서 고기를 잡고, 내
일은 석호石湖의 물굽이에서 낚시하며, 또 그 다음날에는 문암門巖의 여울물에서
고기잡이를 하고 싶다. 바람을 맞으며 물 위에서 자고 둥실둥실 물결 위의 오리
처럼 살다 때때로 짧은 노래와 시를 지어 그 기구하고 쓸쓸한 마음을 펼치는
것이 나의 바람이다.

袁宏道欲以千金買一舟, 舟中置鼓吹細樂, 諸凡玩娛之物, 以窮心志之所欲, 雖由此敗落而不悔, 此
狂夫蕩子之所爲, 非余之志也. 余欲以一金買一舟, 舟中置漁網四五張, 釣竹一二竿, 備鼎鐺栝盤, 諸
凡養生之器, 爲屋一間而炕之. 令二兒守家, 挈老妻穉子及倂一人, 浮家汎宅, 往來於鍾山苕水之間,
今日漁于奧溪之淵, 明日釣于石湖之曲, 又明日漁于門巖之瀨. 風餐水宿, 汎汎若波中之鳧, 時爲短
歌小詩以自抒其崎嶇歷落之情, 是吾願也.

『與猶堂全書』, 권14, 「苕上烟波釣叟之家記」, 14b

정약용이 쓴 「초상연파조수지가기苕上烟波釣叟之家記」의 일부 내용이다.
정약용의 소원은 '부가범택浮家汎宅'이었다. 말하자면 정조 24년, 1800년 초
여름에 가족을 이끌고 초천苕川에 돌아와 물 위에 떠다니는 집을 지으려고
하였는데, 그해 6월 정조가 갑자기 승하昇遐하시자 그의 담박하고 청량한
삶을 누리고자 하였던 부가浮家의 꿈은 일시에 물거품이 되고 말았다. 정약
용은 이후 20년 가까운 세월 동안 적소에서 형극荊棘의 삶을 맞게 된다.
정약용은 장기長鬐로 귀양 온 후 홀로 지내면서 '나'(吾)에 대한 깊은 생
각에 빠진다.

나는 몸가짐을 게을리하여 나를 잃은 자이다. 어렸을 때에 과거科擧의 명예가
기뻐할 만한 것임을 보고 가서 빠진 것이 10년이었다. 마침내 전전하여 조정에

나아가 갑자기 오사모烏紗帽를 쓰고 비단 도포를 입고 미친 듯 대낮에 큰길을 뛰어다니기를 열두 해였다. 또 전전하여 한강을 건너고 조령을 넘어, 친척을 여의며 조상의 산소를 버리고 곧장 아득한 바닷가 대나무 숲에 달려와서야 멈추었다. '나'(吾)도 이에 땀이 흐르고 숨이 가빠 허둥지둥하고 급급하여 나의 발자취를 따라 함께 이르게 되었다.

나는 '나'(吾)에게 말하기를 "그대는 무엇 때문에 여기에 왔는가. 아마도 여우나 허깨비에게 이끌려 온 것인가. 아니면 해신海神이 부른 것인가. 그대의 집과 고향이 모두 초천에 있는데, 어찌 고향으로 돌아가지 않는가"라고 했으나 '나'(吾)라는 것은 가만히 움직이지 않으며 돌아갈 줄을 몰랐다.

吾謾藏而失吾者也. 幼少時, 見科名之可悅也, 往而淩沒者十年. 遂轉而之朝行, 忽爲之戴烏帽穿錦袍, 猖狂馳于白晝大道之上, 如是者十二年. 又轉而涉漢水踰鳥嶺, 離親戚棄墳墓, 直趨乎溟海之濱, 叢篁之中而止焉. 吾於是流汗脅息, 遑遑汲汲, 追吾之蹤而同至也. 曰子胡爲乎來此哉, 將爲狐魅之所引乎, 抑爲海神之所招乎. 子之室家鄕黨皆在苕川, 盍亦反其本矣, 乃所謂吾者, 凝然不動而莫之知反.

『與猶堂全書』, 권13, 「守吾齋記」, 41a

정약용이 쓴 「수오재기守吾齋記」의 일부이다. 수오재守吾齋란 정약용의 큰형님 집에 붙은 이름이다. 정약용은 큰형님 집에 붙은 수오재를 처음 보고, "사물이 나와 굳게 맺어져 있어 서로 떨어질 수 없는 것으로는 '나'(吾)보다 절실한 것이 없으니, 비록 지키지 않은들 어디로 갈 것인가. 이상한 이름이다"(物之與我, 固結而不相離者, 莫切於吾, 雖不守奚適焉. 異哉之名也)라고 의아해 했다고 한다. 정약용은 장기에 귀양 가서 비로소 이런 의문점에 대하여 갑자기 깨달을 수 있었다.

『맹자』「이루離婁」 상편에 이르기를 "무엇을 지킴이 큰가. 자신을 지킴이 크다"(守孰爲大, 守身爲大)라고 하였으니, 정약용은 큰형님께서 그의 거실에 '수오재'라고 이름 붙인 까닭을 알게 된 것이다. 어느 것인들 지킴이 아니겠

냐마는 자신을 지키는 것이야말로 지킴의 근본이라 할 것이다. 자신을 지킴
으로 자신의 올바른 길을 걸으면 이 또한 어버이의 뜻도 거스르지 아니한
것이다.

다음은 『장자』 「양생주養生主」편에 나오는 내용이다.

> 우리의 삶은 끝이 있으나 앎은 끝이 없다. 끝이 있는 것으로 끝이 없는 것을
> 따르는 것은 위태롭다. 그러므로 앎을 추구하는 것은 위태로울 뿐이다.
> 선善을 행할 때는 명예를 가까이하지 말고, 악惡을 행할 때는 형벌을 가까이하
> 지 말아서, 중정中正을 따르는 것을 법도로 삼으면4) 가히 몸을 보전하고 삶을
> 온전히 하며, 어버이를 봉양하고, 천수(盡年)를 다할 수 있을 것이다.
>
> 吾生也有涯, 而知也無涯. 以有涯隨無涯, 殆已也. 已而爲知者, 殆而已矣. 爲善無近名, 爲惡無近刑,
> 緣督以爲經, 可以保身, 可以全生, 可以養親, 可以盡年.

그랬다. 정약용은 지止(멈춤)와 부지不止(나아감)를 알고 실천했으며, 생生과
사死의 균형을 잃지 않고 천수를 다한 삶을 살았던 사람이다. 정약용의 수
오守吾, 즉 '몸을 보전할 수 있었던 것'(可以保身)은 지와 부지를 알고 조심조
심한 '여유'에 있었다. 그렇다고 일신의 안일함만을 추구하거나 무한한 삶
을 좇은 것은 아니었다.

현대사회에서 전진과 도전은 신선하다. 그러나 그것은 끝이 없다. 인간
들은 오로지 이 무한한 전진과 도전만을 신봉하여 수단과 방법을 가리지
않고 추구하다가 결국은 화禍를 자초하고 만다. 이젠 적당할 때 멈출 줄 아
는 자가 지혜로운 자이며, 21세기를 살아가는 참다운 삶을 추구하는 자이
다. 지지知止와 부지不止 사이를 곰곰이 생각해 보면서, 우리들의 삶의 여유
餘裕를 정약용의 '여유'에서 찾아보면 어떨까. 글쓴이가 오래도록 한 번쯤

권해 보고 싶었던 말이다.

●●●
1) 方外: 유학 이외의 학문으로서 노장이나 불교 등을 일컫는 말.
2) 上引枋: 기둥과 기둥 사이의 벽 윗부분에 가로지른 나무. 上枋이라고도 한다.
3) 袁宏道(1568~1610): 자는 中郎이며, 형 宗道, 아우 中道와 함께 三袁이라 칭한다. 주관주의
   적 경향이 강하고 독창성을 중히 여기는 왕양명 학파에 속한 문인이다.
4) 緣督以爲經: 督은 중앙, 중간에 뻗은 혈관 혹은 옷의 등 쪽 솔기를 말하는데 여기에서는
   중정, 중용의 뜻이며, 經은 기준, 법도를 말한다.

다산 정약용은…

1762년(영조 38) 음력 6월 16일, 당시 행정구역 경기도 광주군 초부방 마현리에서 아버지 정재원과 어머니 해남 윤씨(윤두서 손녀)의 넷째 아들로 태어났다. 어렸을 때의 이름은 귀농歸農이고, 약용은 그의 관명冠名이며, 다산茶山은 널리 알려진 호號이다. 1808년 강진현에서 밥과 술을 파는 노파의 오두막집에서의 기거를 정리하고 만덕사 서쪽에 있는 윤단(1744~1821, 그의 외가쪽 사람)의 산정山亭(다산초당)으로 옮겼는데 그 산에 차茶가 많았으므로 다산이라 하였다. 정약용의 본관은 압해(현 전남 신안군 압해도)정씨丁氏이다.

정약용의 생애는 대체로 수학기(벼슬 전 27세까지), 벼슬기(28세~39세), 유배기(40세~57세), 만년기(58세~75세)로 나누어서 이해하고 있다. 그리고 그의 저서는 그 양量으로만 보더라도 엄청난데, 우리 역사상 그와 같이 많은 저서를 남긴 학자는 일찍이 없었다. 정약용의 양심선언서 격인 「자찬묘지명自撰墓誌銘」에 열거된 저서를 보면, 그의 대표작이라고 할 수 있는 일표이서一表二書(『經世遺表』, 『欽欽新書』, 『牧民心書』)를 비롯하여 경집 232권, 문집 126권, 잡찬 141권 등 499권이 있는데, 그 모두가 현존하는 『여유당전서與猶堂全書』에 수록되어 있다.

정약용은 7세(1768)에 이미 "작은 산이 큰 산을 가렸으니, 가깝고 멀다함이 같음이 아니함이라"(小山蔽大山, 遠近地不同)라는 오언시五言詩를 짓기 시작하여 주위 사람들을 놀라게 하였다고 한다. 아버지 진주공晉州公도 이를 보고 크게 기특하게 여겨 시문詩文이 분수에도 밝으니 자라면 역법曆法과 산수算數에도 통달할 것이라며 칭찬이 대단하였다고 전한다. 정약용의 어릴 적 시문을 모은 『삼미자집三眉子集』1)을 본 문인이나 부노父老들 중에 감탄하지 않는 이가 없었으며 반드시 대성할 것임을 예견하였다고 한다. 정약용의 천품은 어릴 적부터 웃어른들께 인정을 받은 것이다. 특히 정약용의 기억력은 남달랐다고 하는데, 그의 기억력 테스트가 황현의 『매천야록』에 보인다.

> 강산: 자네는 누구이기에 책도 보지 않으면서 번거롭게 왔다 갔다 하는가.
> 다산: 이미 다 보았습니다.
> 강산: 지고 있는 책이 무엇인가.
> 다산: 『강목綱目』2)입니다.
> 강산: 『강목』을 어찌 열흘 만에 다 볼 수 있단 말인가.
> 다산: 보기만 한 것이 아니라 외울 수도 있습니다.

강산薑山은 이서구李書九(1754~1825)를 말한다. 이서구는 1774년 문과에 급제, 사관史官을 시작으로 1802년 형조·호조판서를 역임하였으며, 1824년 우의정에 오른 다음, 1825년 판중추부사로 재직 중 사망하였다. 한때 천주교를 옹호하여 유배생활도 하였으나 비교적 순탄한 삶을 살았던 사람이다. 이서구는 명문장가로서 시명詩名이 높아 박제가, 이덕무, 유득공과 함께 한시漢詩 4대가로 알려진 인물이기도 하다. 이서구는 어느 날 고향에서 대궐로 오다가 책을 한 짐 지고 가는 한 소년을 만났는데, 열흘쯤 후에 고향으로 돌아가다가 책을 한 짐 지고 오는 그 소년을 다시 만났다. 이를 이상하게 여긴 이서구는 소년에게 위와 같이 물은 것이다. 이서구는 소년의 답에 대한 의심을 풀기 위하여 수레를 멈추고 사실을 확인했더니 틀림이 없었다. 이 소년이 바로 다산 정약용이었다.

그날 유시를 내리시기를, "그가 만약 눈으로 성인의 책이 아닌 걸 보지 않고 귀로 상도에 어긋나는 말을 듣지 않았다면 죄 없는 그의 형(약전)이 벌(천주교의 전교에 관한 것)을 받았겠느냐. 그가 문장을 짓고자 하였다면 육경六經과 양한兩漢(전한과 후한)의 문장에 스스로 좋은 터가 있을 터인데 반드시 기이를 힘쓰고 새로운 것만 찾다가 몸과 이름을 그르치기에 이르렀으니 또한 무슨 욕심인가. 비록 그 행적이 완전히 드러나지 않았다 하더라도 사건을 캐내어 그 죄가 판명된 것이다. 만일 이 사건으로 인하여 스스로 죄에서 잘 벗어나면 훌륭한 인격을 그에게 있어서 이루지 아니함이 없을 것이다. 전승지 정약용을 금정찰방金井察訪으로 제수하니 즉각 출발하여 살아서 한강을 넘어올 방도를 도모하게 하라"고 하셨다.

其日下諭曰, 渠若目不見非聖之書, 耳不聞悖經之說, 無罪渠兄, 何登公車. 渠欲爲文章, 則六經兩漢, 自有好田地, 其必務奇求新, 至於狼狽身名, 抑何嗜慾. 雖云蹤跡不綻, 得此梁楚, 卽其斷案設已. 向善因此自拔, 在渠無非玉成. 前承旨丁鏞金井察訪除授, 當刻登程, 俾圖生踰江漢之方.

『與猶堂全書』, 권16, 「自撰墓誌銘」, 7a

1795년 4월 주문모 신부 사건 발생으로 몇 사람의 관련자들이 피살 또는 유배되었다. 정약용은 이 사건과 아무런 관계도 없었으나 그의 출세와 총명을 시기하여 모함하는 반대파들이 이 사건을 계기로 하여 정약용을 사학邪學, 사교邪敎의 무리로 몰아서 제거해 버리려고 온갖 유언비어를 날마다 퍼뜨렸다. 그러자 정약용을 아끼던 정조는 괴로워하다 정약용으로 하여금 서울을 잠시 떠나 있게 함으로써 시기하는 무리들의 주목을 피하게 하는 임시 조치를 취하였다.

당시 금정은 대부분 역속들이 서교西敎를 믿고 있었다. 그해 정약용은 "천주교인들을 적지 않게 개종시켰고 이로써 자신의 청백함을 밝히었다"고 한다. 이듬해(1796) 서울로 소환되어 다시 병조참의, 좌부승지 등을 맡게 된다. 정약용에 대한 정조의 깊은 신뢰와 총애가 아니면 불가능한 일이다.

<blockquote>

임금의 총애를 안고   荷主之寵

궁궐의 깊은 곳에 들어가서,   入居宥密

임금의 심복이 되어   爲之腹心

아침저녁으로 가까이서 섬겼다.   朝夕以昵

하늘 같은 은총을 받아   荷天之寵

어리석은 마음을 열어서,   牖其愚衷

육경을 정밀하게 연구하여   精研六經

오묘하고 은미한 이치를 통하노라. 妙解微通

간사한 무리들이 날뛰지만   憸人旣張

하늘이 널 옥으로 다듬으니,   天用玉汝

(재주와 덕을) 잘 거두어 보관해 둔다면 斂而藏之

장차 훨훨 멀리 날아오르리.   將用矯矯然遐擧

『與猶堂全書』, 권16, 「自撰墓誌銘」, 2b

</blockquote>

정약용은 정치, 경제, 사회, 문화, 교육, 저술활동 등으로 자기 자신의 이상적 이념을 실현하고자 전 삶을 바친 명실 공히 한국이 낳은 민족 최대의 학자이며 사상가요, 시인이고 철인이며, 경세가이자 교육자였다.

정약용은 1836년(헌종 2) 결혼 60주년일인 2월 22일, 고난에 찬 한 많은 75년의 삶을 마감하고 운명하니, 그의 유명遺命대로 경기도 광주군 초부방 마현리 자좌子坐의 언덕(현 경기도 남양주시 조안면 능내리 산75-1번지) 여유당 뒤편에 안장되었으며, 1910년 7월 18일에 정헌대부 규장각 제학을 추증받고 문도공文度公의 시호를 받았다.

●●●
1) 『三眉子集』: 천연두로 인하여 오른쪽 눈썹 위에 흔적이 남아 눈썹이 세 개로 나뉘었으므로 스스로 호를 삼미자라 하였다.
2) 『綱目』: 송나라 때 주희가 지은 『資治通鑑綱目』을 말하며, 이것은 사마광이 294권으로 지은 편년체 역사책인 『자치통감』에서 요목만 뽑아 59권으로 만든 것이다.

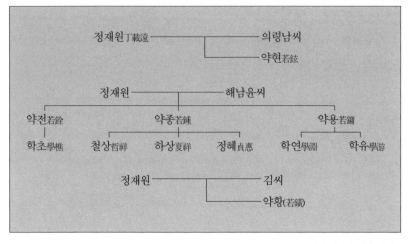

　　정약전은 유배지에서 사망하였다. 정약용은 그의 아들 정학초를 자신의 학문의 후계자로 삼으려고 했으나, 정학초는 17세에 요절하였다. 정약종은 정조 사후 천주교 신앙에 대한 국문을 받고 순교했다. 황사영은 정약현의 큰 사위(순교)이며, 홍재영洪梓榮은 정약현의 둘째 사위(순교)이다. 이벽은 정약현의 처남으로 정약용에게 천주교 서적을 소개한 천주교 신자였는데, 그의 아버지 이부만李溥萬이 아들의 천주교 신앙에 반대, 목을 매어 죽자 문중으로부터 배교 압박을 받아 오다가 병사했는데, 독살설도 있다. 이승훈은 정약용의 자형이며, 정약황을 정약횡이라고도 부른다.

참고문헌

『노자』.
『논어』.
『맹자』.
『예기』.
『장자』.
『주역』.
이 황, 『退溪集』(『影印標點韓國文集叢刊』29・30・31), 民族文化推進會, 京仁文化社, 1996.
정약용, 『여유당전서』 20책(영인본), 아름출판사, 1995.
황 건, 『詳說古文眞寶大全』, 國學資料專門景文社, 1982.

강만길, 『정다산과 그 시대』, 민음사, 1990.
고승제, 『다산을 찾아서』, 중앙일보사, 1995.
금장태, 『실천이론가 정약용』, 이끌리오, 2005.
김상홍, 『다산정약용 문학 연구』, 단국대출판부, 1986.
김영효, 『사유하는 도덕경』, 소나무, 2004.
김항배, 『노자철학의 연구』, 사사연, 1996.
박석무, 『다산기행』, 한길사, 1988.
_____, 『다산 정약용 유배지에서 만나다』, 한길사, 2003.
박홍식 편저, 『다산 정약용』, 예문서원, 2005.
법 정, 『무소유』, 범우사, 2001.
_____, 『홀로 사는 즐거움』, 샘터사, 2006.
송재소, 『다산시연구: 부 다산연보』, 창작과 비평사, 1986.
송재운, 『양명철학의 연구』, 사사연, 1995.
심경호, 『김시습평전』, 돌베개, 2003.
양광식 편역, 『동문매반가』(『다산의 강진유배 18년』 상), 강진문사고전연구소, 금성정보출판
    사, 2003.
오이환 편저, 『남명 조식』, 예문서원, 2002.
윤사순, 『정약용』, 고려대학교출판부, 1990.
_____, 『한국의 성리학과 실학』, 삼인, 1998.
_____, 『조선시대 성리학의 연구』, 고려대학교 민족문화연구원, 1998.
_____, 『퇴계 이황』, 예문서원, 2002.
_____, 『유학자의 성찰』, 나남출판, 2007.

이덕일, 『정약용과 그의 형제들』 1·2, 김영사, 2004.

이문구, 『매월당김시습』, 문이당, 1993.

이을호, 『다산경학사상연구』, 을유문화사, 1989.

이희재, 『동양문화론』, 형설출판사, 2006.

임유경, 『대장부의 삶』, 위즈덤하우스, 2007.

장기근 역저, 『퇴계집』, 명문당, 2003.

정 민, 『다산선생, 지식경영법』, 김영사, 2006.

정병조·이용형 외, 『윤리문화연구』 3호, 화남, 2007.

정약용, 『다산실학사상논문선집』 정치·사회 10, 불함문화사, 1994.

_____, 다산연구회 역주, 『역주 목민심서』 II, 창작과 비평사, 1985.

_____, 박석무 역주, 『다산산문선』, 창작과 비평사, 1988.

_____, 박석무·정해렴 편역, 『다산문학선집』, 현대실학사, 1996.

_____, 『다산논설선집』, 현대실학사, 1996.

_____, 박석무·정해렴 편·역주, 『다산시정선』 상·하, 현대실학사, 2001.

_____, 송재소 역주, 『다산시선』, 창작과 비평사, 1988.

_____, 이익성 역, 『다산논총』, 을유문화사, 1986.

_____, 이재호 역, 『정다산문선』, 한국자유교육협회, 1972.

_____, 전주대호남학연구소 역, 『국역 여유당 전서』, 전주대학교출판부, 1986.

정약용·이재의, 실시학사경학연구회 편역, 『다산과 문산의 인성논쟁』, 한길사, 1996.

주칠성, 『실학파의 철학사상』, 예문서원, 1996.

최종고, 『괴테와 다산, 통하다』, 추수밭, 2007.

한국국민윤리학회 편, 『사상과 윤리』, 형설출판사, 1997.

한국사상가연구회 편저, 『실학의 철학』, 예문서원, 1996.

황 건 편찬, 김학주 역저, 『고문진보』 전·후집, 명문당, 2005.

황 현 지음, 허경진 옮김, 『매천야록』, 서해문집, 2006.

킴비센티, 윤정숙 옮김, 『호모파베르의 불행한 진화』, 알마, 2007.

풍몽룡 편저, 홍성민 역, 『지경』, 청림출판, 2003.

이용형, 「다산 정약용의 사상과 가정교육」, 한국건전사회교육학회, 1999.

_____, 「다산 목민정신의 현대적 의의」, 한국건전사회교육학회, 2002.

_____, 「다산 사회시에 관한 고찰」, 『문화연구』 7집, 2002.

_____, 「현대사회의 윤리와 도덕경」, 한국건전사회교육학회, 2004.

이용형李龍炯 　전남 고흥 출생. 동국대학교 대학원에서 '한국윤리 및 동양윤리연구' 전공 과정을 수료하고 박사학위를 취득하였다. 한국건전사회교육학회 연구원과 한국윤리학회 이사를 역임하였다. 「인간교육에 있어서 가정의 역할」, 「다산 정약용의 인간교육에 관한 연구」, 「순자의 예론 고찰」, 「다산 사회시에 관한 고찰」, 「현대사회의 윤리와 도덕경」, 「논어에 대한 윤리적 이해」 등 다수의 논문과 「인간·마음이해」 등의 강의 교재가 있으며, 함께 쓴 책으로는 『윤리문화연구』 3호가 있다. 조선대, 광주대 등에서 인간과 윤리, 지식정보사회와 윤리, 성의 사회학, 다산서찰감상, 직업과 윤리 등을 가르쳤다. 인간의 편리함을 빙자한 외형적 발전만을 능사로 여기는 현대사회를 비판하고, '속도 지상주의'에 갇힌 청소년들의 인성교육에 많은 관심을 갖고 노력하고 있다.

◀ 예문서원의 책들 ▶

원전총서
박세당의 노자(新註道德經) 박세당 지음, 김학목 옮김, 312쪽, 13,000원
율곡 이이의 노자(醇言) 이이 지음, 김학목 옮김, 152쪽, 8,000원
홍석주의 노자(訂老) 홍석주 지음, 김학목 옮김, 320쪽, 14,000원
북계자의(北溪字義) 陳淳 지음, 김충열 감수, 김영민 옮김, 295쪽, 12,000원
주자가례(朱子家禮) 朱熹 지음, 임민혁 옮김, 496쪽, 20,000원
서경잡기(西京雜記) 劉歆 지음, 葛洪 엮음, 김장환 옮김, 416쪽, 18,000원
고사전(高士傳) 皇甫謐 지음, 김장환 옮김, 368쪽, 16,000원
열선전(列仙傳) 劉向 지음, 김장환 옮김, 392쪽, 15,000원
열녀전(列女傳) 劉向 지음, 이숙인 옮김, 447쪽, 16,000원
선가귀감(禪家龜鑑) 청허휴정 지음, 박재양・배규범 옮김, 584쪽, 23,000원
공자성적도(孔子聖蹟圖) 김기주・황지원・이기훈 역주, 254쪽, 10,000원
공자세가・중니제자열전(孔子世家・仲尼弟子列傳) 司馬遷 지음, 김기주・황지원・이기훈 역주, 224쪽, 12,000원
천지서상지(天地瑞祥志) 김용천・최현화 역주, 384쪽, 20,000원
도덕지귀(道德指歸) 徐命膺 지음, 조민환・장원목・김경수 역주, 544쪽, 27,000원

성리총서
범주로 보는 주자학(朱子の哲學) 오하마 아키라 지음, 이형성 옮김, 546쪽, 17,000원
송명성리학(宋明理學) 陳來 지음, 안재호 옮김, 590쪽, 17,000원
주희의 철학(朱熹哲學研究) 陳來 지음, 이종란 외 옮김, 544쪽, 22,000원
양명 철학(有無之境─王陽明哲學的精神) 陳來 지음, 전병욱 옮김, 752쪽, 30,000원
주자와 기 그리고 몸(朱子と氣と身體) 미우라 구니오 지음, 이승연 옮김, 416쪽, 20,000원
정명도의 철학(程明道思想研究) 張德麟 지음, 박상리・이경남・정성희 옮김, 272쪽, 15,000원
주희의 자연철학 김영식 지음, 576쪽, 29,000원
송명유학사상사(宋明時代儒學思想の研究) 구스모토 마사쓰구(楠本正繼) 지음, 김병화・이혜경 옮김, 602쪽, 30,000원
북송도학사(道學の形成) 쓰치다 겐지로(土田健次郎) 지음, 성현창 옮김, 640쪽, 3,2000원
성리학의 개념들(理學範疇系統) 蒙培元 지음, 홍원식・황지원・이기훈・이상호 옮김, 880쪽, 45,000원

불교(카르마)총서
학파로 보는 인도 사상 S. C. Chatterjee・D. M. Datta 지음, 김형준 옮김, 424쪽, 13,000원
불교와 유교 ─ 성리학, 유교의 옷을 입은 불교 아라키 겐고 지음, 심경호 옮김, 526쪽, 18,000원
유식무경, 유식 불교에서의 인식과 존재 한자경 지음, 208쪽, 7,000원
박성배 교수의 불교철학강의: 깨침과 깨달음 박성배 지음, 윤원철 옮김, 313쪽, 9,800원
불교 철학의 전개, 인도에서 한국까지 한자경 지음, 252쪽, 9,000원
인물로 보는 한국의 불교사상 한국불교원전연구회 지음, 388쪽, 20,000원
한국 비구니의 수행과 삶 전국비구니회 엮음, 400쪽, 18,000원
은정희 교수의 대승기신론 강의 은정희 지음, 184쪽, 10,000원
비구니와 한국 문학 이향순 지음, 320쪽, 16,000원
불교철학과 현대윤리의 만남 한자경 지음, 304쪽, 18,000원
현대예술 속의 불교 동국대학교 불교문화연구원 엮음, 296쪽, 18,000원

노장총서
도가를 찾아가는 과학자들 ─ 현대신도가의 사상과 세계(當代新道家) 董光璧 지음, 이석명 옮김, 184쪽, 5,800원
유학자들이 보는 노장 철학 조민환 지음, 407쪽, 12,000원
노자에서 데리다까지 ─ 도가 철학과 서양 철학의 만남 한국도가철학회 엮음, 440쪽, 15,000원
이강수 교수의 노장철학이해 이강수 지음, 462쪽, 23,000원
不二 사상으로 읽는 노자 ─ 서양철학자의 노자 읽기 이찬훈 지음, 304쪽, 12,000원
김항배 교수의 노자철학 이해 김항배 지음, 280쪽, 15,000원

역학총서
주역철학사(周易研究史) 廖名春・康學偉・梁韋弦 지음, 심경호 옮김, 944쪽, 30,000원
주역, 유가의 사상인가 도가의 사상인가(易傳與道家思想) 陳鼓應 지음, 최진석・김갑수・이석명 옮김, 366쪽, 10,000원
송재국 교수의 주역 풀이 송재국 지음, 380쪽, 10,000원

한국철학총서

조선 유학의 학파들 한국사상사연구회 편저, 688쪽, 24,000원
실학의 철학 한국사상사연구회 편저, 576쪽, 17,000원
윤사순 교수의 한국유학사상론 윤사순 지음, 528쪽, 15,000원
한국유학사 1 김충열 지음, 372쪽, 15,000원
퇴계의 생애와 학문 이상은 지음, 248쪽, 7,800원
율곡학의 선구와 후예 황의동 지음, 480쪽, 16,000원
다카하시 도루의 조선유학사 ― 일제 황국사관의 빛과 그림자 다카하시 도루 지음, 이형성 편역, 416쪽, 15,000원
퇴계 이황, 예 잇고 뒤를 열어 고금을 꿰뚫으셨소 ― 어느 서양철학자의 퇴계연구 30년 신귀현 지음, 328쪽, 12,000원
조선유학의 개념들 한국사상사연구회 지음, 648쪽, 26,000원
성리학자 기대승, 프로이트를 만나다 김용신 지음, 188쪽, 7,000원
유교개혁사상과 이병헌 금장태 지음, 336쪽, 17,000원
남명학파와 영남우도의 사림 박병련 외 지음, 464쪽, 23,000원
쉽게 읽는 퇴계의 성학십도 최제목 지음, 152쪽, 7,000원
홍대용의 실학과 18세기 북학사상 김문용 지음, 288쪽, 12,000원
남명 조식의 학문과 선비정신 김충열 지음, 512쪽, 26,000원
명재 윤증의 학문연원과 가학 충남대학교 유학연구소 편, 320쪽, 17,000원
조선유학의 주역사상 금장태 지음, 320쪽, 16,000원
율곡학과 한국유학 충남대학교 유학연구소 편, 464쪽, 23,000원
한국유학의 악론 금장태 지음, 240쪽, 13,000원
심경부주와 조선유학 홍원식 외 지음, 328쪽, 20,000원

연구총서

논쟁으로 보는 중국철학 중국철학연구회 지음, 352쪽, 8,000원
김충열 교수의 중국철학사 1 ― 중국철학의 원류 김충열 지음, 360쪽, 9,000원
논쟁으로 보는 한국철학 한국철학사상연구회 지음, 326쪽, 10,000원
반논어(論語新探) 趙紀彬 지음, 조남호·신정근 옮김, 768쪽, 25,000원
중국철학과 인식의 문제(中國古代哲學問題發展史) 方立天 지음, 이기훈 옮김, 208쪽, 6,000원
중국철학과 인성의 문제(中國古代哲學問題發展史) 方立天 지음, 박경환 옮김, 191쪽, 6,800원
현대의 위기 동양 철학의 모색 중국철학회 지음, 340쪽, 10,000원
역사 속의 중국철학 중국철학회 지음, 448쪽, 15,000원
일곱 주제로 만나는 동서비교철학(中西哲學比較面面觀) 陳衛平 편저, 고재욱·김철운·유성선 옮김, 320쪽, 11,000원
중국철학의 이단자들 중국철학회 지음, 240쪽, 8,200원
공자의 철학(孔孟荀哲學) 蔡仁厚 지음, 천병돈 옮김, 240쪽, 8,500원
맹자의 철학(孔孟荀哲學) 蔡仁厚 지음, 천병돈 옮김, 224쪽, 8,000원
순자의 철학(孔孟荀哲學) 蔡仁厚 지음, 천병돈 옮김, 272쪽, 10,000원
서양문학에 비친 동양의 사상 한림대학교 인문학연구소 엮음, 360쪽, 12,000원
유학은 어떻게 현실과 만났는가 ― 선진 유학과 한대 경학 박원재 지음, 218쪽, 7,500원
유교와 현대의 대화 황의동 지음, 236쪽, 7,500원
동아시아의 사상 오이환 지음, 200쪽, 7,000원
역사 속에 살아있는 중국 사상(中國歷史に生きる思想) 시게자와 도시로 지음, 이혜경 옮김, 272쪽, 10,000원
덕치, 인치, 법치 ― 노자, 공자, 한비자의 정치 사상 신동준 지음, 488쪽, 20,000원
육경과 공자 인학 남상호 지음, 312쪽, 15,000원
리의 철학(中國哲學範疇精髓叢書―理) 張立文 주편, 안유경 옮김, 524쪽, 25,000원
기의 철학(中國哲學範疇精髓叢書―氣) 張立文 주편, 김교빈 외 옮김, 572쪽, 27,000원
동양 천문사상, 하늘의 역사 김일권 지음, 480쪽, 24,000원
동양 천문사상, 인간의 역사 김일권 지음, 544쪽, 27,000원
공부론 임수무 외 지음, 544쪽, 27,000원

강의총서

김충열교수의 노자강의 김충열 지음, 434쪽, 20,000원
김충열교수의 중용대학강의 김충열 지음, 448쪽, 23,000원

퇴계원전총서

고경중마방古鏡重磨方 ― 퇴계 선생의 마음공부 이황 편저, 박상주 역해, 204쪽, 12,000원
활인심방活人心方 ― 퇴계 선생의 마음으로 하는 몸공부 이황 편저, 이윤희 역해, 308쪽, 16,000원

인물사상총서

한주 이진상의 생애와 사상 홍원식 지음, 288쪽, 15,000원

일본사상총서

일본 신도사(神道史) 무라오카 츠네츠구 지음, 박규태 옮김, 312쪽, 10,000원
도쿠가와 시대의 철학사상(德川思想小史) 미나모토 료엔 지음, 박규태·이용수 옮김, 260쪽, 8,500원
일본인은 왜 종교가 없다고 말하는가(日本人はなぜ 無宗教のか) 아마 도시마로 지음, 정형 옮김, 208쪽, 6,500원
일본사상이야기 40(日本がわかる思想入門) 나가오 다케시 지음, 박규태 옮김, 312쪽, 9,500원
사상으로 보는 일본문화사(日本文化の歷史) 비토 마사히데 지음, 엄석인 옮김, 252쪽, 10,000원
일본도덕사상사(日本道德思想史) 이에나가 사부로 지음, 세키네 히데유키·윤종갑 옮김, 328쪽, 13,000원
천황의 나라 일본 — 일본의 역사와 천황제(天皇制と民衆) 고토 야스시 지음, 이남희 옮김, 312쪽, 13,000원
주자학과 근세일본사회(近世日本社會と宋學) 와타나베 히로시 지음, 박홍규 옮김, 304쪽, 16,000원

예술철학총서

중국철학과 예술정신 조민환 지음, 464쪽, 17,000원
풍류정신으로 보는 중국문학사 최병규 지음, 400쪽, 15,000원
울려와 동양사상 김병훈 지음, 272쪽, 15,000원
한국 고대 음악사상 한흥섭 지음, 392쪽, 20,000원

동양문화산책

공자와 노자, 그들은 물에서 무엇을 보았는가 사라 알란 지음, 오만종 옮김, 248쪽, 8,000원
주역산책(易學漫步) 朱伯崑 외 지음, 김학권 옮김, 260쪽, 7,800원
동양을 위하여, 동양을 넘어서 홍원식 외 지음, 264쪽, 8,000원
서원, 한국사상의 숨결을 찾아서 안동대학교 안동문화연구소 지음, 344쪽, 10,000원
녹차문화 홍차문화 츠노야마 사가에 지음, 서은미 옮김, 232쪽, 7,000원
류짜이푸의 얼굴 찌푸리게 하는 25가지 인간유형 류짜이푸(劉再復) 지음, 이기면·문성자 옮김, 320쪽, 10,000원
안동 금계마을 — 천년불패의 땅 안동대학교 안동문화연구소 지음, 272쪽, 8,500원
안동 풍수 기행, 와혈의 땅과 인물 이완규 지음, 256쪽, 7,500원
안동 풍수 기행, 돌혈의 땅과 인물 이완규 지음, 328쪽, 9,500원
영양 주실마을 안동대학교 안동문화연구소 지음, 332쪽, 9,800원
예천 금당실·맛질 마을 — 정감록이 꼽은 길지 안동대학교 안동문화연구소 지음, 284쪽, 10,000원
터를 안고 仁을 펴다 — 퇴계가 굽어보는 하계마을 안동대학교 안동문화연구소 지음, 360쪽, 13,000원
안동 가일 마을 — 풍산들가에 의연히 서다 안동대학교 안동문화연구소 지음, 344쪽, 13,000원
중국 속에 일떠서는 한민족 — 한겨레신문 차한필 기자의 중국 동포사회 리포트 차한필 지음, 336쪽, 15,000원
고려시대의 안동 안동시·안동대학교 안동문화연구소 편, 448쪽, 17,000원
신간도견문록 박진관 글·사진, 504쪽, 20,000원
안동 무실 마을 — 문헌의 향기로 남다 안동대학교 안동문화연구소 지음, 464쪽, 18,000원

민연총서 — 한국사상

자료와 해설, 한국의 철학사상 고려대 민족문화연구원 한국사상연구소 편, 880쪽, 34,000원
여헌 장현광의 학문 세계, 우주와 인간 고려대 민족문화연구원 한국사상연구소 편, 424쪽, 20,000원
퇴옹 성철의 깨달음과 수행 — 성철의 선사상과 불교사적 위치 조성택 편, 432쪽, 23,000원
여헌 장현광의 학문 세계 2, 자연과 인간 고려대 민족문화연구원 한국사상연구소 편, 432쪽, 25,000원
여헌 장현광의 학문 세계 3, 태극론의 전개 고려대 민족문화연구원 한국사상연구소 편, 400쪽, 24,000원

예문동양사상연구원총서

한국의 사상가 10人 —원효 예문동양사상연구원/고영섭 편저, 572쪽, 23,000원
한국의 사상가 10人 —의천 예문동양사상연구원/이병욱 편저, 464쪽, 20,000원
한국의 사상가 10人 —지눌 예문동양사상연구원/이덕진 편저, 644쪽, 26,000원
한국의 사상가 10人 —퇴계 이황 예문동양사상연구원/윤사순 편저, 464쪽, 20,000원
한국의 사상가 10人 —남명 조식 예문동양사상연구원/오이환 편저, 576쪽, 23,000원
한국의 사상가 10人 —율곡 이이 예문동양사상연구원/황의동 편저, 600쪽, 25,000원
한국의 사상가 10人 —하곡 정제두 예문동양사상연구원/김교빈 편저, 432쪽, 22,000원
한국의 사상가 10人 —다산 정약용 예문동양사상연구원/박홍식 편저, 572쪽, 29,000원
한국의 사상가 10人 —혜강 최한기 예문동양사상연구원/김용헌 편저, 520쪽, 26,000원
한국의 사상가 10人 —수운 최제우 예문동양사상연구원/오문환 편저, 464쪽, 23,000원